本书由“中央高校基本科研业务费专项资金”资助
Supported by “the Fundamental Research Funds for the Central Universities”

并购对赌研究

理念、制度与实践

何顶　著

EARNOUTS IN MERGERS AND ACQUISITIONS

Rationale, Regulation, and Practice

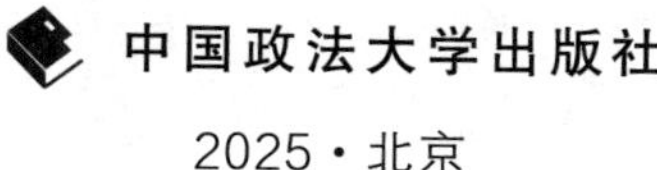
中国政法大学出版社

2025 · 北京

图书在版编目（CIP）数据

并购对赌研究 ：理念、制度与实践 / 何顶著. -- 北京 ：中国政法大学出版社, 2025. 7. -- ISBN 978-7-5764-2251-1

Ⅰ. F279.214

中国国家版本馆 CIP 数据核字第 2025JN5099 号

书 名 并购对赌研究：理念、制度与实践

BINGGOU DUIDU YANJIU:LINIAN、ZHIDU YU SHIJIAN

出版者 中国政法大学出版社

地 址 北京市海淀区西土城路 25 号

邮 箱 bianjishi07public@163.com

网 址 http://www.cuplpress.com (网络实名：中国政法大学出版社)

电 话 010-58908466(第七编辑部) 010-58908334(邮购部)

承 印 北京旺都印务有限公司

开 本 720mm×960mm 1/16

印 张 16.25

字 数 260 千字

版 次 2025 年 7 月第 1 版

印 次 2025 年 7 月第 1 次印刷

定 价 88.00 元

目　录

第一章　引　言

第一节　研究背景

随着我国资本市场的不断发展，并购作为重要的市场化资源配置方式，是上市公司加快转型升级、实现高质量发展的关键途径。2017 年 8 月，证监会对我国 2013 年以来的并购重组市场进行了阶段性的总结，指出“并购重组已成为资本市场支持实体经济发展的重要方式”。2024 年 9 月，证监会发布《关于深化上市公司并购重组市场改革的意见》，强调要“进一步强化并购重组资源配置功能，发挥资本市场在企业并购重组中的主渠道作用，适应新质生产力的需要和特点，支持上市公司注入优质资产、提升投资价值”。

但并购常常伴随着巨大的风险。风险一方面源于并购双方之间的信息不对称，以及由此带来的估值不确定性问题；另一方面源于大股东和高管可能出于私利或非理性因素高估标的资产，给企业和中小股东带来损失。针对这些问题，并购对赌（又称“业绩补偿承诺”）作为一项风险解决工具由证监会主导引入了中国证券市场。并购对赌要求出让方事前承诺标的资产的未来业绩，并约定一旦标的资产的实际业绩未达标，由出让方根据约定向收购方进行补偿。我国监管机构引入并购对赌的本意是限制出让方利用信息优势“欺骗”市场，进而抑制上市公司非理性并购和“掏空式”并购，保护上市公司和投资者的利益，维护资本市场健康发展。

并购对赌制度自证监会引入后，在我国证券市场上经历了从热捧到冷却的转变。在 2018 年以前，尽管证监会只对部分并购交易有强制对赌要求〔1〕，但不断有不属于强制对赌范畴的并购交易自主协商约定进行对赌，且随着时间的推移越来越盛行。图 1-1 列示了我国各年度的并购对赌交易情况，我国

〔1〕 本书第二章将详细介绍相关监管要求。

并购交易中的对赌交易总体占比从 2008 年开始稳步上升，到 2017 年，对赌交易占并购交易的比例超过 35%，随后该数据开始下降。而自愿对赌交易则从 2013 年开始大量出现，在交易数量上超过了强制对赌数量，并持续增长至 2017 年的接近 250 个。2018 年及以后，尽管自愿对赌的绝对数量开始滑落，但在总对赌交易中占比仍然维持在 80%左右，甚至接近 90%。

并购对赌不仅受到并购交易双方的欢迎，在很长一段时间还为证券市场的投资者所认可。投资者一般基于高额业绩目标预期标的资产具有高成长性，而对赌协议中的补偿承诺似乎又给这个预期增加了保障。因此，设置了对赌协议的并购交易在发布消息时往往对上市公司股价存在刺激作用，造成股价上涨。这种股价提升效应又进一步诱导并购市场偏好使用对赌协议。因此，并购对赌不仅是我国证券监管机构在并购重组领域的一项重要的制度安排，也是我国并购重组市场的一项契约创新。

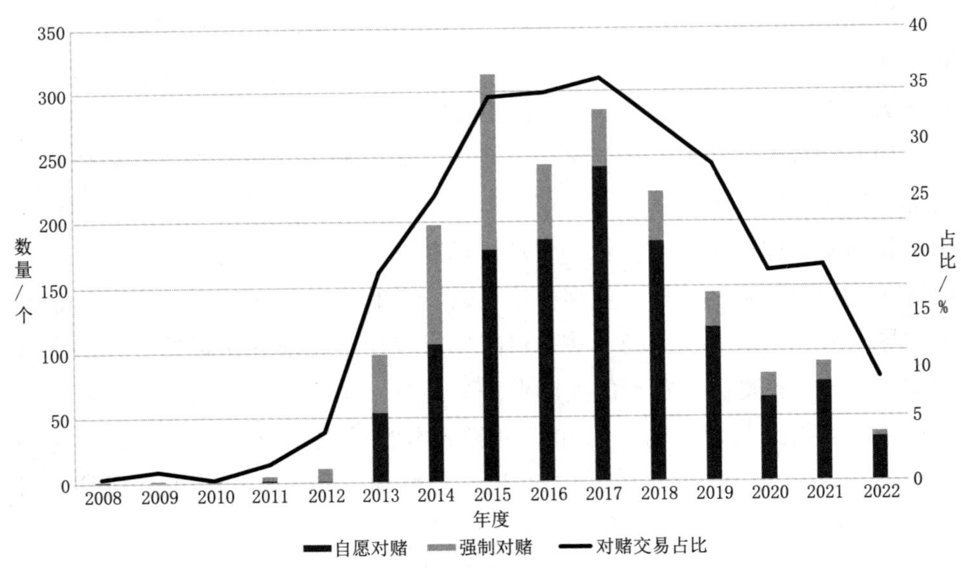

图 1-1　我国并购对赌交易分年度情况〔1〕

〔1〕　本图所统计的并购对赌交易的筛选条款包括：（1）并购在 2023 年 12 月 31 日前已成功完成；（2）并购交易后收购方应至少实现对标的企业的相对控股；（3）并购不属于借壳上市或资产置换事件；（4）剔除标的企业注册地为境外的样本；（5）剔除并购交易金额小于 100 万元的样本；（6）剔除金融类的收购方企业；（7）去除关键财务数据缺失值样本。数据整合了 CSMAR 数据库和 Wind 数据库关于并购对赌的数据，并经人工核对补充。

随着对赌交易逐渐进入业绩兑现期，并购对赌交易的履约问题引起了人们的关注。首先是对赌期业绩达标问题。不少标的企业无法实现对赌业绩目标，甚至出现大幅亏损，拖累上市公司整体业绩。其次是业绩真实性问题。部分标的企业即使看似完成了业绩目标，其业绩真实性也令人怀疑。最后是业绩补偿执行困难。承诺人在业绩不达标时，有可能不履行或无能力履行补偿义务，上市公司得不到应有的补偿。而当上市公司根据协议通过仲裁或诉讼等司法手段向承诺人进行追偿时，双方就补偿事宜常有争议，还出现了上市公司在争议中失去对标的资产控制权的报道。这些上市公司个体的对赌风险事件一旦扩大化和连锁化，还可能会传导至整个资本市场，阻碍资本市场实现高质量发展。

鉴于并购对赌在我国证券市场中的重要性，学术界和实务界广泛关注并购对赌的运行机制与使用效果。一部分研究认可并购对赌协议的激励作用和信号作用，认为并购对赌协议可以有效激励标的原股东提升经营管理，向收购方和市场释放业绩增长信号，缓解并购交易中的信息不对称问题；而另一部分研究则认为并购对赌推高了并购溢价，但却难以兑现高业绩，指出上市公司可能是出于市值管理动机进行并购对赌，损害了中小股东的利益。

事实上，并购对赌的使用效果具有较强的异质性。在实践中，既有运用对赌协议推动企业并购发展的案例，也不乏并购对赌交易反而拖累上市公司的案例。比如，通威股份通过收购光伏资产，实现了产业链的完善和业务的多元化。在这一并购案中，对赌协议发挥了重要作用，标的企业的业绩累计完成率超过 170%，助力通威股份成功转型，成为光伏行业的龙头企业，体现了对赌协议的积极作用。而在天夏智慧并购杭州科技的案例中，则暴露了并购对赌的负面影响。在对赌期内，杭州科技通过各种手段，包括激进的收入确认政策和设立子公司进行税收筹划，勉强完成了业绩目标。但在对赌结束后，杭州科技的业绩迅速下滑，严重损害了投资者的利益。

这两个并购对赌案例在我国证券市场中均非孤例，反映了并购对赌在我国证券市场中的两类代表性实践。鉴于此，对并购对赌的性质和实际效果的评价，不宜采取过于简化的二元对立视角。研究时应深入分析并购对赌的具体动因、条款设计的细节，以及并购交易本身的特征。这些因素互相影响，共同作用于并购对赌的最终结果。此外，在评估并购对赌的经济后果时，不应依赖单一的评价指标，应综合考量包括但不限于并购溢价、股价反应以及业绩目标的最终兑现情况等多个维度的表现。最后，考虑并购对赌具有异质性，在对并购对赌进行一般性分析评价时不能只关注个别案例，而应基于广泛而扎实的数据基础进行研究。

因此，本书紧扣我国资本市场特征，在传统并购对赌理论的基础上，搭建了一个“动因、条款和业绩”三因素互动研究框架，并将企业特征、并购交易特征和监管特征等重要变量纳入研究框架中。基于该研究框架，本书收集整理了大样本、长期间的并购对赌数据，实证检验我国并购对赌的三大问题：一是我国并购交易中使用对赌协议的影响因素；二是我国业绩对赌的契约条款特征及其决定因素；三是我国并购对赌的使用效果及其决定因素。在此基础上，本书为完善并购对赌制度，增进并购对赌效率，抑制并购对赌相关风险提出了系列政策建议。

第二节　研究内容和研究方法

一、研究内容

本书首先对我国并购对赌制度的缘起和历次修订调整进行了梳理，并在此基础上，阐明我国证券监管机构引入对赌制度的初衷，分析相关监管调整的隐含思路。在这一部分，本书对并购和对赌的相关文献也进行了回顾、分析和评述。

紧接着，本书深入探讨了我国并购中使用对赌协议的动因。除了传统的信息不对称理论和管理层激励理论，本书还特别考虑了我国资本市场和公司治理的特征，分析和检验了大股东市值管理动机与管理层说服动机对是否使用并购对赌协议的影响。随后本书梳理了中国并购对赌协议中的常见条款及其在实际交易中的应用情况，系统探讨了对赌动因对并购对赌条款设计的影响，并分别检验了这些具体条款设计对并购溢价和市场反应的影响。进一步，本书跟踪了我国并购对赌交易的后续业绩完成情况，总结描绘了我国 A 股并购对赌交易的业绩兑现全貌，并从对赌动因和契约设计两个视角出发，检验了这两方面因素如何影响对赌业绩的实现。

最后基于研究结果，本书从完善实施细节和配套措施，注重事前审核和事后跟踪追责，以及加强投资者教育等方面就如何提升我国并购对赌制度的实施效果进行了讨论。

本书的研究框架如图 1–2 所示。

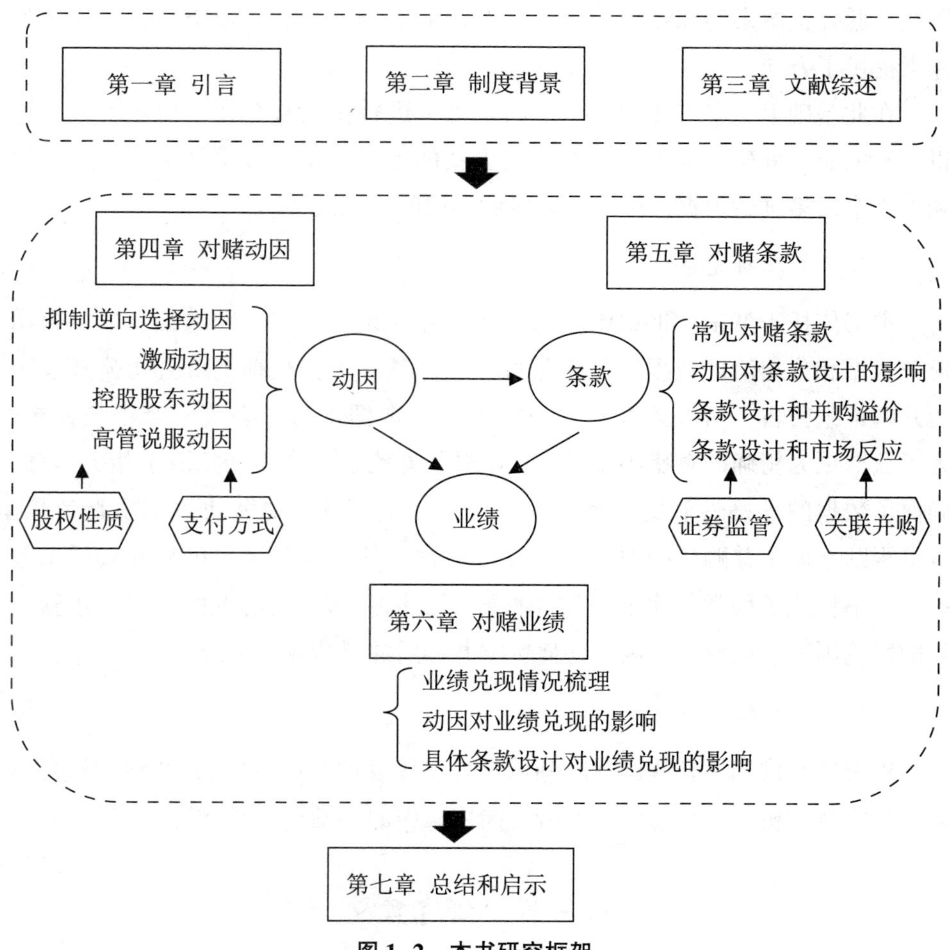

图 1–2 本书研究框架

二、研究方法

本书主要采用文献研究法、实证研究法和案例研究法等方式展开研究。

（一）文献研究法

本书系统地收集整理了国内外在并购和对赌领域的相关文献，旨在全面掌握该领域的理论基础和研究动态。通过对现有文献的深入梳理，本书识别并整合了不同研究间的共识，同时明确了学术界在并购对赌协议方面的争议所在。此外，本书还细致地归纳了现有研究的局限性和研究空白，为进一步探索提供了方向。

在此基础上，本书在现有研究的基础上进行拓展和深化，构建了一套逻辑严密的研究框架。本书力图通过提出新的理论视角、采用创新的研究方法和引入全面多维的数据，推动并购对赌协议的研究发展。

（二）实证研究法

本书依托于 Wind 和 CSMAR 数据库，系统地收集了并购数据、上市公司财务数据和公司治理数据等关键信息。在此基础上，根据上市公司公开披露的并购重组公告，对并购及对赌协议的相关数据进行了必要的修正与补充。为了获取更为精确的对赌协议条款，本书从并购公告中手动摘取了相关信息，确保了数据的准确性和完整性。此外，为了全面评估对赌协议的执行效果，本书跟踪获取了并购后的对赌业绩完成数据。基于这些详尽可靠的大样本数据，本书构建了科学的实证模型，检验了我国并购对赌协议的动因、条款设计的影响因素，以及这些因素如何影响并购后的对赌业绩兑现情况。

（三）案例研究法

本书精心挑选了在我国并购领域中具有代表性和典型性的对赌协议案例。通过多案例分析，归纳总结了并购对赌协议中的常见条款及其特点。

第三节　研究意义

本书力求深化和拓展相关的理论研究，为实践工作提供理论指导。本书可能为并购对赌、公司并购和证券监管相关的研究提供以下贡献。

第一，本书为理解我国并购对赌运行机制提供了理论基础。并购对赌本为并购风险解决工具，但在我国实践中反而频频成为风险因素。本书基于

“动因、条款和业绩”三因素互动视角，结合我国证券市场并购交易特征和监管特征，深入探究并购对赌的使用动因、契约设计和业绩实际完成情况，为并购对赌在我国运用时的特色化表现提供了理论解释。

第二，本书为深化和拓展公司并购相关理论提供了独特的研究视角。并购对赌是并购活动中的一个组成部分，因此其动因、条款和经济后果与并购活动的动因、并购协议及经济后果相互关联。本书对并购对赌的研究依托于一般并购理论，同时并购对赌也可为并购理论中的假设和模型提供实证检验场景，本书的研究发现将进一步丰富和发展并购理论。

第三，本书的研究有助于深入理解证券监管的直接效应及溢出效应。并购对赌制度由证监会引入，是我国证券监管机构对上市公司并购重组活动进行监管的重要工具。同时，在实践中并购对赌制度展现出显著的溢出效应，许多并非监管强制要求的并购交易也经过自愿协商签订对赌协议。因此，本书对并购对赌动因及其经济后果的研究，不仅有助于我们理解证券监管的效率和效果，明确有效监管的必要条件和实施路径；而且能揭示证券监管对市场主体行为的溢出引导作用，丰富监管溢出的相关研究。

在实践层面，本书的内容可以为证券监管机构、实体企业和投资者提供一些有益的参考与启发。

第一，本书可以为我国证券监管机构完善并购对赌制度提供方向和理论支持。首先，本书关于并购对赌动因的研究有助于监管机构更准确地把握并购对赌中各主体的行为动机，从而在制度设计中更有效地平衡各方利益，提高制度的有效性和适应性。其次，本书检验了不同对赌具体条款对并购溢价和市场反应的影响，这些实证分析可以帮助证券监管机构精准地评估不同条款设计对并购双方和市场的影响。最后，本书关于对赌业绩兑现情况的研究可以帮助政策制定者和监管机构更好地理解并购对赌的实际效果，从而在制度设计和监管实践中更好地保障业绩的可实现性与承诺的可执行性。

第二，本书可以为实体企业优化并购契约设计，在并购中防控并购风险提供帮助。首先，本书中梳理了中国并购对赌协议中的常见条款及其在实际交易中的应用情况，并检验了不同对赌条款设计对于股价反应、并购溢价和业绩完成情况的影响。这些研究有助于企业了解市场实践中的对赌条款设计及其应用效果，为企业在并购中设计合理的对赌条款提供参考。其次，本书还跟踪了我国并购对赌交易的后续业绩完成情况，总结了对赌业绩完成情况的全貌，并分析了影响业绩完成的因素。这些分析有助于企业在并购对赌中更好地识别和防范潜在风险，提高并购成功率。

第三，本书可以引导投资者全面理解并购对赌协议，科学全面地评估并购对赌的价值和风险。首先，本书可以帮助投资者了解对赌制度的发展历程和监管逻辑，理解并购对赌制度的特征和局限性。其次，通过剖析我国并购实践中的并购动因，全面总结分析我国并购对赌协议的真实业绩完成情况，可以帮助投资者理性看待并购对赌协议，建立起对并购对赌的风险防范意识。

第二章 制度背景

第一节 制度缘起

我国并购对赌的使用源于证监会2008年4月出台的《上市公司重大资产重组管理办法》（证监会令〔2008〕第53号）[以下简称办法（2008）]。该办法旨在规范上市公司重大资产重组行为，保护上市公司和投资者的合法权益，促进上市公司质量不断提高，维护证券市场秩序和社会公共利益。办法（2008）详细规定了上市公司重大资产重组行为原则和标准，规范了相关程序和信息管理要求，并明确了对上市公司重大资产重组的监督管理和法律责任。

办法（2008）在其第三章“重大资产重组的程序”中首次提出了“补偿协议”机制，即本书所研究的“并购对赌”。需要强调的是，证监会有关并购重组补偿协议的要求并非独立存在，而是与盈利预测报告等监管手段相互呼应，构成一个连续的监管逻辑链条。

办法（2008）首先要求上市公司在进行重大资产购买、借壳上市和发行股份购买资产时，应提供经会计师事务所审核的拟购买资产的盈利预测报告。具体来说，办法（2008）第十七条规定，“上市公司购买资产的，应当提供拟购买资产的盈利预测报告。上市公司拟进行本办法第二十七条第一款第（一）、（二）项规定的重大资产重组以及发行股份购买资产的，还应当提供上市公司的盈利预测报告。盈利预测报告应当经具有相关证券业务资格的会计师事务所审核”。条款中所提及的第二十七条第一款第（一）项、第（二）项规定的重大资产重组，是关于借壳上市类的资产重组行为〔1〕，而重大资产

〔1〕 第二十七条第（一）项规定为上市公司出售资产的总额和购买资产的总额占其最近一个会计年度经审计的合并财务会计报告期末资产总额的比例均达到70%以上；第（二）项规定为上市公司出售全部经营性资产，同时购买其他资产。

购买和发行股票购买资产则属于本书所关注的并购行为。

结合提供盈利预测报告的要求，办法（2008）进一步在第三十三条中规定了上市公司后续对实际盈利完成情况的信息披露义务，以及上市公司应与交易对方签订补偿协议的规定。

关于后续实际盈利数据的披露义务，第三十三条第一款规定，“根据本办法第十七条规定提供盈利预测报告的，上市公司应当在重大资产重组实施完毕后的有关年度报告中单独披露上市公司及相关资产的实际盈利数与利润预测数的差异情况，并由会计师事务所对此出具专项审核意见”。这一规定是第二十七条的延续，其本质是要求上市公司在并购重组完成后应持续公开披露盈利预测的完成情况，是对前期盈利预测的后续追踪。

关于补偿协议，第三十三条第二款规定，“资产评估机构采取收益现值法、假设开发法等基于未来收益预期的估值方法对拟购买资产进行评估并作为定价参考依据的，上市公司应当在重大资产重组实施完毕后 3 年内的年度报告中单独披露相关资产的实际盈利数与评估报告中利润预测数的差异情况，并由会计师事务所对此出具专项审核意见；交易对方应当与上市公司就相关资产实际盈利数不足利润预测数的情况签订明确可行的补偿协议”。根据这款规定，重大资产重组交易是否需要签订补偿协议取决于拟购买资产的估值方法，只有使用收益现值法、假设开发法等基于未来收益预期的估值方法的交易才有签订补偿协议的强制义务。此外，办法（2008）规定补偿协议应由上市公司与交易对方（标的资产的转让方）签订，而非与标的企业签订。

基于上述条款分析，可以看出办法（2008）中关于设计并购对赌的思路是“提交盈利预测—披露实际盈利情况—实际盈利不足时进行补偿”，其核心落脚点在于保证盈利预测的准确性。而证监会之所以关注盈利预测，是因为标的资产的盈利预测是资产估值的重要基础，亦是并购交易定价的根本依据。所以证监会引入并购对赌机制是剑指并购重组的估值合理性，旨在通过施加补偿压力，促使出让方作出合理的盈利预测，从而抑制并购交易估值过高的问题。从办法（2008）仅要求基于未来收益预期进行估值的交易签订补偿协议也可明显看出这一政策初衷。

但是，办法（2008）并未规定实际盈利数不足利润预测数时，交易对方的补偿额计算和补偿方式。此外，尽管办法提出补偿协议应“明确可行”，但这一原则的落地还存在较大挑战。

此外，需要注意的是，自办法（2008）初始提出并购对赌要求以来，就仅要求符合条件的重大并购重组进行强制对赌，证监会对非重大并购重组，则一直无强制对赌要求。

第二节　制度修订

一、缩小强制对赌的范围

为了推动并购交易市场化，中国证监会于2014年新颁布实施的《上市公司重大资产重组管理办法》（证监会令〔2014〕第109号）［以下简称办法（2014）］缩小了强制对赌的并购交易范围。

办法（2014）第三十五条第一款与办法（2008）第三十三条第二款的规定基本一致，办法（2014）第三十五条第二款则对重大资产重组摊薄上市公司当年每股收益时的收益填补进行了规制。但办法（2014）第三十五条第三款则提出，“上市公司向控股股东、实际控制人或者其控制的关联人之外的特定对象购买资产且未导致控制权发生变更的，不适用本条前二款规定，上市公司与交易对方可以根据市场化原则，自主协商是否采取业绩补偿和每股收益填补措施及相关具体安排”。

办法（2014）第三十五条第三款意味着证监会大大缩小了负有强制对赌义务的交易范围，在借壳上市类重组并购交易外，仅仅要求同时符合两个条件的并购交易需要进行并购对赌：（1）并购交易对手是上市公司的控股股东、实际控制人或者其控制的关联人；（2）并购交易中使用了收益现值法、假设开发法等基于未来收益预期的估值方法。

因此，对于和控股股东、实际控制人或者其控制的关联人交易的重大并购来说，如果是基于未来收益预期进行估值，则并购对赌的强制要求一直存在；而对于其他类型的重大并购交易而言，在2014年10月办法（2014）颁布后，则无论其使用何种估值方法均不再负有强制对赌义务，如果还在并购交易中设计对赌条款，则属于市场化的自愿行为。

对于关联并购中的交易资产是否限定为控股股东、实际控制人所控制的资产，办法（2014）并未予以明确。因此，证监会在后续的问答和解释中，对此进行了补充说明。2016 年 1 月 15 日，证监会在《关于并购重组业绩补偿相关问题与解答》中明确，“无论标的资产是否为其所有或控制，也无论其参与此次交易是否基于过桥等暂时性安排，上市公司的控股股东、实际控制人或者其控制的关联人均应以其获得的股份和现金进行业绩补偿”。这意味着，只要是向控股股东、实际控制人或者其控制的关联人购买资产的重大并购重组交易，无须考虑该项标的资产的实际控制人和实际交易对象，上市公司均应和进行交易的控股股东、实际控制人或者其控制的关联人签订对赌协议。这一规定，在证监会 2020 年 7 月 31 日颁布的《监管规则适用指引——上市类第 1 号》中予以保留并延续。

二、对并购对赌中奖励条款的规制

办法（2008）和办法（2014）有关并购对赌的条款强调的是预测业绩未实现时交易对象的补偿责任，但在实践中，交易双方常常在业绩补偿条款之外，签订业绩奖励条款。奖励条款的签订，一方面是出于公平对等原则，既然完不成预期业绩时出让方需要补偿上市公司，那么超额完成预期业绩时，也应对出让方予以奖励；另一方面是上市公司对标的企业的管理层和核心技术人员设置的激励机制，通过奖励超额业绩来激发管理层和员工的工作动力。

为了规范对赌中的奖励条款，证监会在 2016 年 1 月 15 日的《关于并购重组业绩奖励有关问题与解答》中，对奖励总额予以了限制，明确“业绩奖励安排应基于标的资产实际盈利数大于预测数的超额部分，奖励总额不应超过其超额业绩部分的 100%，且不超过其交易作价的 20%”。这两条奖励上限，一是保证超额业绩在奖励之后仍有剩余，即保证可以增加上市公司的实际收益；二是通过限制奖励不超过交易总作价的 20%，防止上市公司和交易对手通过设置过低的业绩盈利预测来获得后期的高额业绩奖励。

此外，证监会还进一步要求“上市公司应在重组报告书中充分披露设置业绩奖励的原因、依据及合理性，相关会计处理及对上市公司可能造成的影响”，旨在通过事前的充分信息披露抑制奖励条款中可能出现的利益输送问题。

有关奖励条款的规定在证监会后续 2020 年 7 月 31 日颁布的《监管规则

适用指引——上市类第 1 号》中予以保留延续。

三、对变更对赌条款的限制

随着并购对赌业绩兑现期的到来，不少交易出现了标的企业无法实现预期利润的情况。按照对赌协议的一般规定，此种情况下，承诺方应按照协议履行补偿义务。然而，在实践中，这种补偿并不必然发生。对赌双方可能经商议后变更对赌条款，通过延缓业绩实现期限、降低业绩实现门槛、放松补偿兑现要求等方式，免除承诺方的即时补偿义务。尽管这种条款变更可能是上市公司在不得已的情况下，基于商业利益最大化原则作出的让步。但让人担心的是对赌双方可能利用条款变更来合谋监管套利，即前期通过正常的并购对赌条款获得审核通过，在后期无法实现预测利润时则通过修改对赌条款帮助承诺方逃脱补偿义务。

证监会因此于 2016 年 6 月 17 日在《关于上市公司业绩补偿承诺的相关问题与解答》中对重大资产重组中的业绩对赌条款变更作出了限制。在解答中，证监会指出并购对赌是资产重组方案的重要组成部分，不适用《上市公司监管指引第 4 号——上市公司实际控制人、股东、关联方、收购人以及上市公司承诺及履行》第五条的规定〔1〕，不可变更对赌条款，承诺方应当严格按照协议履行承诺。相关规定在证监会 2020 年 7 月 31 日颁布的《监管规则适用指引——上市类第 1 号》中予以保留延续。

但值得注意的是，这种限制只针对重大资产重组中的对赌协议，证监会对于非重大并购中的对赌协议变更并无限制。

〔1〕《上市公司监管指引第 4 号——上市公司实际控制人、股东、关联方、收购人以及上市公司承诺及履行》第五条规定：因相关法律法规、政策变化、自然灾害等自身无法控制的客观原因导致承诺无法履行或无法按期履行的，承诺相关方应及时披露相关信息。除因相关法律法规、政策变化、自然灾害等自身无法控制的客观原因外，承诺确已无法履行或者履行承诺不利于维护上市公司权益的，承诺相关方应充分披露原因，并向上市公司或其他投资者提出用新承诺替代原有承诺或者提出豁免履行承诺义务。上述变更方案应提交股东大会审议，上市公司应向股东提供网络投票方式，承诺相关方及关联方应回避表决。独立董事、监事会应就承诺相关方提出的变更方案是否合法合规、是否有利于保护上市公司或其他投资者的利益发表意见。变更方案未经股东大会审议通过且承诺到期的，视同超期未履行承诺。

四、确保履行股份补偿义务的规定

承诺方不能或者不愿履行补偿义务是我国并购对赌实务中的突出问题。其中，当对赌协议约定以并购对价股份作为补偿方式时，可履行性存在较大不确定性。在实践中，上市公司所支付的并购对价，往往成为承诺人投资其他产业的新资本。即使对价股份存在限售期，承诺人也可通过股份质押从金融机构获得贷款。当预测利润未实现，需要承诺人以对价股份进行补偿时，由于股份已被质押，股份补偿的义务难以及时兑现。即使上市公司诉诸法律，虽然我国现行法律规定了物权的效力优先于债权的基本原则，但法院在实际判决时并不必然遵循该项原则。

为此，证监会在2019年3月22日发布的《关于业绩承诺方质押对价股份的相关问题与解答》中，就“对上市公司并购重组业绩承诺方保障业绩补偿义务实现有何要求”这一问题给予了回答。证监会首先指出，对赌协议计划使用股份进行补偿的应确保股份切实可用于履行补偿义务。并专门就承诺方拟在承诺期内质押重组中获得的对价股份问题，列明了应在重组报告书（草案）中载明的业绩承诺方保障业绩补偿实现的具体安排。证监会在解答中指出具体安排包括但不限于：

“业绩承诺方保证对价股份优先用于履行业绩补偿承诺，不通过质押股份等方式逃废补偿义务；

在未来质押对价股份时，将书面告知质权人根据业绩补偿协议上述股份具有潜在业绩承诺补偿义务情况，并在质押协议中就相关股份用于支付业绩补偿事项等与质权人作出明确约定。

当上市公司发布股份质押公告时，应当明确披露拟质押股份是否负担业绩补偿义务，质权人知悉相关股份具有潜在业绩补偿义务的情况，以及上市公司与质权人就相关股份在履行业绩补偿义务时处置方式的约定。

独立财务顾问应就前述事项开展专项核查，并在持续督导期间督促其履行相关承诺和保障措施。”

证监会的这一问答总体偏柔性和倡导性。主要体现为未直接禁止承诺人质押对价股份，而是要求承诺人保证优先履行补偿义务、向质权人告知股份具有潜在业绩承诺补偿义务、在质押合同中明确约定股份补偿事项，要求上市公司尽到披露义务，要求独立财务顾问进行专项核查和持续督导。其总体监管思路是，一方面，通过明确承诺人的告知义务来降低质权人和承诺人之间的信息不对称，在事前约定争议解决方式；另一方面，通过信息披露增加相关事项的信息透明度，并利用中介监督机制督促执行。

2020 年 7 月 31 日证监会发布的《监管规则适用指引——上市类第 1 号》与此保持了一致。

第三节 制度理念和特征

一、制度核心目标：保护中小股东利益

证监会推行并购对赌制度，其核心目标是保护投资者，尤其是中小股东的利益。这一核心目标是通过对赌制度对标的企业未来业绩的承诺机制来实现。并购对赌要求出让方对标的企业未来一定期间的业绩进行预测和承诺，一是可以缓解并购双方的信息不对称；二是可以提高并购透明度，降低中小股东和上市公司内部人之间的信息不对称；三是可以激励标的企业提升业绩；四是可以为高估标的企业未来业绩而支付的过高溢价提供事后纠正机制。通过这些机制，证监会期望并购对赌可以提高上市公司并购质量和并购效率，确保上市公司高质量发展，并最终提高中小股东投资回报。

在缓解并购双方信息不对称的问题上，首先，并购对赌制度要求标的企业提供具体的财务预测，如预期的营业收入、净利润等。这些明确的财务预测可以为收购方提供量化信息，有助于减少判断标的企业未来盈利能力时的不确定性。其次，并购对赌可以抑制资产出让方的信息隐藏动机，提供更为准确的信息。在对赌制度下，如果标的企业未能实现承诺的业绩，出让方需要进行现金补偿或股份回购。这种潜在的财务后果意味着隐藏真实信息可能意义不大，促使出让方提供更为真实和准确的信息。通过缓解并购双方的信息不对称，并购对赌制度可以降低上市公司的估值风险，避免逆向选择，提高并购效率。

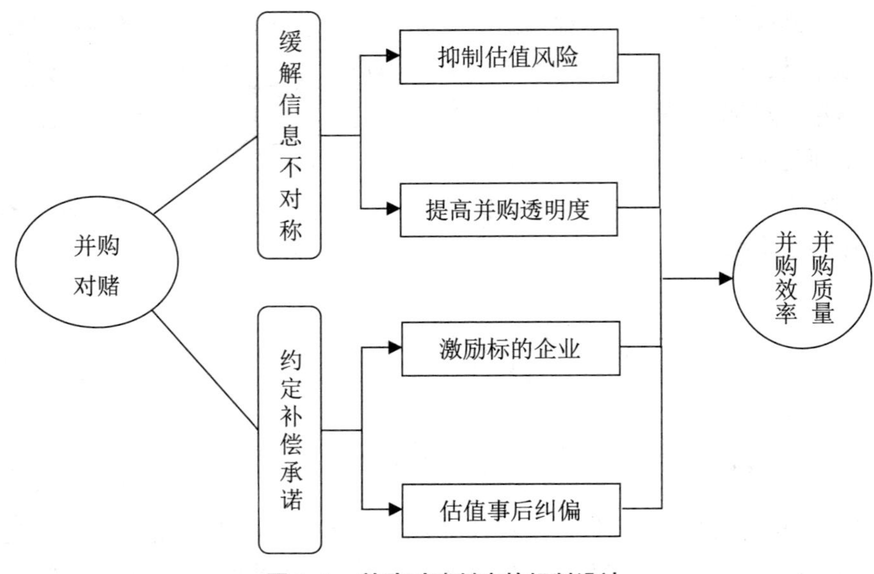

图 2-1　并购对赌制度的机制设计

在降低中小股东和上市公司内部人之间的信息不对称方面，并购对赌制度要求上市公司披露大量关于标的企业的信息，包括详细的业绩预测和潜在的风险因素。这种透明的信息披露机制使得中小股东能够更全面地了解并购的潜在影响，部分缓解其在信息获取上的劣势。中小投资者一方面可以根据业绩承诺的合理性、标的企业的潜在价值和风险，以及预期的回报来决定是否支持并购交易。另一方面可以基于业绩承诺的履行情况来评估上市公司的并购行为是否符合他们的利益，进行外部监督。此外，更透明的并购信息披露本身也对上市公司内部人的自利性并购行为起到抑制作用。

在激励标的企业提升业绩方面，并购对赌制度一方面为标的企业设定了明确的业绩目标，这种明确的业绩目标可以引导被并购方的管理层专注于提高公司的运营效率和盈利能力。另一方面并购对赌为标的企业原股东（通常也是标的企业管理层）提拱了经营压力，如果标的企业未能实现承诺的业绩，标的企业的原股东（管理层）需要向上市公司支付一定的补偿。这种潜在的财务责任促使承诺人在并购后努力提升业绩，以避免财务损失。此外，并购对赌中还经常设置激励条款，约定当标的企业超额完成业绩目标时管理层和核心员工可以获得额外奖励。并购对赌的压力和激励有助于推动标的企业管理层在并购后迅速采取行动，优化资源配置，提高企业的竞争力和市场表现。

最后，并购对赌制度为过高的并购估值提供了事后纠正机制。在并购完成后，如果标的企业的业绩未达到预期，并购对赌制度要求出让方对上市公司进行补偿。出让方的补偿可以纠正并购时因高估未来业绩而支付的过高溢价，减少并购未实现预期收益时所产生的负面财务影响。补偿机制为上市公司提供了额外的保护机制，也直接保护了中小股东的经济利益。

综上所述，中国证监会推行的并购对赌制度旨在对上市公司并购进行估值约束，强化投资者监督，提升经营激励和加强补偿保障。其核心目标是提高上市公司并购质量和并购效率，保护投资者，尤其是中小股东的利益。而证监会的官方规定进一步强化了对并购对赌的行政监管和法律约束，确保并购双方能够遵守承诺并履行相应的义务。

二、制度动态调整：适应性和审慎性

我国证监会对并购对赌交易的监管具有适应性和审慎性双重特点。

在适应性方面，证监会尊重市场规律和市场主体自主决策权，及时地调整减少了强制对赌的并购交易范围。2014 年，证监会在办法（2014）中缩小了强制对赌的并购交易范围，明确在上市公司向非关联方购买资产且未导致控制权变更的情况下，不再强制要求进行对赌。这种调整有助于上市公司根据市场化原则，自主协商是否采取业绩补偿和每股收益填补措施及相关具体安排。证监会通过灵活调整监管规则，减少不必要的行政干预，较好地平衡了市场化原则与监管要求。

在审慎性方面，证监会不断优化和完善并购对赌制度，以确保并购双方能够遵守承诺，履行义务。一个典型的例子是，针对实践中出现的业绩承诺方试图通过各种方式修改对赌条款以减轻或免除补偿责任的情况，证监会及时出台规定限制对赌协议的变更，确保并购交易的严肃性和可执行性。另外一个代表性的例子是，随着业绩兑现期的到来，一些未完成对赌业绩的承诺方通过质押股份等方式逃避履行补偿义务，对此证监会出台规定要求业绩承诺方在并购重组报告书中明确保障业绩补偿实现的具体安排，包括保证对价股份优先用于履行业绩补偿承诺，不得通过质押股份等方式逃避补偿义务。

证监会对并购对赌监管的动态调整，基本体现了促进公平交易、维护市场秩序和保护投资者利益的基本导向，通过确保并购双方遵守承诺和履行义务，来降低并购过程中的风险，提高并购效率和并购质量。

三、制度面临的挑战：监管套利

尽管我国并购对赌制度的初衷是保护中小投资者的利益，并根据实际情况对相关规定进行动态调整和完善。然而，对赌协议在实践中仍然存在被滥用的风险。我国资本市场中出现了一些利用并购对赌协议牟取好处，损害上市公司和中小投资者的套利行为。

利用并购对赌协议谋取监管套利的主要模式是：在签订并购协议时出让方作出虚高承诺，先获得高溢价，随后通过修改对赌条款、伪造业绩或者直接逃避补偿义务来避免对上市公司进行补偿。在这种情况下，并购对赌协议形同虚设，成为套利者骗取上市公司高额并购价款的利器。

这种套利行为得以发生主要有三个方面的原因。

首先，我国并购对赌制度在补偿履约保障方面存在弱点。我国并购对赌的常见模式中，上市公司在并购交易完成时基本已经通过现金支付或股票支付的方式将全部并购价款支付给了出让方。因此，如果标的企业未完成承诺业绩，承诺人履行补偿义务时是把已经收到的并购价款返回给上市公司。这就导致承诺人的补偿能力具有不确定性。承诺方收到的并购价款在业绩兑现时一般已转化为其他形式资产。上市公司支付的股票和现金，往往成为承诺人投资其他产业的新资本。即使并购收到的股份存在限售期，承诺人也可通过股份质押从金融机构获得贷款。而再投资资产的价值具有不确定性，一旦投资失败或投资变现存在困难，承诺人则无力兑现补偿。在实际案例中，承诺方因其他投资经营活动而质押股份或资产被司法冻结，导致无资产执行补偿的案例比比皆是。在这种情况下，即使上市公司通过法律手段维权，由于司法程序旷日持久，业绩分歧难以裁判，判决后的执行亦困难重重。

其次，上市公司内部人可能和承诺人合谋，双方获得好处，但损害了广大中小股东的利益。一种常见的情况是上市公司大股东或者高管等内部人可能与承诺人串通，设定一个不切实际的高业绩目标，以吸引投资者并推高股价。当业绩目标未能实现时，内部人和承诺人通常已提前卖出股票或通过质押股票套现收益，留下的是无法兑现的业绩承诺和受损的公司价值。在这种情况下，当标的企业难以完成业绩时，上市公司不仅默许标的企业通过业绩造假逃避补偿义务，还可能配合标的企业变更对赌条款，以“保障上市公司利益”为借口，调低业绩指标或延长业绩实现期间。最终上市公司内部人和出让方都从并购对赌中获得好处，利益受损的则是广大中小投资者。

最后，难以判定标的企业的业绩真实性也为监管套利提供了机会。并购标的被上市公司收购后，承诺方可能通过各种方式进行财务造假，来实现承诺的业绩目标。常见的造假方式包括签订虚假合同或提前确认收入来虚增业绩，通过甩卖资产等方式“踩线”完成业绩承诺等。这样，标的企业在对赌期看似完成了承诺业绩，却在对赌期结束以后现出原形，造成上市公司大额的商誉减值。而承诺人拿着高额并购价款已经逃之夭夭，追究其责任非常困难。

毫无疑问，利用并购对赌制度进行监管套利的行为不仅会破坏证券市场的资源配置功能，还会妨碍上市公司的健康发展，损害广大中小投资者的利益。因此，如何完善并购对赌制度，防范监管套利是亟待解决的问题。

第三章　文献综述

第一节　并购研究

本书所研究的并购对赌，其核心机制在于事前就并购后的预期收益进行补偿承诺。而这一对赌需求从理论上分析，主要源自三个方面：一是代理问题所导致的有意识的估值扭曲；二是并购决策中的非理性行为；三是并购活动所固有的不确定性。因此，本节主要围绕并购中的代理问题、并购中的非理性决策，以及并购中的不确定性三大问题进行文献综述。

一、并购中的代理问题研究

在并购活动中，有两类代理问题受到了研究者的广泛关注，一类是经理人与股东间的代理问题（第一类代理问题），另一类是大股东与中小股东间的代理问题（第二类代理问题）。这两类代理问题被已有研究视作并购决策中的重要因素，对并购绩效具有举足轻重的影响。

（一）并购中的第一类代理问题

管理层是收购的关键决策者（Harding 和 Rovit，2004），在并购决策中发挥重要作用。然而，管理层的并购决策不一定符合股东的最佳利益（Shleifer 和 Vishny，1988），管理层可能为攫取私人利益而推动损害股东价值的并购（Devers 等，2013）。Nguyen 等（2012）基于 3250 个美国并购交易数据，分析得出管理层代理动机推动了大约 59%的并购活动。而这些由代理问题驱动的并购交易通常会降低收购公司的价值（Malatesta，1983）。

管理层可能意图通过并购活动提高自身薪酬。已有研究表明，无论并购业绩好坏，收购方 CEO 的薪酬通常都会大幅增长（Bliss 和 Rosen，2001；Harford 和 Li，2007），这是因为高管薪酬通常和企业规模呈正向关系。类似的是，我国国有控股公司在薪酬利益驱动下更有可能发动大规模并购活动以扩大企业规模，进而大幅提升高管薪酬（傅颀等，2014）。与此相关的是，当薪酬低于行业薪酬时，CEO 会进行密集的并购活动，以提升自己的薪酬，使之与行业薪酬相匹配（Seo 等，2015）。此外，管理层薪酬的外部公平性越低，企业并购溢价也越高（潘爱玲等，2021）。

管理层可以通过并购提升其社会地位和政治权利。企业的发展增强了管理层的社会地位、公众声望和政治权力。从这个意义上说，并购有助于提高管理层的社会地位（Avery 等，1998；Shi 等，2017），增强管理层的权力和自由裁量权（Steinbach 等，2016）。在国有企业当中，谋求政治晋升是国有高管选择并购成长方式的重要动因（陈仕华等，2015）。

管理层也可能通过并购来分散风险。由于难以通过资源配置来分散风险，与股东相比，管理层更具有风险厌恶的特性。因此，管理层有动机通过并购来实现公司业务运营的多元化，从而降低他们的雇佣风险（Amihud 和 Lev，1981）。Gormley 和 Matsa（2016）发现，当敌意收购的威胁降低时，管理层为了降低公司的股票波动性（因为他们的持股不多元化）和困境风险（因为这会使他们的私人利益面临风险），会大幅增加有损于股东价值的多元化收购。

（二）并购中的第二类代理问题

当公司股权结构相对集中时，第二类代理问题，即大股东利用控制权侵占中小股东利益的问题开始变得重要。在并购研究领域，与此密切相关的是同一控制下的关联并购交易，即收购方收购其控股股东所控制的其他股权或资产。在同一控制下的关联并购中，由于收购方和并购标的同属于收购方的控股股东，控股股东可能会利用其控制地位来推动并购交易，并利用复杂的交易结构或不公平的交易条款来侵占中小股东利益。

已有文献认为，大股东有通过关联并购重组掏空或支持上市公司的动机。李增泉等（2005）发现，当公司具有配股或避亏动机时，关联并购能够在短期内显著提升公司的会计业绩，而无保上市资格之忧时所进行的关联并购则会掏空上市公司资产，损害上市公司价值。黄兴孪和沈维涛（2006）研究表明，控股股东会依据其所控制上市公司的盈亏状况，采取掏空或支持行为，无论是支持还是掏空，关联并购都没有提升并购方公司的价值。已有研究发现，当大股东的现金流权和控制权差距越大时，公司越容易产生关联并购行为（陈健等，2009），而两权分离程度较高的公司所进行的关联并购显著损害了公司价值，体现了掏空效应（蒋薇和张晓明，2019）。此外，在并购交易过程中，控股股东操纵资产评估增值是其掏空上市公司的重要途径（周勤业等，2003；张祥建和郭岚 2008；陈骏和徐玉德，2012）。

学者们对关联并购市场反应的实证检验结果比较一致，基本都发现关联并购会产生负面的市场反应。Cheung 等（2006）发现我国香港地区证券市场的上市公司进行关联并购会导致短期和长期的负面市场反应；Cheung 等（2009）发现中国 A 股上市公司的关联并购会产生负面市场反应。王一棣等（2017）发现，我国上市公司关联并购的短期市场反应显著低于公允并购。韩宏稳和唐清泉（2017）使用托宾 Q 衡量上市公司的市场价值，也证实我国关联并购对并购方公司市场价值有着显著的负向影响。这说明关联并购活动中存在严重的代理问题，外部市场投资者担心企业大股东与内部人通过关联并购侵占其利益，而采取消极的投资决策，造成收购方公司的股价下行。

值得注意的是，部分研究认为关联并购对企业价值具有正面影响。李善民等（2013）基于 DEA-SFA 二次相对效益模型，发现关联并购无论对企业短期绩效还是长期绩效均具有显著的提升作用。巫岑和唐清泉（2016）基于交易成本视角，认为关联方公司之间的并购重组有助于降低交易成本（如信息搜寻成本、谈判成本等），在信息不对称程度较高的并购样本中，关联并购与企业财务绩效呈正相关。佟岩等（2019）则发现，当并购双方具有关联关系时，该并购交易能够通过缓解信息不对称以及促进并购后的协调整合，对创新产出产生更加突出的积极作用。吴浩强和刘树林（2018）也发现，关联并购能促进收购方技术创新效率的提升。

二、并购中的非理性决策研究

研究者认为，即使没有代理动机，公司的并购决策也受高管的非理性因素影响。已有研究主要关注高管过度自信、高管自恋和锚定效应等非理性特征对并购活动的影响。

在高管过度自信相关的文献中，Roll（1986）最早提出管理者的傲慢可以解释密集的并购活动和价值损害型的并购交易。研究发现，CEO 的傲慢或过度自信会导致高额的并购溢价，而不独立的董事会则加剧了这一现象（Hayward 和 Hambrick，1997；潘爱玲等，2018）。此外，过度自信的 CEO 发起并购的概率更高，当企业不需要外部融资时或者并购是多元化并购时这种效应会进一步放大（Malmendier 和 Tate，2008）。而市场对过度自信的 CEO 发起的并购公告给出了显著更低的股权收益率（Doukas 和 Petmezas，2007）。

除了高管过度自信，已有研究还发现 CEO 自恋会影响并购过程。Aktas 等（2016）发现，自恋的收购方 CEO 在并购谈判时速度更快，也更可能发起并购交易，而当标的企业 CEO 自恋程度较高时，收购方股东对收购公告的市场反应更负面。此外，并购双方 CEO 自恋均会降低并购完成的可能性。

陈仕华和李维安（2016）基于中国并购数据，发现并购溢价决策虽然受到理性因素的支配，但也存在一定程度的锚定效应。

三、并购中的不确定性研究

完整的并购过程包括潜在目标识别、尽职调查、估值和谈判，以及并购后的整合等多个阶段。这个过程可能持续数月甚至数年，每个阶段都伴随大量的不确定性，对并购决策和并购绩效产生重要的影响。

信息不确定性是并购过程中的重要影响因素。收购方对标的企业的经营情况、财务状况和发展前景等方面的信息均具有较大不确定性。标的企业的信息不确定性会影响并购谈判过程和交易特征，最终影响并购收益。Li 和 Tong（2018）研究发现，当标的企业具有严重的信息不确定性时，目标企业的股票价值将被市场大幅折价。而收购方可以通过尽职调查等手段获得额外信息，因此，收购方在目标市场上具有信息优势。这种信息优势可以帮助收购方以较低的并购价格完成交易，并从并购中获得更大比例的潜在协同收益。Luypaert 和 Caneghem（2017）进一步区分了标的企业的信息不确定性和信息不对称。他们认为信息不对称是指信息可获取的程度——可以通过收购人的尽职调查等努力降低，因此，对于不同市场参与者而言信息不对称程度存在差异；而信息不确定性则是标的企业基本面的波动性，对于所有的市场参与者而言这种不确定性都是一致的。他们通过实证检验表明，如果标的企业具有较高程度的信息不对称，收购方将获得更高的异常回报和更大比例的并购收益，为了避免与目标股东分享这些收益，收购方更可能选择现金支付。而当标的企业对所有市场参与者来说都具有较高的价值不确定性时，则更有可能收到股票报价。

并购过程中的市场波动对并购完成有着重要影响。由于在交易条款设定和实际交易完成期间，公司价值可能会发生重大变化，因此并购交易有重新谈判或终止的风险。Bhagwat 等（2016）研究发现，在法律规定的并购过渡期中，如果市场波动性较大，并购交易后续完成的可能性下降，市场波动性对于需要较长时间才能完成的交易和标的企业价值较大的交易影响最强。

政府政策和监管是并购不确定性的重要来源。首先，政策不确定性会显著影响企业开展业务的环境，因此是并购的一个重要的风险来源。Bonaime 等（2018）发现，当政策不确定性上升时，宏观层面和公司层面的并购活动都会显著减少，其中与货币政策、财政政策和金融监管相关的政策不确定性对并购活动的负面影响最大。Nguyen 和 Phan（2017）发现，政策不确定性与企业进行收购的可能性显著负相关，且与完成并购交易所需的时间显著正相关。此外，政策不确定性会促使收购方使用股票进行支付，并支付较低的并购溢价。平均而言，收购方在政策高度不确定期间进行的并购交易为股东创造了更大的价值。其次，政治风险会影响并购交易的数量、特征和结果。Cao 等（2017）和 Lee（2018）在跨国并购的场景下研究了政府选举换届所带来的政治不确定性对跨境收购的影响。Cao 等（2017）发现，在目标国家/地区全国大选的前一年，入境的跨境并购交易量大幅下降，而在收购方国家全国选举的前一年，境外跨境收购量显著增加。此外，在目标国家/地区的选举前，收购公司的公告回报率显著较低，而在收购方国家选举之前进行的境外跨境收购则为收购公司带来了更大的公告回报。Lee（2018）指出，预期现金流是未来政策选择概率和由此产生的现金流的函数，东道国的政治不确定性会给并购估值带来难度。因此，当东道国处于政治不确定性较高的状态时，由于标的企业议价能力较弱，因此从并购交易中获得的收益相对于收购方更小。最后，在大部分国家中并购均受到了政府关于反垄断方面的监管，政府对并购的监管不仅会直接影响正在进行中的并购交易，还会对未来拟进行的并购交易形成威慑作用。Bodt 等（2024）基于美国司法部和联邦贸易委员会对并购市场的干预执法，研究发现受反垄断执法威慑的企业会显著减少并购交易。

并购完成后，收购方对标的企业的整合具有不确定性。并购完成后，收购公司需要整合两个公司的运营、资产、负债和员工等多个方面，其整合结果如何具有高度不确定性。Erickson 等（2012）指出，合并后收购方可能会剥离与标的企业重叠的经营部份，或者进行资产和业务的合并重组，整个过程具有较大的不确定性，难以判断最终是否可以增加公司的经济绩效。

第二节　并购对赌研究

我国的并购对赌与国外欧美市场上使用已久的并购业绩对赌（Earnout）性质比较类似。它们的实质都是为了防止出让方利用信息优势“欺骗”收购方，约定最终支付给出让方的收购价款取决于标的在收购后的业绩。二者主要的差异在于收购价款中浮动部分的支付时点。国外对赌协议中的浮动价款是在收购完成后，随着业绩兑现的进程逐步支付；我国并购对赌协议则一般约定，在并购时一次性支付全部价款，并购后如果业绩未达到约定标准，则标的企业原股东根据协议约定将对应的价款退回。中外并购对赌在支付时点上的差异，造成了履约风险主要承担者的互换（国外主要风险承担者是出售方，国内主要风险承担者是购买方），也因此中外在并购对赌协议的使用动因、条款设计和经济后果上共性与差异并存。

一、国外关于并购对赌的研究

（一）国外并购对赌动因

国外研究主要从经济动因和文化动因来解释并购交易中使用对赌协议的原因。

在经济动因方面，已有研究基于信息不对称理论和委托代理理论，提出在并购交易中使用对赌协议主要是为了解决或缓解信息不对称问题和委托代理问题。此外，国外的对赌协议通常会将部分收购价款延至收购完成后支付，因此缓解收购方资金压力也被认为是国外广泛使用并购对赌协议的一个重要原因。

并购对赌是为了解决交易双方的信息不对称所导致的逆向选择问题。由于收购方往往无法准确地获取标的企业的全部信息，因此对标的企业的估值具有很强的不确定性。在这种情况下，对赌协议作为一种有效的风险转移机制，可以消除收购方和出让方之间关于标的企业的价值分歧，从而有助于降低估值风险，并推动并购交易的成功进行。Kohers 和 Ang（2000）、Ragozzino 和 Reuer（2009）以及 Datar 等（2001）的实证研究都证实了这一观点。他们发现，当交易双方对于标的企业的价值存在高度信息不对称时，并购对赌协议可以帮助收购方对冲风险和减少交易成本。总体而言，对赌协议更可能在并购标的规模较小、成立年限较短、为私营企业或非同一行业时出现；更可能在并购标的所处行业并购活动较少时出现；更可能在并购标的为服务类公司、高科技公司或企业无形资产比重较高时出现；更可能在标的方所处行业研发支出较高、市值账面比较高时出现。因为这些标的企业的信息环境相对更不透明，标的企业的质量难以判断，而对赌协议可以降低估值不确定性所带来的交易成本促成交易。Reuer 等（2004）研究对赌协议在跨国并购中的使用，发现缺少跨国并购经验和国内并购经验的收购方更倾向于使用对赌协议。此外，在投资者保护较弱和法律执行困难的国家，收购方倾向于避免使用对赌协议。

并购对赌是为了在并购交易完成后留任和激励标的原股东管理者。并购交易的成功不仅取决于交易本身，还取决于并购后的整合过程。如果不能有效地留任和激励原股东管理者，那么并购交易可能无法实现预期的价值。Cain 等（2011）检查了美国市场 1994 年至 2003 年并购事件中对赌协议的具体条款。研究发现，当标的属于高增长行业，或收益率高度波动行业时，并购价款中的对赌比例更大，这与对赌协议用于降低估值不确定性的理论一致。此外，对赌比重与标的管理层努力的重要性、标的管理层对激励的反应呈正相关，与标的管理层的风险承担能力和管理层努力的衡量准确度呈负相关，这与对赌协议可以解决标的管理层激励问题的理论一致。

并购对赌可以保护收购方的利益，还可以缓解其在支付过程中可能面临的资金压力。Bates 等（2018）基于美国 1988 年至 2014 年的 2226 个并购对赌样本，通过 PSM 匹配样本，发现收购方的融资约束是使用对赌协议的重要影响因素。具体而言，没有信用评级的收购方使用对赌协议的可能性比评级企业高 17.5%，融资约束较高组使用对赌协议的可能性比融资约束较低组平均高 25.4%。

Cadman 等（2014）利用 SFAS141（R）强制上市公司披露对赌条款估值的会计制度，研究对赌价款的估值变动，进一步证实了并购对赌协议背后的四个主要经济决定因素——第一，降低估值不确定性所带来的交易成本；第二，防止并购交易中的道德困境和逆向选择；第三，保留被并方的管理层；第四是保留资金。

在文化动因方面，Ewelt-Knauer 等（2021）发现，收购方在阳刚性、权力距离和不确定性厌恶度方面的文化背景差异影响了并购交易中使用对赌协议的可能性。

（二）国外并购对赌条款设计研究

并购对赌协议的具体条款设计受对赌动因影响。Cain 等（2011）使用美国在 1994 年到 2003 年间完成的 990 个对赌并购样本，就对赌协议的具体条款做了详细的描述性统计。在此基础上，论文基于两类合约经济理论——一是逆向选择/不确定性模型，二是道德困境模型，重点检验对赌协议在潜在支付金额、业绩指标、对赌期限三个方面的设计是否与这两类合约经济理论有关。他们研究发现，对赌协议的具体条款设计与抑制估值不确定性问题和防范道德风险两大动因显著相关。

并购对赌协议的具体条款设计会影响并购溢价和股票市场的反应。Barbopoulos 和 Adra（2016）基于英国 424 个对赌样本，研究发现并购对赌的条款设计显著影响并购溢价。论文发现，对赌规模每增加 10%，并购溢价增加 6.45%，而对赌期限每增加 1 个月，并购溢价则增加 0.6%。此外，论文比较了对赌交易初始付款和非对赌交易的总价款，发现初始付款一般等于或者小于可比非对赌交易的总价款。Barbopoulos 等（2018）研究了初始付款和对赌价款支付方式对并购方股票市场反应的影响，发现二者均为股份支付方式时，股票市场反应更好，当支付安排有助于将风险在收购方和目标方分摊时，市场反映更好。

（三）国外并购对赌的经济后果研究

国外研究主要关注并购对赌协议对投资者财富和并购溢价的影响。

包含对赌协议的并购交易给收购方股东带来显著更高的并购公告期市场回报。这一结论在北美（Kohers 和 Ang，2000）、英国（Barbopoulos 和 Sudarsanam，2012）、德国（Lukas 和 Heimann，2014）等多国证券市场中都得到了证实。Kohers 和 Ang（2000）通过分析北美 1984 年至 1996 年期间的 938 个对赌并购交易，发现并购双方之间有较严重信息不对称的交易更可能使用对赌协议，而使用对赌协议会导致收购方股价在并购公告日前后有正向反应，在并购公告日当天，使用了对赌协议的收购方的股票异常收益为 1.356%。Barbopoulos 和 Sudarsanam（2012）使用英国 1986 年至 2008 年期间的 1251 个并购对赌交易数据进行分析，发现有对赌协议的并购在公告日附近累计异常回报率 CAR［-2，+2］为 1.48%，显著高于其他并购交易的 CAR［-2，+2］的数值（1.07%）。Lukas 和 Heimann（2014）则对德国 2000 年至 2013 年期间的 169 个跨行业对赌并购交易进行研究，发现在并购公告日及公告日前后两天的累计异常收益率 CAR［-2，+2］为 2.036%。

对赌协议会显著增加并购溢价。Lukas 等（2012）通过博弈论模型进行理论预测，认为当并购交易使用对赌协议时，并购溢价会上升。Kohers 和 Ang（2000）基于北美数据实证检验发现，当收购私人标的企业和子公司时，使用对赌协议的并购溢价会显著高于其他交易。Barbopoulos 和 Adra（2016）基于英国数据的实证检验也发现对赌协议会显著增加溢价，且对赌规模和对赌时长与并购溢价显著正相关。

部分学者关注了并购对赌协议的负面影响。并购对赌协议在国外使用比例较低，约 3%~7%左右（Cain 等，2011），最新研究发现国外的使用比例在上升（Jansen，2020），但仍远远低于中国。研究者将国外较低的并购对赌比例归结于对赌协议条款复杂，谈判成本较高（Ragozzino 和 Reuer，2009）。此外，并购对赌协议可能在执行过程中造成新的代理问题。对赌协议可能导致标的企业的管理层发生短期行为，比如为达成业绩而进行会计操纵（Datar 等，2001），削减酌量性支出来向上调整盈余，损害企业长期价值（Elnahas 等，2017）。这些代理问题带来了新的监督和业绩证明成本，并可能产生争议引发诉讼，因此业绩鉴证（Allee 和 Wangerin，2018）和法律执行环境（Reuer 等，2004；Viarengo 等，2018）对于并购对赌协议的使用效果具有重要影响。

二、中国关于并购对赌的研究

（一）中国并购对赌动因研究

中国并购对赌也存在高溢价和高市场回报，但学者们解读各异。在国外的激励理论和估值不确定性理论之外，学者们还发现我国并购对赌协议的使用存在市值管理动机。

已有研究发现，我国并购对赌推高了并购溢价（吕长江和韩慧博，2014；王竞达和范庆泉，2017；翟进步等，2019；徐莉萍等，2021），提升了上市公司股票市场长/短期绩效（吕长江和韩慧博，2014；杨超等，2018；Song 等，2019；徐莉萍等，2021）。对于这些现象，已有学者从不同角度进行了阐释。

一种观点是从对赌协议的激励作用和信号作用的角度进行解释。这种观点认为，并购对赌有效地激励标的原股东提升经营管理（吕长江和韩慧博，2014；潘爱玲等，2017），向收购方和市场释放了业绩增长信号（吕长江和韩慧博，2014，杨超等，2018；Song 等，2019；尹美群和吴博，2019），缓解并购交易双方信息不对称（陈玉罡和刘彪，2018），因此使用对赌协议的并购交易溢价更高、市场反响更好也就不足为奇。

另一种观点则是从市值管理动机进行解释。研究指出，并购对赌交易的"高溢价"并无高业绩兑现（王竞达和范庆泉，2017），业绩对赌的实施是服务于大股东维持高股价的目的（徐莉萍等，2021），且财富效应在大小投资者之间转移（窦超和翟进步，2020），损害了中小股东的利益。

（二）中国并购对赌的履约风险研究

随着并购对赌履约期的到来，学者们开始关注中国并购对赌的履约风险问题。大量研究发现，中国并购对赌的履约风险很高。不少标的企业在对赌期间出现了业绩不达标（王竞达和范庆泉，2017；翟进步等，2019；窦炜等，2019a）和业绩不真实（王竞达和范庆泉，2017；张海晴等，2020a）的情况。为了完成业绩指标，标的企业可能会出现削减研发支出等短期机会主义行为（杨志强等，2019；张海晴等，2020a）。因此，已有研究发现并购对赌会增加收购企业的股票崩盘风险（关静怡和刘娥平，2019），且在对赌期结束后引发并购商誉减值风险（张海晴等，2020b；Yuan 等，2020）。

已有研究基本认为，高估值和业绩承诺虚高是导致履约风险的直接原因。学者们发现收购方企业的管理者过度自信（窦炜等，2019b）和管理者自利（Song 等，2019），并购前标的企业的盈余管理（刘娥平和关静怡，2019），以及大股东股权质押（徐莉萍等，2021）推高了并购溢价，增加了业绩承诺水平，使得对赌业绩难以实现。

部分学者就如何防范并购对赌履约风险进行了探索。窦炜等（2019a）发现使用股份支付可以更好地联合并购双方的利益，提升业绩达标的可能性；高闯等（2010）发现优化并购对赌补偿方式，可以抑制过高评估或过高盈利预测；张敦力和张琴（2021）则发现国有上市公司更低的风险承担意愿使其抑制了承诺业绩增长率。

第三节 风险投资对赌协议研究

对赌协议也常在风险投资活动中使用。风险投资机构向创业企业进行股权投资时常和创业者签订对赌协议，对创业企业未来经营业绩和上市等事项进行约定，一旦创业企业未实现约定目标，创业企业或其股东需按约定对投资机构进行股权补偿、现金补偿或股票回购。风险投资对赌和并购对赌尽管运行的具体场景不同，所解决的利益冲突存在差异，在契约设计细节方面亦各有特点，但二者的核心机制具有相似性。无论是风险投资对赌还是并购对赌，二者均是以投资（收购）目标的未来发展情况为“赌注”，约定被投资（被收购）方在未实现预期目标时对投资（收购）方予以补偿。因此，关于风险投资对赌协议的研究对理解并购对赌也有较大的参考价值，本书对风险投资对赌协议研究也进行了梳理总结。

对赌协议作为在我国广泛应用的一项风险投资契约条款，受到了法学领域和财务领域学者的共同关注。

在法学领域，已有研究主要讨论对赌协议的法律性质、法律分类、法律效力和司法裁判问题（赵旭东，2022）。早期，不少研究围绕我国对赌第一案“海富案”，探讨对赌协议的性质、类别和合同效力（杨明宇，2014；唐英，2015；徐睿，2015），并展开了司法干预自治议题的讨论（潘林，2014）。这些研究基本肯定了对赌协议的经济合理性和现实必要性，认为我国司法实践中应承认其合法性和有效性，不应搞“一刀切”式的全面否定（刘忠和王会芳，2015）。还有学者通过中美比较，讨论对赌协议的合同逻辑（刘燕，2016；潘林，2017）。《九民纪要》重新规定对赌裁判新规则后，对赌协议的合同效力已无疑问，学者们开始重点关注对赌协议的可履行性（刘燕，2020；

贺剑，2021；周光权，2022）。

在财务领域，已有研究分别基于效率契约理论和不公平契约理论就对赌协议展开了讨论。在效率契约理论下，风险投资契约致力于解决风险投资过程中的不确定性、信息不对称和代理成本（Gilson，2003），以实现创业企业价值最大化。不少学者基于对赌协议运行机制的理论分析，认为对赌协议符合效率契约理论。具体而言，对赌协议既可以通过后期的估值调整降低信息不对称和发展不确定性所带来的估值风险，又可以保护投资双方的利益，解决投资后的创业者监督和激励问题（赵旭东，2022）。姚铮等（2011）对3家风险投资公司进行了多案例研究，也认为投资契约中设置对赌协议的主要动因是信息不对称和不确定性，并指出对赌协议会对创业企业形成压力，促使其改善业务经营和调整战略。邓杰和于辉（2020）则构建效用模型，证明在适当的业绩目标下，对赌协议可以同时提升投融资双方的效用。

不公平契约理论则提出，创业企业常出现资金缺口，再加上风险投资作为专业投资机构拥有更广阔的市场视野和更强的价值判断能力（Ewens 等，2022），在融资谈判中，风险投资往往处于优势地位。已有研究发现，风险投资会利用自身的议价能力和创业企业签署“风投友好”契约，这种契约可能以牺牲创业者利益和减少创业企业价值为代价（Moskowitz 和 Vissing-Jørgensen，2002；Hall 和 Woodward，2010；Cestone，2014）。不少学者认为，对赌协议属于“不平等条约”，不利于实现投融资双边激励，甚至导致创业企业机会主义行为。王茵田等（2017）运用二叉树模型对我国20个对赌协议案例进行估值，认为风险投资方索取了过高的风险溢价，对赌协议总体上有失公平。邱国栋和汪玖明（2020）基于对我国30家企业案例的分析，认为对赌协议是我国中庸文化和弱风投模式下的风投运作变异，对赌协议导致“短期逐利”的风投资本进入创业企业，对创业者和风险投资双方均激励有限。此外，已有研究认为，当对赌标的和企业战略不匹配，或者实现难度过高时，会扭曲激励效应，造成创业企业的短期行为（姚铮等，2011；于辉和邓杰，2020）。何顶和葛琰（2023）则发现风险投资的对赌条款会显著增加新三板挂牌企业的盈余管理行为。

第四节　文献总结和评述

一、关于并购对赌动机研究的总结和评述

关于并购对赌的动因，已有研究提出了几个关键动机。首先，并购对赌的使用被认为具有激励标的企业以及为标的企业发出信号的动机。其次，上市公司的市值管理也被指出是并购中采用对赌协议的一个重要原因。这些研究对揭示中国并购对赌协议的动机具有重要的启示作用，但仍存在进一步深入探索的必要。

一方面，现有研究主要基于并购对赌的市场反应和并购溢价，通过逆向反推的方式阐释其可能的动因，这是一种典型的事后分析方法。这种研究思路可能会模糊化因果推断，其研究结论的可靠性非常依赖市场有效性假设。但市场反应和并购溢价很可能受非理性行为、信息不对称和市场情绪等因素的影响。因此，这种事后分析阐释的思路具有较大的局限性，需要进一步从事前角度进行并购对赌的动机研究。

另一方面，现有研究多从收购双方的关系，以及上市公司内部人与外部中小投资者之间的关系来分析对赌动机。例如，激励动机和信号动机的理论前提是收购双方信息不对称和收购后的代理问题；而大股东的市值管理动机和高管减持动机则是以上市公司内部人与外部投资者之间利益冲突为前提。然而，现有研究未能充分考虑对赌协议在收购方内部决策中可能发挥的特殊作用，这一领域值得未来的研究予以关注。

二、关于并购对赌协议条款研究的总结和评述

在并购对赌协议条款研究方面，现有研究已经意识到对赌协议的异质性，并探索了特定条款对股东财富和并购后业绩的影响。这些研究对我们理解并购对赌协议条款具有启发性，但这些研究在深度和广度上仍有扩展的空间。

首先，现有文献在探讨对赌协议时，往往未能详尽地分析协议中的各类条款细节，而是将研究重点放在业绩补偿的单双向性、补偿方式及承诺业绩

的增长幅度等特定指标上，对于其他条款则关注不够。因此，未来的研究需要就对赌协议中的具体契约条款进行系统梳理和全面研究，以覆盖实践中并购对赌协议的常见典型条款，从而为理解和评估这些条款在真实并购活动中的作用提供更坚实的基础。

其次，现有研究在分析对赌协议具体条款的影响时，往往将其视为外生前提条件，直接检验这些条款对并购绩效和并购溢价等指标的作用。对赌协议的具体条款设计实际上并非随机生成或统一不变，而是在并购缔约过程中与其他并购条款，如支付方式、并购溢价等共同考虑的一揽子计划的一部分。这意味着，对赌协议的具体条款设计既与其他并购协议条款相互联系，形成联合契约，又受并购动机、交易双方特征、外部环境特征等因素的影响。因此，需要深入探索影响并购条款设计的因素，在此基础上更科学地评估并购对赌具体条款设计的实际影响，以准确揭示其在并购实践中的作用和影响。这样的研究将有助于我们更全面地理解对赌协议在并购中的功能和后果。

三、关于并购对赌经济后果研究的总结和评述

已有文献在探讨并购对赌的经济后果时，普遍集中于分析对赌协议对股东财富和并购溢价的影响。相关研究结果较为一致，均指出并购对赌能够提升收购方股东的财富以及并购的溢价水平。部分学者进一步讨论了并购对赌在履约阶段可能面临的问题，包括业绩兑现的困难、业绩真实性的疑问，以及可能增加的股价崩盘风险和商誉减值风险。

这些研究为我们理解并购对赌的经济后果提供了宝贵的见解，但仍存在一些局限性。首先，对于并购对赌经济后果的异质性讨论不足，未能深入挖掘导致并购对赌经济后果差异的原因。其次，尽管研究已经意识到并购对赌具有履约风险，但对于对赌交易的实际业绩兑现情况缺乏全面的总结和分析。此外，学者们普遍认为，履约风险的直接来源是不合理的“高溢价”和“高业绩”承诺，并从动机角度指出这是上市公司大股东/高管与承诺人的“合谋”，但尚未深入剖析“合谋”发生的条件和限制。

因此，未来的研究有必要对并购对赌交易案例进行长期追踪，统计分析真实的并购对赌业绩兑现情况。在此基础上，应从对赌动因、条款设计、外

部监管等角度对影响对赌业绩兑现的因素进行多维分析，以揭示决定对赌业绩的关键因素。这样的研究将有助于准确理解并购对赌在实际经济活动中的作用和影响，为相关政策的制定和实践提供更为科学的依据。

第四章　我国并购对赌的动因研究

第一节　引　言

正如第三章制度背景中指出，我国并购交易中使用对赌协议最早源自证监会对部分重大并购重组交易的强制要求。然而，自 2008 年证监会引入并购对赌制度之后，不断有不属于强制对赌范畴的并购交易主动使用对赌协议。2014~2017 年，每年均有三分之一左右的并购交易自愿选择使用对赌协议，2018 年以后尽管比率有所下降，但在疫情之前自愿选择并购对赌的比率仍然高于 15%。这一比例大大低于国外发达资本市场中的 3%~7%的比例数据（Cain 等，2011；Jansen，2020）。那么，在监管强制要求之外，我国并购交易中的自愿对赌动因是什么呢？与国外成熟资本市场相比有何异同？这是本章讨论的主要问题。

国外已有研究基于信息不对称理论和委托代理理论认为，并购交易中使用对赌协议主要为解决或缓解两大问题：其一，因交易双方信息不对称所导致的逆向选择问题。业绩对赌协议作为一个风险转移机制，可以消除收购方和出让方之间关于标的企业的价值分歧，减少估值风险，促成并购交易；其二，并购交易完成后，如何留任和激励标的原股东管理者问题（Kohers 和 Ang，2000；Datar 等，2001；Reuer 等，2004；Ragozzino 和 Reuer，2009；Cain 等，2011；Cadman 等，2014；Jansen，2020）。此外，由于国外对赌协议通常将一部分收购价款延至收购完成后支付，因此缓解收购方的资金压力也是国外使用并购对赌的重要原因（Bates 等，2018）。尽管因为支付安排存在差异，缓解资金压力的动因在我国市场上并不成立，但解决信息不对称导致的逆向选择问题和激励标的原股东管理者两大动因在我国市场是否存在有待检验。

并购对赌协议在我国的实际应用中也存在一定争议。有媒体指控上市公司的并购决策并非出于企业价值最大化目标，而是更多地服务于二级市场中的短期利益，将并购重组视为市值管理或者“炒股价”的重要手段，而对赌协议则成为其推高股价的手段。此类指控往往出于媒体从业者或实务界人士的揣测，尚需基于大样本的实证检验验证其存在性。此外，并购对赌协议在收购方内部决策中是何角色，是否具有内部争议说服功能，已有研究也未进行探索，需要进一步讨论和检验。

本章基于我国2008~2022年A股上市公司并购数据，检验了我国资本市场上并购活动中使用对赌协议的动因。研究发现，并购交易双方信息不对称越严重，并购中使用对赌协议的可能性越高；并购交易中收购方对标的管理层激励动机越强，并购中使用对赌协议的可能性越高。这证实国外常见的使用对赌协议抑制逆向选择和激励管理层动因在我国资本市场上也同样存在。此外，研究发现，在上市公司发布并购公告时，如果收购方控股股东存在股权质押，并购中使用业绩补偿承诺的可能性越高；收购方高管权力强度越低，并购中使用业绩对赌协议的可能性越高。这两个基于我国资本市场上的新证据表明：（1）上市公司大股东利用并购对赌协议进行市值管理；（2）上市公司高管使用并购对赌协议推动内部并购决策，均是我国并购交易中使用对赌协议的特色化动因。进一步的研究发现，解决逆向选择问题的动机在国有企业和非国有企业中均显著存在；但激励目标管理层的动机、控股股东的市值管理动机和收购方高管的说服动机主要存在于非国有企业中。此外，研究发现，并购交易的支付方式并不会影响信息不对称因素对使用对赌协议的影响，也不会影响激励标的管理层动机对使用对赌协议的影响。然而，当并购交易采用股权支付方式时，会降低控股股东的市值管理动机和高管的内部说服动机对使用并购对赌协议的影响。

本章的主要学术贡献可能包括：

第一，验证和深化了已有并购对赌协议的动因理论。具体而言，在中国资本市场的背景下，确认了两个在西方资本市场中主要的使用动因——缓解信息不对称问题和激励标的管理层——在中国资本市场中同样存在。在此基础上，还检验了我国所有制特征和并购交易特征对这两大经典动因的影响。这有助于我们深入理解并购对赌协议的基本运行逻辑和其在并购交易中的作用。

第二，结合中国资本市场特征，拓展了并购对赌协议的动因理论。本章揭示了收购方的控股股东可能会出于市值管理的动机使用对赌协议。同时，收购方高管也可能会出于内部说服的动机使用对赌协议。这些发现意味着对赌协议不仅可以在交易双方之间缓解信息不对称和进行管理激励，而且可以在收购方内部发挥作用，满足不同利益相关群体的个人目标，这是对已有并购对赌动因理论的重要拓展。

第二节　理论分析和研究假设

本章除了考虑国外传统的信息不对称理论和管理层激励理论，还根据我国资本市场和公司治理的特征，分析和检验了使用并购对赌的大股东市值管理动机与管理层说服动机。

一、抑制信息不对称导致的逆向选择问题

恰如 Akerlof（1970）基于商品市场提出的经典“柠檬市场”理论，因交易双方信息不对称而导致的逆向选择问题一直是并购交易中的核心难题。具体而言，当收购方相信标的股东对企业真实价值具有私有信息，且假设出售方天然会给出高出真实价值的报价时，收购方往往会在出售方报价的基础上进行折扣。与此同时，标的股东则发现向收购方传递企业的真实价值非常困难。这就导致并购双方难以就标的估值达成一致，其结果要么是交易谈判失败，要么只有并购估值过高的交易才能被标的股东接受。为了解决这些问题，收购方可行的选择是增加交易成本来获取标的真实价值，如聘请专业人士进行尽职调查。但当调查成本过高时，可能会导致收购方放弃该项并购交易。

我国的并购活动也不例外。具体而言，我国并购标的绝大部分为非上市公司。非上市公司缺乏成熟可靠的信息披露机制和信息审核机制，与外界的信息不对称程度较高。此外，近些年，我国上市公司的并购活动往往青睐软件与服务、电气设备、技术硬件与设备行业等高科技行业，因技术壁垒而导致的信息不对称也比较严重。并购对赌设置了预期业绩未实现时的补偿机制，可以减轻收购方对估值不确定性的担忧，帮助交易双方在存在估值差异时达

成交易，并减少交易成本。因此，抑制因信息不对称导致的逆向选择问题应是我国并购交易中使用对赌协议的重要动机。根据上述分析，提出以下假设：

假设 4-1：并购交易双方信息不对称越严重，并购中使用对赌协议的可能性越高。

二、激励标的管理层动机

标的企业的可实现价值，很大一部分取决于标的企业独特的人力资本（比如标的企业的创业 CEO 等高管）的去留和努力。对赌协议通过明确的契约条款，既确定了标的企业在未来 3—5 年的业绩目标，又约定了业绩未达标时标的企业原创业 CEO 的补偿义务。基于目标设定理论，并购对赌协议设定了清晰的目标，可以调动标的管理层的积极性，通过优化资源配置，激发经营潜能来提升标的企业在收购后的业绩。潘爱玲等（2017）基于中小板和创业板上市公司的并购数据，证实了并购对赌协议对并购后标的企业业绩的提升具有激励效应。因此，激励标的企业管理层是并购中使用对赌协议的重要动因。根据上述分析，提出以下假设：

假设 4-2：并购交易中收购方对标的管理层的激励动机越强，并购中使用对赌协议的可能性越高。

三、收购方控股股东动机：股权质押

随着并购对赌兑现期的到来，部分并购标的无法完成承诺业绩，部分媒体指控上市公司控股股东的并购决策并未把提高企业未来业绩放在首位，而是将并购交易视为市值管理或者“炒股价”的重要手段，服务于二级市场上的短期利益，对赌协议则成为其推高股价的支持手段。本章从控股股东在二级市场套现的重要手段之一——股权质押角度来分析收购方控股股东动机对使用并购对赌的影响 。

对于控股股东而言，股权质押所有的风险都源自股价下跌。当被质押股票的股价触及合同警戒线和平仓线时，控股股东需要追加担保，否则可能面临强制平仓进而导致控制权转移的风险。为了稳定股价，避免股价大幅下跌甚至崩盘，将上市公司股权质押了的控股股东有很强的市值管理动机。李旎和郑国坚（2015）以 2006~2011 年的 A 股上市公司为样本，证实了市值管理有助于控股股东进行外部融资。

控股股东将上市公司股权质押后，不仅有强烈动机去进行市值管理，也有能力这么做。根据我国《担保法》，股权质押后的控股股东对上市公司的控制权并未转移，控股股东完全有能力采取手段进行市值管理。我国已有研究也证实了股权质押后，控股股东会通过真实活动盈余管理（谢德仁和廖珂，2018）、开发支出资本化等正向盈余管理手段（谢德仁等，2017）来释放正面信息，降低崩盘风险（谢德仁等，2016）。

企业并购是一项高风险行为。Mueller（1977）指出，并购之后升高的贝塔值意味着并购扩张会加剧整个企业的风险与业绩波动性。Higgins 和 Schall（1975）也提出并购扩张可能加大企业的破产风险。在本书的并购样本中，虽然在并购宣告日附近的累计异常收益率均值为正（CAR［-2，+2］均值为2.3%），但是有超过40%的样本在并购宣告日附近累计异常回报率均值为负值。因此，有股权质押的控股股东在企业并购时，有动机采用并购对赌协议来提振股价。一方面，由于对赌协议向市场传递了积极的未来业绩信号，使用对赌协议的并购交易在宣告时有更高的市场收益率（吕长江和韩博慧，2014）；另一方面，对赌协议能激励标的管理层在并购后根据承诺目标积极经营，提高并购后绩效（潘爱玲等，2017），从而稳定和提升股价。另外，并购对赌还为企业并购提供了兜底条款，当并购标的经营不善未实现预期业绩时，上市公司能得到一定补偿，对股票市场起到安抚作用。因此，本书提出以下假设：

假设4-3：上市公司发布并购公告时，如果收购方控股股东存在股权质押，并购中使用对赌协议的可能性越高。

四、收购方高管说服动机

高管是决定公司行为的关键因素（Bertrand 和 Schoar，2003），因此并购对赌决策中的高管动机亦值得关注。

并购活动是影响企业价值的重大战略性决策，其决策过程往往受到企业内外部治理主体和利益群体的关注与干涉。公司高管启动一项并购事宜，不仅需要在高管团队内部达成共识，还必须经董事会决议通过。若属于重大并购交易，则根据相关法规还需经股东大会表决通过。无论高管出于自利性动机，抑或基于股东价值最大化来推动一项并购交易，并购本身的高风险特征注定了其在决策过程中的争议性。

并购对赌协议为收购方在决策中解决争议，达成共识提供了工具。当收购方内部对标的企业的未来业绩预期存在差异时，对赌协议的事后价值调整机制可以缓解内部低预期者的顾虑，从而帮助并购方案通过内部决议。因此，并购对赌协议除在解决交易双方的估值差异问题之外，还在收购方内部并购决策中具有说服功能。

对于并购对赌说服功能的需求，在很大程度上取决于高管权力强度。基于群体决策思路，公司 CEO 等高管的权力强度越低，其自由裁量权越小，越需要充足的理由和收购方友好的交易条款来争取董事等决策群体的支持，实现其并购主张。因此，收购方高管权力强度越低，越有动机使用并购对赌协议来统一上市公司决策者的内部意见。基于上述分析，本书提出以下假设：

假设 4-4：收购方高管权力强度越低，并购中使用对赌协议的可能性越高。

第三节　研究设计

一、研究模型

为了检验假设 4-1 至假设 4-4，本章设计了以下 Probit 模型（4-1）：

$$\text{Probit}(\text{Earnout}) = \beta_0 + \beta_1 \text{Factor} + \beta_i \text{Controls} + \varepsilon \tag{4-1}$$

模型中的被解释变量 Earnout 是哑变量，是否在并购中使用对赌协议。

模型中的解释变量 Factor 代表一系列拟检验的对赌影响因素，包括信息不对称 Uncertainty，标的管理层激励动机 Incentive，控股股东股权质押 Pledge 和高管权力 CEOPower。

其中，变量 Uncertainty 是衡量交易双方信息不对称程度的代理变量。参考已有文献（Kohers 和 Ang，2000；Datar 等，2001；Reuer 等，2004；Ragozzino 和 Reuer，2009），设置了是否同省并购 SameProvince、并购前是否持股 Toe 两个代理变量来衡量交易双方的信息不对称程度。当并购双方同处一省（Same Province 取值为 1）时，收购方获取标的信息的成本较低，且信息渠道更多，因此并购双方的信息不对称程度较低。而当收购方在并购前持有标的股份（Toe 取值为 1）时，收购方可以以股东身份通过股东（大）会、查阅标的财务资料等法定路径获取标的经营相关信息，因此并购双方的信息不对称程度相对较低。

变量 Incentive 是衡量收购方对标的管理层激励动机的代理变量，设置了交易相对规模 Size_rele 和业绩压力 Pressure 两个代理变量。选择交易相对规模 Size_rele 作为激励动机的代理变量，是因为当并购交易额相对收购方市值较大时，标的企业在收购后的经营业绩将对并购后企业整体价值造成较大影响。此外，并购交易额相对较高也意味着并购标的体量较大，收购方难以在短时间内控制和整合标的企业。因此，当并购交易额相对收购方市值较大时，标的企业管理层的努力重要性较高。选择业绩压力 Pressure 作为激励动机的代理变量，是因为当收购方业绩压力较大时，对并购完成后可以给企业带来的业绩增长有更高的期望，因此对标的管理层的激励动机也更强烈。

变量 Pledge 是并购宣告日控股股东股权质押比例。

变量 CEOPower 是高管权力的衡量指标。借鉴 Finkelstein（1992）的权力模型，从所有权权力、组织结构权力和专家权力等角度采集数据，使用主成分分析法构建高管权力综合指数。具体而言，参考魏志华等（2017）的研究，以高管持股比例衡量所有权权力，以董事长与总经理是否二职兼任、内部董事占比、董事会规模衡量组织结构权力，以 CEO 任期衡量专家权力。通过主成分分析计算，并对特征值和特征向量进行归一化处理后，计算得到高管权力 CEOPower。

此外，参考已有文献（Kohers 和 Ang，2000；Datar 等，2001；Reuer 等，2004；Ragozzino 和 Reuer，2009；吕长江和韩博慧，2014），模型（4-1）控制了收购方财务特征、股权特征、公司治理特征和交易特征。该模型还控制了收购方的行业和年度虚拟变量。控制变量的定义和计算方式详见表 4-1。

表 4-1 变量定义表

变量名称	变量符号	变量定义
是否使用对赌协议	Earnout	哑变量，如果并购交易方案中存在对赌协议，则取值为1，否则为0
同省并购	SameProvince	哑变量，如果并购双方处于同一省份，则取值为1，否则为0
并购前持股	Toe	哑变量，如果并购前上市公司持有标的方股权，则取值为1，否则为0
相对规模	Size_rele	并购交易价款/并购公告前一年末的上市公司市值
业绩压力	Pressure	哑变量，如果并购前一年上市公司的资产收益率下滑，则取值为1，否则为0
控股股东股权质押	Pledge	哑变量，如果并购公告时上市公司控股股东有股权质押，则取值为1，否则为0
高管权力	CEOPower	参考 Finkelstein（1992），使用主成分分析法构建的高管权力综合指数
公司规模	Size	上市公司并购公告前一年末的总资产取对数
公司负债率	Lev	上市公司并购公告前一年末的总负债/总资产
资产收益率	ROA	上市公司并购公告前一年末的净利润/总资产
托宾 Q	TobinQ	上市公司上年末的市值/上年末的资产
大股东持股	FirstShare	上市公司并购公告前一年末的第一大股东持股比例
股权性质	SOE	哑变量，如果收购方是国有企业，则取值为1，否则为0
两权分离度	Seperation	实际控制人拥有上市公司控制权与所有权之差
两职合一	Duality	哑变量，如果上市公司董事长和总经理为同一人，则取值为1，否则为0
独董比例	Independent	上市公司独立董事人数/董事会总人数
会计师事务所	Top4	哑变量，如果上市公司上一年度的年报经四大会计师事务所审计，取值为1，否则为0
股份支付	StockPay	并购交易价款中股权支付的比例

二、样本筛选和数据来源

本书以我国2008—2022年A股上市公司宣告收购非上市公司为初选样本，执行如下筛选程序：

（1）并购在2023年12月31日前已成功完成。

（2）去除证监会强制对赌的事件。

（3）并购交易后收购方应至少实现对标的企业的相对控股。

（4）去除借壳上市、资产置换事件。

（5）剔除标的企业注册地为境外的样本。

（6）剔除并购交易金额小于100万元的样本。

（7）剔除金融类的收购方企业。

（8）去除相关财务数据缺失值样本。

经过上述筛选程序，最终获得6961个并购事件。并购事件数据来源为Wind数据库，并购交易的对赌数据，部分通过Wind对赌协议数据库获得，并通过手工查阅并购公告将数据进行修正和补充。其他上市公司财务数据、股权数据和公司治理数据等来源于CSMAR数据库。为了避免极值的影响，本书对连续变量进行了上下1%的winsorize缩尾处理。

表4-2　样本年度分布表

年份	Earnout=0	Earnout=1	对赌比例	Total
2008	245	1	0.41%	246
2009	194	0	0.00%	194
2010	306	0	0.00%	306
2011	286	2	0.69%	288
2012	212	1	0.47%	213
2013	421	54	11.37%	475
2014	581	107	15.55%	688
2015	576	179	23.71%	755
2016	455	187	29.13%	642

续表

年份	Earnout=0	Earnout=1	对赌比例	Total
2017	506	242	32.35%	748
2018	468	185	28.33%	653
2019	355	119	25.11%	474
2020	355	65	15.48%	420
2021	387	77	16.59%	464
2022	361	34	8.61%	395
合计	5708	1253	18.00%	6961

表 4-2 列示了本章的样本年度分布。由表 4-2 可知，2012 年以前我国的并购交易中对赌事件零星发生。但从 2013 年开始，我国并购交易中自主协商使用对赌协议的比例急剧升至 11.37%。随后对赌比例稳步增长，2016 年和 2018 年有 30%左右的并购交易主动使用了对赌协议。然而，从 2019 年开始，主动选择签署对赌协议的并购交易占比开始下降，2022 年占比甚至低于 10%。

表 4-3　并购标的行业分布

Wind 行业二级分类	总个数	其中，Earnout=1	
		个数	行业占比
半导体与半导体生产	66	17	25.76%
保险Ⅱ	7	0	0.00%
材料Ⅱ	881	138	15.66%
电信服务Ⅱ	21	5	23.81%
多元金融	295	25	8.47%
房地产Ⅱ	337	4	1.19%
公用事业Ⅱ	409	36	8.80%
技术硬件与设备	514	143	27.82%
家庭与个人用品	11	5	45.45%
零售业	167	34	20.36%

续表

Wind 行业二级分类	总个数	其中，Earnout=1	
		个数	行业占比
媒体Ⅱ	137	52	37.96%
耐用消费品与服装	130	22	16.92%
能源Ⅱ	159	17	10.69%
汽车与汽车零部件	189	34	17.99%
软件与服务	704	246	34.94%
商业和专业服务	358	79	22.07%
食品、饮料与烟草	224	28	12.50%
食品与主要用品零售Ⅱ	66	8	12.12%
消费者服务Ⅱ	121	30	24.79%
医疗保健设备与服务	298	73	24.50%
银行	9	0	0.00%
运输	175	16	9.14%
制药、生物科技与生命科学	398	60	15.08%
资本货物	855	181	21.17%
其他	430	0	0.00%
合计	6961	1253	18.00%

表 4-3 列示了本章的样本行业分布，我国并购标的主要处于材料行业、资本货物、软件与服务、技术硬件与设备行业，其中，主动使用对赌协议比例较高的是标的企业处于家庭与个人用品、媒体、软件与服务的并购交易，这几个行业基本属于轻资产行业或高科技行业。

第四节 实证结果

一、描述性统计

表 4-4 列示了本章各变量的描述性统计数据。样本中 Earnout 的均值为

0.180，平均18%的并购交易使用了并购对赌协议。在所有并购交易中，36.8%的交易在此次交易之前收购方就已经持有标的企业部分股权，35.3%的交易发生在同一省内，这同样意味着约三分之二的交易是在并购双方之间首次进行，同时有三分之二的样本属于异地交易，绝大部分并购交易的并购双方之间信息不对称程度较高。

Size_rele 的均值为0.034，样本中单个并购交易金额平均占上市公司市值的3.4%，标准差为0.083，规模差异较大。Pressure 的均值为0.585，样本中超过一半的收购方都经历业绩下滑；Pledge 均值为0.266，样本中收购方控股股东平均股权质押比率为26.6%；CEOPower 均值为-0.021，中值为0.135，标准差为0.954，收购方的高管权力强度差异较大。其他各变量的统计数据均符合一般状况。

表4-4 描述性统计

变量	N	Mean	SD	Min	P25	Median	P75	Max
Earnout	6961	0.180	0.384	0.000	0.000	0.000	0.000	1.000
Toe	6961	0.368	0.482	0.000	0.000	0.000	1.000	1.000
Same Province	6961	0.353	0.478	0.000	0.000	0.000	1.000	1.000
Size_rele	6961	0.034	0.083	0.000	0.003	0.011	0.034	1.302
Pressure	6961	0.585	0.493	0.000	0.000	1.000	1.000	1.000
Pledge	6961	0.266	0.348	0.000	0.000	0.000	0.503	1.000
CEOPower	6702	-0.021	0.954	-3.698	-0.678	0.135	0.719	2.656
StockPay	6961	0.044	0.185	0.000	0.000	0.000	0.000	1.000
Size	6961	22.249	1.341	19.540	21.260	22.032	22.985	26.158
Lev	6961	0.425	0.207	0.051	0.259	0.420	0.580	0.896
ROA	6961	0.049	0.049	-0.174	0.023	0.046	0.073	0.205
FirstShare	6961	36.048	14.970	9.440	24.130	34.130	46.320	75.840
Independent	6961	0.382	0.072	0.250	0.333	0.364	0.429	0.600
SOE	6961	0.312	0.463	0.000	0.000	0.000	1.000	1.000

续表

变量	N	Mean	SD	Min	P25	Median	P75	Max
Duality	6961	0. 294	0. 456	0. 000	0. 000	0. 000	1. 000	1. 000
TobinQ	6961	2. 048	1. 263	0. 887	1. 268	1. 640	2. 356	8. 320
Seperation	6961	4. 923	7. 606	0. 000	0. 000	0. 000	8. 310	28. 831
Top4	6961	0. 064	0. 244	0. 000	0. 000	0. 000	0. 000	1. 000

为了初步观察本章核心解释变量和被解释变量的关系，基于并购交易是否使用对赌协议将样本分为对赌样本和非对赌样本，分别对核心解释变量进行均值差异检验。表 4-5 列示了均值差异检验结果。

从结果来看，相较于非对赌样本，对赌样本中事前就持有标的企业股权（Toe）的比例更小，并购交易属于同省内交易（SameProvince）的比例也更小，且二者差异均在 1%重要性水平上显著，结果初步支持对赌协议的使用与解决信息不对称问题相关；对赌样本中的 Size_ rele 和 Pressure 均值均显著大于非对赌样本，初步印证对赌协议的使用与激励标的企业管理层的动机相关；此外，对赌样本中的控股股东股权质押比例 Pledge 的均值显著高于非对赌样本，高管权力强度 CEOPower 的均值则显著低于非对赌样本，也与本章的研究假设初步相符。

表 4-5 均值差异检验

	非对赌样本		对赌样本		
变量	N	Mean	N	Mean	MeanDiff
Toe	5708	0. 415	1253	0. 159	0. 256***
SameProvince	5708	0. 364	1253	0. 301	0. 063***
Size_ rele	5708	0. 027	1253	0. 067	-0. 041***
Pressure	5708	0. 578	1253	0. 619	-0. 042***
Pledge	5708	0. 252	1253	0. 33	-0. 078***
CEOPower	5708	0. 028	1253	-0. 241	0. 270***

注：均值差异为 t 检验，***、**、* 分别表示在 1%、5%、10%水平下显著。

二、多元回归结果

表 4-6 列示了并购双方信息不对称对并购中采用对赌协议的影响。列（1）、列（2）分别为信息不对称程度的代理变量 Toe 和 SameProvince 对被解释变量 Earnout 的单变量回归结果，回归系数为负，均在 1%重要性水平上显著；列（3）为模型（4-1）的回归结果，其中核心解释变量 ToeDeal 的系数为-0.476，SameProvince 的系数为-0.127，均在 1%重要性水平上显著。这意味着，当并购交易由事前不持股变为事前持股时，使用并购对赌协议的可能性会下降 10.27%；当异地并购变成省内交易时，使用并购对赌协议的可能性会下降 2.74%。表 4-6 的结果意味着，当并购交易双方信息不对称程度较高时，使用对赌协议的可能性更高。这一结果支持本章的假设 4-1。

表 4-6 缓解信息不对称动机的检验

	(1)	(2)	(3)
因变量	Earnout	Earnout	Earnout
Toe	-0.652*** (-15.46)		-0.476*** (-9.21)
SameProvince		-0.143*** (-3.81)	-0.127*** (-2.82)
Size			-0.224*** (-8.92)
Lev			-0.322** (-2.24)
ROA			-0.517 (-1.17)
TobinQ			-0.020 (-1.09)
FirstShare			-0.000 (-0.11)

续表

	(1)	(2)	(3)
因变量	Earnout	Earnout	Earnout
Independent			-0.274 (-0.97)
SOE			-0.126** (-2.12)
Duality			-0.017 (-0.39)
Seperation			0.001 (0.50)
Top4			-0.003 (-0.02)
StockPay			1.994*** (18.59)
_cons	-0.723*** (-35.19)	-0.857 (-39.99)	3.396*** (5.63)
年度	控制	控制	控制
行业	控制	控制	控制
Pseudo R^2	0.040	0.002	0.223
N	6961	6961	6961

注：括号里为 Z 统计量；*、** 和 *** 分别表示在 10%、5%和 1%水平上显著；标准误经异方差稳健调整。

表 4-7 列示了收购方激励标的管理层动机对采用对赌协议的影响。列（1）、列（2）分别为激励动机的代理变量 Size_rele 和 Pressure 对被解释变量 Earnout 的单变量回归，回归系数为负，分别在 1%和 5%的重要性水平上显著；列（3）为模型（4-1）的回归结果，其中核心解释变量 Size_rele 的系数为 3.003，Pressure 的系数为 0.071，分别在 1%和 10%重要性水平上显著。这

意味着，当并购交易价款相对市值的比例增加一个标准差（0.083）时，使用并购对赌协议的可能性会上升 10.92%；当收购方业绩下滑时，使用并购对赌协议的可能性增加 1.53%。表 4-7 的结果意味着，当并购交易规模较大，或收购方面临业绩压力时，由于对激励标的管理层的需求上升，会增加使用对赌协议的可能性。这一结果支持本章的假设 4-2。

表 4-7　激励标的管理层动机的检验

	(1)	(2)	(3)
因变量	Earnout	Earnout	Earnout
Size_rele	2.595*** (6.84)		3.003*** (5.16)
Pressure		0.083** (2.30)	0.071* (1.66)
Size			−0.187*** (−7.35)
Lev			−0.243* (−1.67)
ROA			−0.072 (−0.16)
TobinQ			0.003 (0.16)
FirstShare			−0.001 (−0.36)
Independent			−0.302 (−1.06)
SOE			−0.155*** (−2.61)
Duality			−0.014 (−0.31)

续表

	(1)	(2)	(3)
因变量	Earnout	Earnout	Earnout
Seperation			0.000 (0.09)
Top4			-0.058 (-0.46)
StockPay			1.766*** (15.90)
_cons	-1.013 (-46.56)	-0.954*** (-34.01)	2.089*** (3.28)
年度	控制	控制	控制
行业	控制	控制	控制
Pseudo R^2	0.030	0.001	0.230
N	6961	6961	6961

注：括号里为 Z 统计量；*、** 和 *** 分别表示在 10%、5%和 1%水平上显著；标准误经异方差稳健调整。

表 4-8 列示了控股股东市值管理动机对采用对赌协议的影响。列（1）为控股股东股权质押比例 Pledge 被解释变量 Earnout 的单变量回归，回归系数为正，分别在 1%的重要性水平上显著；列（2）为模型（4-1）的回归结果，其中核心解释变量 Pledge 的系数为 0.178，在 1%的重要性水平上显著。这意味着，当收购方控股股东股权质押比例增加一个标准差（0.348）时，使用并购对赌协议的可能性会上升 1.37%。表 4-8 的结果表明，当收购方控股股东有股权质押时，出于市值管理的动机，会增加使用对赌协议的可能性。这一结果支持本章的假设 4-3。

表 4-8 控股股东市值管理动机检验

	(1)	(2)
因变量	Earnout	Earnout
Pledge	0. 342 *** (7. 02)	0. 178 *** (2. 71)
Size		-0. 237 *** (-9. 46)
Lev		-0. 393 *** (-2. 73)
ROA		-0. 373 (-0. 83)
TobinQ		-0. 021 (-1. 14)
LargestHolder		0. 000 (0. 29)
Independent		-0. 284 (-1. 01)
SOE		-0. 098 (-1. 57)
Duality		-0. 012 (-0. 26)
Seperation		0. 001 (0. 45)
Top4		0. 029 (0. 24)
StockPay		1. 950 *** (18. 37)

续表

	(1)	(2)
因变量	Earnout	Earnout
_cons	-1.002 (-44.17)	3.436*** (5.76)
年度	控制	控制
行业	控制	控制
Pseudo R^2	0.007	0.210
N	6961	6961

注：括号里为 Z 统计量；*、** 和 *** 分别表示在 10%、5%和 1%水平上显著；标准误经异方差稳健调整。

表 4-9 列示了收购方高管说服动机对采用对赌协议的影响。列（1）为收购方高管权力强度 CEOPower 被解释变量 Earnout 的单变量回归，回归系数为负，在 1%的重要性水平上显著；列（2）为模型（4-1）的回归结果，其中核心解释变量 CEOPower 的系数为-0.060，在 5%的重要性水平上显著。这意味着，当高管权力强度 CEOPower 增加一个标准差（0.954）时，使用并购对赌协议的可能性会下降 1.25%。表 4-9 的结果意味着，当收购方高管权力较低时，出于说服其他决策者的动机，会增加使用对赌协议的可能性。这一结果支持本章的假设 4-4。

表 4-9　收购方高管说服动机检验

	(1)	(2)
因变量	Earnout	Earnout
CEOPower	-0.154*** (-8.67)	-0.060** (-2.01)
Size		-0.227*** (-8.86)
Lev		-0.323** (-2.17)

续表

	(1)	(2)
因变量	Earnout	Earnout
ROA		-0.479 (-1.04)
TobinQ		-0.015 (-0.81)
LargestHolde		0.000 (0.06)
Independent		-0.725** (-2.16)
SOE		-0.170*** (-2.81)
Duality		-0.061 (-1.19)
Seperation		0.002 (0.78)
Top4		0.017 (0.14)
StockPay		1.976*** (18.27)
_cons	-0.913 (-50.57)	3.462*** (5.63)
年度	控制	控制
行业	控制	控制
Pseudo R^2	0.011	0.210
样本量	6961	6961

注：括号里为 *Z* 统计量；*、** 和 *** 分别表示在 10%、5%和 1%水平上显著；标准误经异方差稳健调整。

三、进一步研究

上述研究表明我国资本市场中，在信息不对称因素和激励标的管理层动机之外，对赌协议的使用还存在收购方控股股东的市值管理动机和收购方高管的说服动机。为了理解并购对赌动因的异质性，本章进一步根据收购方股权性质进行并购对赌动因的分样本检验；此外，本章还检验了并购支付手段和并购对赌动因的交互作用。

（一）基于收购方股权性质的并购对赌动因异质性分析

不同股权性质的收购方使用并购对赌的动因可能存在差异。一方面，国有企业并购活动中存在许多非市场因素。已有研究证实，出于自身的政策性负担或政治晋升目标，我国地方政府有强烈的动机干预辖区内企业的并购活动（潘红波等，2008；潘红波和余明桂，2011；王凤荣和高飞，2012）。潘红波等（2008）通过分析政府干预对处于不同盈利状况的上市公司的并购绩效的影响，为政府“掠夺之手理论”和“支持之手理论”提供了实证支持；潘红波和余明桂（2011）则通过分析企业异地并购行为，发现地方国企异地并购的概率显著低于民营企业，且与同地并购相比，地方国企异地并购会导致消极的市场反应，并购后国有企业的实际所得税税率和银行贷款成本均会显著增加，因此认为政府的支持之手占主导地位；王凤荣和高飞（2012）则发现，政府干预对处于不同生命周期的国有企业并购有不同的影响。由于国有企业并购行为更容易受政府干预，因此国有企业并购中交易双方商议并购条款的商业基础和民营企业存在较大差异。

另一方面，由于国有企业管理层激励约束机制的缺失和经营目标的多元化（张维迎，1995；Shleifer 和 Vishny，1998），产权代理人和管理层的风险收益不对等，国有企业在经营中一般更厌恶风险，更可能采取稳健的投资策略。已有研究也证实了国有企业具有显著更低的风险承担水平（李文贵和余明桂，2012）。再加上在中国现行的行政体制下，国有企业的管理者面临实现资产保值增值的要求，而保值增值首要在“保”，所以国有企业的管理者在投资并购中的风险规避需求可能更高。

最后，国有企业和非国有企业的内部权力结构与决策机制存在较大差异。

国有企业的产权性质使得真实股东在日常经营管理中常处于缺位状态，作为内部人的高管往往处于国有企业的权力中心。而在经营决策方面，国有企业更倾向于采用集体决策机制。这种高管权力和决策机制的差异，可能会造成高管说服动机在不同股权性质企业中的重要性存在差异。

因此，本章根据收购方股权性质，将样本分为国有企业样本和非国有企业样本，分别就信息不对称因素、激励标的管理层动机、收购方控股股东的市值管理动机和收购方高管的说服动机进行分样本检验。

表 4-10　基于收购方股权性质的并购对赌动因分析（一）

	(1)	(2)	(3)	(4)
因变量	国有企业	非国有企业	国有企业	非国有企业
Earnout	Earnout	Earnout	Earnout	Earnout
Toe	-0.525*** (-4.77)	-0.465*** (-7.90)		
SameProvince	-0.297*** (-2.99)	-0.099* (-1.93)		
Size_rele			2.416** (2.44)	3.373*** (4.33)
Pressure			-0.007 (-0.07)	0.102** (2.09)
Size	-0.326*** (-5.83)	-0.209*** (-7.21)	-0.305*** (-5.48)	-0.165*** (-5.49)
Lev	0.228 (0.73)	-0.427*** (-2.58)	0.301 (0.95)	-0.345** (-2.06)
ROA	0.950 (0.88)	-0.839* (-1.71)	1.504 (1.32)	-0.385 (-0.75)
TobinQ	-0.094* (-1.85)	-0.010 (-0.47)	-0.097* (-1.87)	0.021 (1.01)
FistShare	0.002	-0.001	0.001	-0.001

续表

	(1)	(2)	(3)	(4)
因变量	国有企业	非国有企业	国有企业	非国有企业
Earnout	Earnout	Earnout	Earnout	Earnout
	(0.69)	(−0.69)	(0.23)	(−0.76)
Independent	−0.588 (−0.88)	−0.130 (−0.41)	−0.487 (−0.73)	−0.156 (−0.50)
Duality	0.123 (0.88)	−0.016 (−0.34)	0.110 (0.80)	−0.017 (−0.35)
Seperation	−0.012* (−1.84)	0.006* (1.79)	−0.012* (−1.85)	0.004 (1.15)
Top4	−0.034 (−0.18)	0.088 (0.53)	−0.009 (−0.05)	−0.010 (−0.06)
StockPay	1.702*** (9.73)	2.216*** (14.98)	1.593*** (9.03)	1.946*** (12.64)
_cons	5.660*** (4.44)	2.959*** (4.14)	4.809*** (3.76)	1.420* (1.84)
年度	控制	控制	控制	控制
行业	控制	控制	控制	控制
Pseudo R^2	0.231	0.206	0.223	0.219
N	2172	4789	2172	4789

注：括号里为 Z 统计量；*、** 和 *** 分别表示在 10%、5%和 1%水平上显著；标准误经异方差稳健调整。

表 4-10 列示了信息不对称因素和激励标的管理层动机在国有企业与非国有企业样本中的检验结果。列（1）、列（2）的结果显示，衡量信息不对称的两个代理变量 Toe 和 SameProvince 在国有企业样本与非国有企业样本中均显著为负，但在非国有企业中变量系数略小，且 SameProvince 变量系数的显著性较弱；列（3）、列（4）的结果显示，衡量激励标的管理层动机的两个

代理变量 Size_rele 和 Pressure 在非国有企业样本中均显著为负，但在国有企业样本中不仅变量系数变小，而且 Pressure 变量系数不显著。表 4-10 的检验结果意味着解决信息不对称问题的动机在国有企业和非国有企业中均显著存在，且影响作用差异不大；但激励目标管理层的动机则在非国有企业中更为显著。

表 4-11　基于收购方股权性质的并购对赌动因分析（二）

	(1)	(2)	(3)	(4)
因变量	国有企业	非国有企业	国有企业	非国有企业
Earnout	Earnout	Earnout	Earnout	Earnout
Pledge	0. 161 (0. 73)	0. 195*** (2. 74)		
CEOPower			−0. 037 (−0. 57)	−0. 059* (−1. 77)
Size	−0. 331*** (−5. 94)	−0. 224*** (−7. 67)	−0. 329*** (−5. 56)	−0. 208*** (−7. 12)
Lev	0. 202 (0. 66)	−0. 522*** (−3. 12)	0. 322 (0. 94)	−0. 445*** (−2. 63)
ROA	1. 147 (1. 07)	−0. 656 (−1. 30)	1. 720 (1. 53)	−0. 911* (−1. 79)
TobinQ	−0. 090* (−1. 79)	−0. 011 (−0. 54)	−0. 054 (−1. 03)	−0. 009 (−0. 44)
FistShare	0. 002 (0. 59)	−0. 001 (−0. 30)	−0. 001 (−0. 35)	−0. 000 (−0. 19)
Independent	−0. 319 (−0. 49)	−0. 191 (−0. 61)	−0. 806 (−1. 01)	−0. 587 (−1. 56)
Duality	0. 111 (0. 80)	−0. 010 (−0. 20)	0. 083 (0. 53)	−0. 056 (−1. 03)

续表

	(1)	(2)	(3)	(4)
因变量	国有企业	非国有企业	国有企业	非国有企业
Earnout	Earnout	Earnout	Earnout	Earnout
Seperation	-0.012*	0.006*	-0.009	0.006*
	(-1.88)	(1.83)	(-1.34)	(1.79)
Top4	0.017	0.119	0.061	0.084
	(0.09)	(0.73)	(0.32)	(0.51)
StockPay	1.674***	2.170***	1.672***	2.226***
	(9.60)	(14.74)	(9.34)	(14.80)
_cons	5.402***	3.053***	5.643***	2.855***
	(4.30)	(4.27)	(4.24)	(3.94)
年度	控制	控制	控制	控制
行业	控制	控制	控制	控制
Pseudo. R^2	0.209	0.194	0.216	0.193
N	6961	6961	6961	6961

注：括号里为 Z 统计量；*、** 和 *** 分别表示在 10%、5%和 1%水平上显著；标准误经异方差稳健调整。

表 4-11 列示了收购方控股股东的市值管理动机和收购方高管的说服动机在国有企业与非国有企业样本中的检验结果。列（1）、列（2）的结果显示，衡量收购方控股股东的市值管理动机的代理变量 Pledge 在国有企业样本和非国有企业样本中系数均为正，但只在非国有企业样本中显著。这一结果与国有企业控股股东一般不进行股权质押有关。列（3）、列（4）的结果显示，衡量收购方高管说服动机的 CEOPower 在国有企业样本和非国有企业样本中系数均为负，但在国有企业样本中系数不显著，而在非国有企业中在 10%重要性水平上显著。表 4-11 的检验结果意味着控股股东的市值管理动机和收购方高管的说服动机主要存在于非国有企业中。

（二）并购支付方式对并购对赌动因的调节作用

企业决定是否使用业绩补偿承诺应当是在一个包含其他选择的更广阔背景下的抉择（Ragozzino 和 Reuer，2009）。并购支付方式的选择也是并购交易双方根据标的特征和各自的交易动机来协商确定的。因此，有必要考虑并购支付方式和对赌协议两大重要的并购交易条款在实践使用中是何关系。基于此，本章进一步检验并购支付方式对并购对赌动因的调节作用。具体而言，本章将变量 StockPay_dummy（是否使用股份支付）与本章提出的对赌协议使用动机的代理变量分别相乘生成交互项，逐一检验交互项与变量 Earnout（是否使用对赌协议）的关系，回归模型的其他设置与模型（4-1）完全一致。

表 4-12 列示了并购支付方式的调节作用检验结果。列（1）显示，StockPay_dummy（是否使用股份支付）与信息不对称的两个代理变量的交互项——ToeDeal × StockPay_dummy、SameProvince × StockPay_dummy 的系数均不显著，即使用股份支付方式并不影响信息不对称因素对使用对赌协议的影响。列（2）StockPay_dummy（是否使用股份支付）与激励标的管理层动机的两个代理变量的交互项——StockPay_dummy × Size_rele、Pressure × StockPay_dummy 的系数也均不显著，即使用股份支付方式并不影响激励标的管理层动机对使用对赌协议的影响。这些结果意味着，当并购交易中因信息不对称所导致的估值风险较高时，以及当激励标的管理层需求比较高时，并购双方会选择双管齐下，同时使用股份支付和对赌协议来联合双方利益。

表 4-12 列（3）显示，StockPay_dummy × Pledge 系数显著为负，即使用股权支付方式时，控股股东的市值管理动机对使用并购对赌协议的影响降低。而列（4）显示，交互项 StockPay_dummy × CEOPower 的系数显著为正，即使用股权支付方式时，高管的内部说服动机对使用并购对赌协议的影响降低。对于这两个结果可能的解释是通过股权支付方式联合并购双方利益，可以较好地降低并购风险，控股股东对股价稳定的担忧下降，企业内部对并购交易的争议降低，因此对使用并购对赌协议的需求下降。

表 4-12　并购支付方式对并购对赌动因的调节作用

	(1)	(2)	(3)	(4)
因变量	Earnout	Earnout	Earnout	Earnout
Toe	-0.499*** (-9.07)			
StockPay_dummy	1.981*** (14.04)	2.051*** (11.30)	2.157*** (19.25)	2.039*** (21.75)
ToeDeal × StockPay_dummy	0.192 (0.91)			
SameProvince	-0.121*** (-2.61)			
SameProvince × StockPay_dummy	0.020 (0.09)			
Size_rele		2.786*** (4.99)		
Size_rele × StockPay_dummy		-0.696 (-0.54)		
Pressure		0.082* (1.85)		
Pressure × StockPay_dummy		-0.254 (-1.39)		
Pledge			0.211*** (3.13)	
StockPay_dummy × Pledge			-0.506** (-1.99)	
CEOPower				-0.075** (-2.47)

续表

	(1)	(2)	(3)	(4)
因变量	Earnout	Earnout	Earnout	Earnout
StockPay_dummy × CEOPower				0. 186 ** (2. 01)
Size	-0. 223 *** (-8. 75)	-0. 190 *** (-7. 42)	-0. 237 *** (-9. 30)	-0. 225 *** (-8. 69)
Lev	-0. 316 ** (-2. 19)	-0. 251 * (-1. 73)	-0. 399 *** (-2. 75)	-0. 330 ** (-2. 21)
ROA	-0. 659 (-1. 47)	-0. 239 (-0. 52)	-0. 493 (-1. 09)	-0. 616 (-1. 32)
TobinQ	-0. 021 (-1. 09)	0. 000 (0. 01)	-0. 022 (-1. 15)	-0. 017 (-0. 86)
FirstShare	-0. 000 (-0. 08)	-0. 000 (-0. 29)	0. 000 (0. 30)	0. 000 (0. 06)
Independent	-0. 253 (-0. 89)	-0. 280 (-0. 98)	-0. 251 (-0. 88)	-0. 736 ** (-2. 17)
SOE	-0. 117 * (-1. 94)	-0. 145 ** (-2. 43)	-0. 085 (-1. 34)	-0. 151 ** (-2. 49)
Duality	-0. 024 (-0. 53)	-0. 018 (-0. 40)	-0. 016 (-0. 37)	-0. 071 (-1. 36)
Seperation	0. 001 (0. 47)	0. 000 (0. 12)	0. 001 (0. 46)	0. 002 (0. 82)
Top4	-0. 006 (-0. 05)	-0. 049 (-0. 39)	0. 028 (0. 22)	0. 013 (0. 10)
_cons	3. 351 *** (5. 46)	2. 154 *** (3. 38)	3. 402 *** (5. 61)	3. 446 *** (5. 55)
年度	控制	控制	控制	控制

续表

	(1)	(2)	(3)	(4)
因变量	Earnout	Earnout	Earnout	Earnout
行业	控制	控制	控制	控制
Pseudo R^2	0. 245	0. 249	0. 232	0. 232
N	6961	6961	6961	6961

注：括号里为 *Z* 统计量；*、**和***分别表示在 10%、5%和 1%水平上显著；标准误经异方差稳健调整。

第五节　本章小结

本章基于 2008—2022 年间中国 A 股上市公司的并购数据，探讨了在并购过程中使用对赌协议的驱动因素。研究结果显示，当并购双方信息不对称问题更严重时，使用对赌协议的可能性更高；与此同时，如果收购方对标的管理层激励的动机更强，使用对赌协议的可能性也会提高。这证实了国外研究中关于对赌协议能够抑制逆向选择问题和激励管理层的观点在中国资本市场中同样适用。此外，本章研究还发现，如果收购方控股股东存在股权质押，使用业绩补偿承诺的可能性会增加；如果收购方高管的权力较低，使用业绩对赌协议的可能性也会增加。这两个在中国资本市场中的新发现，揭示了并购对赌在我国应用的特殊动因：一是上市公司大股东可能会利用并购对赌协议来管理市值；二是上市公司高管可能会利用并购对赌协议来推动内部并购决策。进一步的研究发现，解决逆向选择问题的动机在国有企业和非国有企业中都存在；但激励目标管理层的动机、控股股东的市值管理动机以及收购方高管的说服动机，主要存在于非国有企业当中。此外，当并购交易采用股权支付方式时，会降低控股股东的市值管理动机和高管的内部说服动机对使用并购对赌协议的影响。

本章的研究不仅验证和深化了已有并购对赌协议的动因理论，还结合中国资本市场的特征，拓展了新的动因理论，为我们理解并购对赌协议提供了新的视角和理论依据。在并购交易中，对赌协议的使用不仅受到信息不对称和管理层激励这两大传统动因的影响，还受到了市值管理和内部说服这两个新动因的影响。这些发现对于理解并购对赌动机的复杂性和多维性具有重要意义。此外，本章的研究结论还揭示了在不同的所有制结构和并购交易环境下，对赌协议的动因可能会有所不同。这需要我们在理解和解释并购对赌协议相关实践时考虑这些因素。

对于资本市场的监管机构而言，需要警惕对赌协议在市值管理动机和内部说服动机下的滥用问题。为了确保对赌协议在我国资本市场的合理健康运用，监管机构应设立一套明确的规则。这些规则应包括限制对赌协议中可能被滥用的特殊条款，规定对赌协议的公开披露方式和时间，对赌协议违约时的处理机制。监管机构还应加强监督以确保并购交易遵守相关规定，保障并购交易的公正和公平，切实保护中小股东利益。

本章的研究对于投资者而言也有启示意义。投资者应深化对对赌协议使用动机的认识，不应盲目追捧使用对赌协议的并购交易。在评估并购交易对企业价值的影响时，投资者需要理性分析，综合并购交易的特征和公司治理的特征，谨慎分析对赌协议使用可能带来的风险和回报。

第五章　我国并购对赌协议的条款研究

第一节　引　言

并购对赌协议是复杂的、多维度的合同，在潜在支付金额、业绩指标、对赌期限、业绩标准和支付形式上均有较大异质性（Cain 等，2011）。这些具体条款界定了并购双方在交易过程中的权利和义务，反映了并购双方的期望和目标，因此并购对赌协议的具体条款不仅是对赌协议发挥功能的实现载体，还是交易双方真实意图的最终体现。

研究对赌协议的具体条款有助于我们深入理解并购双方的交易动机，洞悉对赌协议的本质和功能，从而提升对赌协议的使用效果，推动我国并购市场的健康发展。然而，国内外关于并购对赌协议具体条款的研究都非常有限。

在国外研究中，Cain 等（2011）系统梳理了 990 个对赌协议的条款，重点关注对赌协议的潜在支付金额、业绩指标、对赌期限等对赌协议条款。他们研究发现，对赌协议的条款设计契合了信息不可对称理论和道德困境理论。Barbopoulos 和 Adra（2016）则基于英国 424 个对赌样本，研究了对赌规模和对赌期限对并购溢价的影响。Barbopoulos 等（2018）则研究了初始付款和对赌价款支付方式对并购方股票市场反应的影响。

国内目前尚无文献系统研究业绩补偿承诺的具体条约，但个别研究中就部分具体条款进行了讨论。高闯等（2010）通过案例研究发现，相较于现金补偿方案，股份回购方案更有助于改善上市公司的经营业绩和财务状况，股份回购在某种程度上可以起到制约大股东“高评估”的作用。吕长江和韩慧博（2014）研究发现，存在双向业绩补偿承诺的并购交易中，并购的协同效应会更高。潘爱玲等（2017）在研究并购对赌协议对并购后标的企业的激励效应时，讨论了对赌协议是否双向承诺、承诺的业绩增长率和补偿方式三类条款对标的企业激励效果的影响。研究发现，相较于单向业绩承诺，双向业绩承诺并没有发挥更显著的激励作用；激励效应与承诺的业绩增长率呈倒U形的相关关系；相较于现金赔偿方式，股权赔偿方式的激励效应更明显。

综上所述，国内外有关业绩补偿承诺具体条款的研究都非常有限。我国研究，一方面主要集中于业绩补偿的单/双向、补偿方式以及承诺业绩的增长幅度。另一方面在研究设计上，大多未充分考虑并购交易在并购溢价、支付方式、是否跨行业并购等方面的特征对业绩补偿承诺条款的影响。但由于业绩补偿承诺条款设计具有内生性，往往由交易双方根据交易特征，综合交易合约的其他条款总体权衡确定，因此有待进一步全面研究。

本章聚焦对赌协议的具体条款设计围绕以下问题展开：（1）我国的并购对赌协议的具体条款有何特征？（2）什么因素影响了我国的对赌协议的具体条款设计？（3）这些具体条款如何影响并购双方的利益？（4）资本市场投资者如何看待不同的对赌协议具体条款设计？

本章的内容将深入剖析中国并购领域中对赌协议的条款设计及其在实际交易中的应用情况。通过大规模样本数据的实证分析，系统地探讨影响对赌条款设计的不同动因，并评估这些条款对并购溢价的具体影响。此外，本章还将考察证券市场对对赌协议及其条款设计的认知与态度。通过这些研究，本章旨在为监管机构、并购双方以及投资者提供全面的理论依据和实践指导，促进监管机构科学监管并购对赌行为，引导管理层合理设计对赌协议条款，帮助投资者准确评估并购对赌的价值和风险，最终实现对赌协议在并购中的有效运用。

第二节　我国并购对赌协议中的常见条款

本节重点介绍我国并购对赌协议中的常见条款。在详细介绍各类具体条款的含义和市场实践的基础上，本节尝试揭示这些条款的商业逻辑。一方面，讨论这些条款如何塑造交易双方的风险分配和收益预期，以及它们如何影响标的企业在并购后的运营表现；另一方面，考虑外部投资者可能如何解读这些条款。通过对并购对赌协议中关键条款的细致分析，本节旨在展现中国并购对赌协议细节的丰富多样性，从契约角度揭示并购对赌机制的复杂性，有助于全面理解我国并购对赌协议的具体条款。

一、单向业绩补偿与双向业绩补偿

在并购实践中，并购对赌可以分为单向业绩补偿承诺和双向业绩补偿承诺。在单向业绩承诺下，如果标的并购后实际业绩未达到协议约定水平，则标的原股东需要按约定的方式向收购方进行补偿；但是，当标的实际业绩超过约定水平时，收购方却不会对原股东进行奖励。也就是说，在单向业绩承诺情况下，标的原股东只有补偿义务，而无业绩奖励的可能性。而在双向业绩承诺情况下，标的原股东在标的业绩不达标情况下需要承担补偿责任，而在业绩超出约定水平时，会获得额外的奖励。

双向业绩补偿条款向承诺方提供了对称的激励和风险共担机制。这种机制不仅激励原股东或管理层在业绩不达标时采取措施提升业绩，还在业绩超过预期时，为原股东或管理层提供相应的奖励，从而更加全面地激发管理层的潜力和积极性。同时，这一条款也体现了公平性，不仅要求承诺方承担补偿义务，也保证业绩超出目标后承诺方可以获得相应的回报，较好地平衡并购双方的利益。

二、对赌业绩指标

在我国并购对赌协议中，业绩指标以盈利性指标为主。常见的盈利指标为“净利润”“扣除非经常性损益后的净利润”以及“净利润和扣除非经常性损益后的净利润孰低”。这三个指标可进行盈余操纵的难度逐一上升。经本书统计，对赌并购中75%的交易使用了“扣除非经常性损益后的净利润”指标，15%的交易使用了“净利润和扣除非经常性损益后的净利润孰低”指标，10%的交易使用了“净利润”指标。个别交易会根据标的企业的经营方向和经营状态，在上述三个指标的基础上进行调整，比如允许在计算“扣除非经常性损益后的净利润”时，加上政策补贴。

此外，约10%的对赌交易还约定了多项业绩指标，即在盈利指标之外，还就其他指标与标的原股东进行约定。常见的其他指标有应收账款指标和经营现金流指标，另外还有合同签约量、业务构成等经营性指标。

在并购对赌协议的设计中，业绩指标的选取对于参与各方的利益分配与风险承担具有重大且深远的影响。首先，业绩指标的选取直接关系到业绩操纵的难易程度。对于承诺方，接受难以操纵的业绩指标作为对赌条件，无疑增加了完成业绩目标的难度和风险。然而，对收购方而言，这样的选择提升了标的企业未来业绩的可靠性和真实性，从而降低了投资的不确定性。其次，业绩指标的选取还决定了并购完成后标的企业的经营重点和发展方向。如果仅采用盈利指标，可能会诱导标的企业过分关注短期盈利，而忽视长期发展和经营风险。相对地，通过引入多元化的业绩指标，则有助于更全面地评估公司的经营成果和财务状况，引导标的企业保持健康的财务结构，实现可持续发展。

三、业绩补偿额计算方式

当标的企业在并购后未达到约定业绩时，需要计算确定标的原股东需要赔偿的金额。我国计算补偿金额的方式有两种：补利润和补对价。在补利润方式下，需要补偿的金额计算公式是：补偿金额＝承诺利润－实际完成利润。在补对价方式下，需要补偿的金额计算公式是：补偿金额＝（承诺利润－实际完成利润）÷承诺利润×并购价款。

在对赌协议中采用补对价方式时，补偿额度基于业绩未达标的比例与原始交易对价的乘积来确定，这意味着相较于补利润方式，在补对价方式下承诺方通常面临更高的补偿成本。特别是在业绩显著低于预期的情况下，补对价方式可能导致承诺方丧失其获得的并购价款中的较大比例部分。补对价方式所施加的较大补偿压力，往往激励承诺方采取更为积极的措施来确保业绩目标的实现。而对于收购方，补对价方式提供了更为坚实的保护伞，有助于降低投资损失的风险。

此外，市场参与者可能将对赌协议中使用补对价方式的行为解释为承诺方对标的企业未来业绩有着强烈信心。

四、补偿方式

在并购对赌协议中，常见的补偿方式主要有三种形式：现金补偿、股份补偿和“现金+股份”混合补偿。“现金+股份”补偿方式又可以分为两种，其一是，标的企业优先以现金进行补偿，不足部分由股份进行补偿；其二是，标的企业优先以股份进行补偿，不足部分由现金进行补偿。需要指出的是，使用何种方式进行补偿，与并购支付方式有密切的关系。在本章的样本中，股票支付或者含有股票支付的并购中，约76%的交易选择股份补偿；而在现金支付的并购中，约90%的交易选择现金补偿。由此可见，在讨论不同补偿方式的影响时应结合并购支付方式整体考虑。

值得注意的是，当并购交易采用股份支付方式，却要求标的企业的原股东在业绩未达标时以现金形式进行补偿，这种安排会对交易各方产生一系列影响。首先，它显著增加了原股东的财务风险，因为他们需要准备现金以应对可能的补偿义务，这不仅可能影响他们的现金流状况，还可能迫使他们在业绩不达标时出售股份，从而改变公司的股东结构。其次，这种安排为原股东提供了实现业绩目标的强烈激励，同时也带来了巨大的业绩压力，因为他们的个人财富将直接与业绩挂钩。最后，如果原股东为了实现承诺业绩而采取激进的经营策略，这可能对公司的长期健康和稳定产生不利影响。

五、对赌期限

对赌期限即交易双方所约定的业绩对赌年限。我国并购业务中对赌期限一般为3年，本章样本中83%的并购交易都选择了3年对赌，最短对赌期限为1年，最长对赌期限为10年。

对赌期限的设定反映了承诺方对业绩保障的持续时间。较短的对赌期限降低了承诺方在较长期间内维持业绩的压力，而较长的对赌期限则要求承诺方在更长的时间范围内实现既定的业绩目标。因此，较长的对赌期限为收购方提供了更为持久的保护机制，有助于实现较好的投资回报。

此外，对赌期限的长度不同也会对激励效应产生不同的影响。较短的对赌期限可能促使承诺方集中资源和精力，以在短期内快速提升业绩。相对而言，较长的对赌期限则可能有助于引导承诺方关注可持续发展，进行长期战略规划。

从投资者的角度来看，对赌期限的长度可能被视为与标的企业实际价值密切相关的信号，进而影响资本市场对并购交易的评价。一个较长的对赌期限可能被市场解读为承诺方对标的企业的长期业绩具有信心，而较短的对赌期限则可能被市场解读为标的企业的长期业绩具有不确定性。

六、业绩增长率

基于各期业绩目标所计算的承诺业绩增长率是对赌协议的核心条款，它不仅影响交易的结构和条款，还对各方的期望、风险和潜在回报产生深远影响。

在并购谈判期间，一方面，承诺业绩增长率体现了承诺方对标的企业未来盈利能力的预期，因此一个较高的增长率预期可能会提高公司的估值。另一方面，一个合理的业绩增长率承诺可以增强市场对并购交易的信心，对股价产生正面影响。在并购完成后，承诺业绩增长率为原股东或管理层提供了实现或超越业绩目标的激励，有助于激发他们提高公司的运营效率和盈利能力。

需要注意的是，更高的承诺业绩增长率无疑增加了业绩兑现的难度，从而带来了更大的完成风险。若实际业绩未能满足所承诺的增长率，这可能触发对赌协议中规定的补偿条款。随之而来的不仅是补偿义务的履行问题，还可能包括因补偿计算、支付时间等引发的争议，以及补偿执行过程中的不确定性和潜在的法律风险。这些因素都可能对公司的财务状况、市场信誉和股东价值产生负面影响。

第三节　并购对赌具体条款设计的影响因素分析

本节研究并购对赌具体条款设计的影响因素。本书在第四章经过实证检验证实了以下问题是我国证券市场上并购交易自愿选择并购对赌的重要原因：（1）解决并购中的逆向选择问题；（2）激励标的企业原股东；（3）满足上市公司控股股东的市值管理需求；（4）收购方高管内部说服动机，本节将在此基础上，进一步分析这四大因素是否影响，以及如何影响并购对赌具体条款设计。此外，上市公司并购行为属于我国证券监管的重点领域。我国资本市场具有鲜明的政策导向性特征，研究上市公司契约行为需要结合相关的证券监管制度背景，因此本节也讨论证券监管对并购对赌协议具体条款设计的影响。

一、理论分析和研究假设

（一）并购逆向选择风险对并购对赌具体条款设计的影响分析

在并购实践中，对赌协议被广泛认为是解决与并购中的逆向选择问题的有效机制。本书在第四章中也通过实证检验证实了我国并购对赌的使用具有抑制逆向选择风险的动机。具体而言，标的企业仅在收购方提出的报价超越其在非收购情境下的独立价值评估时，才会接受该收购报价；而收购方愿意支付的并购价格也不会超过标的企业的独立价值加上预期通过并购所能创造的协同效应价值之和。因此，在并购双方信息不对称的情况下，由于收购方通常认为标的企业掌握了公司价值的私有信息，根据逆向选择理论，收购方会将标的企业原股东接受报价的行为解读为标的企业独立价值的负面信号。DeMarzo 和 Duffie（1999）通过理论模型分析得出，在具有类似"柠檬市场"特征的融资场景中，企业需要对外发出一个可靠但代价高昂的信号，才能获得较高的融资价格。类似地，在并购场景中，标的企业为了证实自己的价值，可以通过向收购方提供一种可信的权力来促进并购双方达成估值共识。这个权力就是收购方在并购完成后如果发现标的企业实际价值较低，可以获得价值补偿——这是并购对赌的重要内在逻辑。

因此，基于逆向选择的理论逻辑，当标的企业价值的不确定性较高时，为了获得收购方的信任，其需要给收购方作出更可信的承诺，保证其给出更大的价值补偿。具体而言，当标的企业价值的不确定性较高时，并购双方可能会倾向于设置一个较长的对赌期限，以便有更多时间观察和验证标的企业的真实价值；更可能设置激励条款以激励标的企业尽快提升业绩；选择更能反映公司核心价值和长期增长潜力的指标，比如"净利润和扣除非经常性损益后的净利润孰低"指标；同时，在补偿方式等设计上，设计高成本的补偿计算方式，一旦业绩不达标，将要求标的企业原股东补偿对价而非仅仅是补偿利润缺口。此外，由于估值不确定性往往随并购溢价的上升而增加，因此对赌协议中会设置与高溢价所匹配的高增长性的业绩目标。而对赌协议的补偿方式主要取决于并购支付方式，因此并购估值风险对补偿支付方式没有显著影响。

基于上述分析，本书提出以下假设：

假设 5-1：并购双方信息不对称程度越高，逆向选择风险越严重，则对赌协议更可能采用“净利润和扣除非经常性损益后的净利润孰低”作为业绩指标。

假设 5-2：并购双方信息不对称程度越高，逆向选择风险越严重，则对赌协议越可能设置激励条款。

假设 5-3：并购逆向选择风险对补偿支付方式没有显著影响。

假设 5-4：并购双方信息不对称程度越高，逆向选择风险越严重，则对赌协议越可能设置补对价的补偿计算方式。

假设 5-5：并购双方信息不对称程度越高，逆向选择风险越严重，则对赌协议设置的承诺业绩增长率越高。

假设 5-6：并购双方信息不对称程度越高，逆向选择风险越严重，则对赌协议设置的对赌期限越长。

（二）激励动机对并购对赌具体条款设计的影响分析

留任并激励标的企业的原高管股东是使用并购对赌协议的重要原因，本书第四章已通过我国 A 股市场的数据实证检验了并购对赌协议的激励动机。Holmstrom（1979）指出，当代理人的努力不可观察时，最优的激励合同会将代理人的收益与努力的可观察信号挂钩。如果目标经理也是股东，那么通过将他们的收益与标的企业绩效的可观察指标联系起来，并购对赌协议可以激励目标经理。第四章指出：当并购规模占上市公司总市值比重较大时，以及上市公司经历了业绩下滑时，上市公司对标的企业的激励动机更强。前者意味着标的企业在未来的业绩表现将严重影响上市公司总体业绩，后者则意味着上市公司对标的企业提升整体业绩抱有期望。因此，在对赌指标的选择上，上市公司往往更偏向于“纸面”利润的高低，主要谋求财务报表数据的美观度，相对忽视业绩指标的可操纵性问题。为了鼓励标的企业原股东继续努力，业绩对赌协议往往设置高增长性的业绩目标，并使用“补对价”这种高成本的补偿计算方式。此外，当并购业务相对规模较大，或者上市公司业绩下滑时，上市公司对标的企业的主要期望是完成预期业绩，因此设置额外激励条款的可能性更低。最后，由于激励动机下，上市公司常使用股票支付方式来完成交易，因此在设计对赌补偿方式时，也往往使用股票补偿方式。

基于上述分析，本书提出以下假设：

假设5-7：并购对赌的激励动机越强，对赌协议越不可能采用“净利润和扣除非经常性损益后的净利润孰低”作为业绩指标。

假设5-8：并购对赌的激励动机越强，对赌协议越不可能设置激励条款。

假设5-9：并购对赌的激励动机越强，对赌协议越不可能使用现金补偿。

假设5-10：并购对赌的激励动机越强，对赌协议越可能设置补对价的补偿计算方式。

假设5-11：并购对赌的激励动机越强，对赌协议设置的承诺业绩增长率越高。

假设5-12：并购对赌的激励动机不显著影响对赌期限。

（三）控股股东市值管理动机对并购对赌具体条款设计的影响分析

在我国资本市场上，上市公司为了服务于控股股东的市值管理动机，存在使用对赌协议来推高股价的现象。本书在第四章实证检验中发现，当收购方控股股东存在股权质押，有较强的市值管理动机时，并购中使用对赌协议的可能性高。为了使用对赌协议推高股价，并在未来一段时间维持相对稳定的股价，对赌协议的具体条款设计也会服务于这一目标。对赌协议一方面需要向市场传递积极信号，让外部投资者相信业绩承诺的可实现性，以及一旦业绩未实现上市公司获得补偿的可靠性；另一方面则需要在条款设计上给予标的企业完成业绩和兑现补偿一定操作弹性，避免在后续对赌期出现对赌失败的负面事件拉低股价。基于这一逻辑，如果上市公司控股股东存在市值管理动机，更可能使用激励条款刺激标的企业的未来业绩表现，更可能设计“补对价”的补偿方式促使承诺方实现承诺业绩，更可能采用执行较为简便的现金补偿方式。而为了给承诺方一定的履约弹性，在业绩指标选择上可能更不倾向于选择难以操纵的“孰低”条款，并且设置更短的承诺期避免长期业绩风险。而在释放积极信号和避免未来对赌失败的双重因素下，有市值管理动机的上市公司应该不会设置过高或过低的承诺业绩增长率。

基于上述分析，本书提出以下假设：

假设5-13：当控股股东存在市值管理动机时，对赌协议更不可能采用

“净利润和扣除非经常性损益后的净利润孰低” 作为业绩指标。

假设 5-14：当控股股东存在市值管理动机时，对赌协议越可能设置激励条款。

假设 5-15：当控股股东存在市值管理动机时，对赌协议设置现金补偿方式的可能性越高。

假设 5-16：当控股股东存在市值管理动机时，对赌协议越可能设置补对价的补偿计算方式。

假设 5-17：控股股东的市值管理动机不会显著影响对赌协议中承诺的业绩增长率。

假设 5-18：当控股股东存在市值管理动机时，对赌协议设置的对赌期限更短。

（四）高管说服动机对并购对赌具体条款设计的影响分析

当收购方内部对标的企业的未来业绩预期存在差异时，对赌协议的事后价值调整机制可以缓解内部低预期者的顾虑，从而帮助并购提议和相关方案通过内部决议。因此，高管说服动机会影响并购对赌具体条款的设计。总体而言，高管说服动机越强，越会要求标的企业原股东作出可靠的、具有吸引力的承诺。为了获得企业内部其他决策者的认可，对赌协议在业绩指标的选择上倾向于选择难以操纵的“孰低”条款，设置更长的对赌期限，选择“补对价”的补偿方式保证预期业绩无法实现时获得充分的补偿。

由于承诺业绩增长率和并购溢价正相关，而溢价越高的并购交易其风险越高，在企业决策过程中受到质疑的概率也更高。因此，当高管说服动机较强时，不会设置较高的承诺业绩增长率。

基于上述分析，本书提出以下假设：

假设 5-19：高管说服动机越强，对赌协议更可能采用“净利润和扣除非经常性损益后的净利润孰低” 作为业绩指标。

假设 5-20：高管说服动机越强，对赌协议越可能设置补对价的补偿计算方式。

假设 5-21：高管说服动机越强，对赌协议设置的对赌期限越长。

假设 5-22：高管说服动机对激励条款设置、对赌补偿方式和承诺业绩增长率无显著影响。

（五）证券监管对并购对赌具体条款设计的影响分析

并购对赌协议在我国资本市场上的应用，最早源自证监会监管强制要求。证监会于2008年出台《上市公司重大资产重组管理办法》，该办法首次要求在重大资产重组和股份支付并购中采取基于未来收益预期的估值方法进行评估的并购交易，均应签订并购对赌协议。2014年，证监会取消了非关联并购的盈利预测补偿强制规定，仅要求同一控制下、使用了基于未来收益预期的估值方法的并购交易具有强制业绩补偿承诺义务。在我国的并购业绩对赌中，强制对赌和自愿对赌并存，对于强制对赌交易而言，满足证券监管要求是其进行并购对赌的核心动因。如果并购对赌交易属于强制对赌，则其面临直接的证券监管，其对赌具体条款设计也将受到证券监管的影响。

一方面，强制对赌制度对并购对赌的契约设计具有监督效应。监督效应体现在以下方面。首先，体现在事前威慑上。根据我国监管制度，属于强制对赌范畴的并购交易都需经证监会核准。为提高交易审核通过的可能性，交易双方会审慎缔约，提升对赌业绩合理性和契约完备度。其次，体现为事中干预和矫正。上市公司公开披露交易预案后，交易所可以通过问询函（李晓溪等，2019），证监会也会在受理申请后通过意见反馈，质疑业绩承诺中不合理、不合规的事项，进而迫使交易主体补充信息和修改相关事项。因此，强制对赌的并购交易在业绩指标的选择上更可能选择难以操纵的“孰低”条款，设置更标准的对赌期限，选择“补对价”的补偿方式保证预期业绩无法实现时获得充分的补偿，并设置合理的并购溢价及与此对应的预期业绩增长率。在补偿支付方式上，由于强制对赌的并购规模较大，使用股权支付的概率较高，在证券监管下往往也要求补偿方优先使用股权补偿。

另一方面，由于监管机构的资源和能力有限，加之交易双方可能存在机会主义行为，监督效应可能主要体现在对赌协议的承诺业绩、对赌期限等核心条款上，而忽视了其他相关对赌条款。如王国俊和王跃堂（2014）发现了类似的情况，在证监会要求IPO企业对未来分红作出承诺的情况下，承诺分红比例高的公司更受证监会青睐，但证监会没有识别出承诺的“软硬”约束差异。因此，强制对赌监管对于激励条款的设置可能没有显著影响。

基于上述分析，本书提出以下假设：

假设5-23：如果并购交易属于强制对赌交易，则对赌协议更可能采用“净利润和扣除非经常性损益后的净利润孰低”作为业绩指标。

假设5-24：强制对赌监管不会显著影响激励条款设置。

假设5-25：如果并购交易属于强制对赌交易，则对赌协议更不可能采用现金补偿支付方式。

假设5-26：如果并购交易属于强制对赌交易，则对赌协议越可能设置补对价的补偿计算方式。

假设5-27：如果并购交易属于强制对赌交易，则对赌协议设置的承诺业绩增长率更低。

假设5-28：如果并购交易属于强制对赌交易，则对赌协议设置的对赌期限越长。

二、研究设计

（一）研究模型

为了检验假设5-1至假设5-28，本章设计了以下模型（5-1）：

$$\text{Earnout Design} = \beta_0 + \beta_1 \text{Factor} + \beta_i \text{Controls} + \varepsilon \tag{5-1}$$

模型的被解释变量Earnout Design为各对赌具体条款变量，包括“孰低”条款Lower、双向补偿条款Award、现金补偿条款Cashpay、高代价条款Highcost、对赌期限Period和承诺业绩增长率Growth。当被解释变量为“孰低”条款Lower、双向补偿条款Award、现金补偿条款Cashpay和高代价条款Highcost等哑变量时，模型为Probit模型；当被解释变量为对赌期限Period和承诺业绩增长率Growth等持续变量时，模型为OLS模型。

模型中的解释变量Factor代表一系列拟检验的对赌具体条款设计影响因素，包括信息不对称Uncertainty，标的管理层激励动机Incentive，控股股东股权质押Pledge，高管权力CEOPower和证券监管Regulation。其中，与第四章一致，使用是否同省并购SameProvince. 并购前是否持股Toe来衡量信息不对称程度。使用相对交易规模Size-rele和业绩压力Pressure衡量标的管理层激励动机。各被解释变量的定义和计算方式详见表5-1。

此外，参考已有文献（Kohers 和 Ang，2000；Datar 等，2001；Reuer 等，2004；Ragozzino 和 Reuer，2009；吕长江和韩博慧，2014），模型（5-1）控制了收购方财务特征、股权特征、公司治理特征和交易特征。该模型还控制了收购方的行业和年度虚拟变量。控制变量的定义和计算方式详见表 5-1。

表 5-1　主要变量定义表

变量名称	变量符号	变量定义
“孰低”条款	Lower	哑变量，如果在业绩承诺补偿中使用“净利润和扣除非经常性损益后的净利润孰低”指标，则取值为 1，否则为 0
双向补偿条款	Award	哑变量，如果在业绩承诺补偿中使用了双向业绩承诺，则取值为 1，否则为 0
现金支付条款	Cashpay	哑变量，如果协议约定补偿方式为现金补偿或优先现金补偿，则取值为 1，否则为 0
高代价条款	Highcost	哑变量，如果补偿金额的计算方式是补对价，则取值为 1，否则为 0
对赌期限	Period	对赌年限
承诺业绩增长率	Growth	承诺期的各期业绩增长率平均值
同省并购	SameProvince	哑变量，如果并购双方处于同一省份，则取值为 1，否则为 0
并购前持股	Toe	哑变量，如果并购前上市公司持有标的方股权，则取值为 1，否则为 0
相对规模	Size_rele	并购交易价款/并购公告前一年末的上市公司市值
业绩压力	Pressure	哑变量，如果并购前一年上市公司的资产收益率下滑，则取值为 1，否则为 0
控股股东股权质押	Pledge	哑变量，如果并购公告时上市公司控股股东有股权质押，则取值为 1，否则为 0
高管权力	CEOPower	参考 Finkelstein（1992），使用主成分分析法构建的高管权力综合指数
公司规模	Size	上市公司并购公告前一年末的总资产取对数
证券监管	Regulation	如果并购交易属于强制对赌交易，则取值为 1，否则为 0
公司负债率	Lev	上市公司并购公告前一年末的总负债/总资产

续表

变量名称	变量符号	变量定义
资产收益率	ROA	上市公司并购公告前一年末的净利润/总资产
托宾 Q	TobinQ	上市公司上年末市值/上年末资产
大股东持股	FirstShare	上市公司并购公告前一年末的第一大股东持股比例
股权性质	SOE	哑变量，如果收购方是国有企业，则取值为 1，否则为 0
两权分离度	Seperation	实际控制人拥有上市公司控制权与所有权之差
两职合一	Duality	哑变量，如果上市公司董事长和总经理为同一人，则取值为 1，否则为 0
独董比例	Independent	上市公司独立董事人数/董事会总人数
会计师事务所	Top4	哑变量，如果上市公司上一年度年报经四大会计师事务所审计，则取值为 1，否则为 0
股份支付	StockPay	并购交易价款中股权支付的比例

（二）样本筛选和数据来源

本书以我国 2008—2018 年 A 股上市公司宣告收购非上市公司为初选样本，执行如下筛选：

（1）并购在 2023 年 12 月 31 日前已成功完成。

（2）并购交易后收购方应至少实现对标的企业的相对控股。

（3）去掉借壳上市、资产置换等事件。

（4）剔除标的企业注册地为境外的样本。

（5）剔除并购交易金额小于 100 万元的样本。

（6）剔除金融类的收购方企业。

（7）去除相关财务数据缺失值样本。

（8）去除未使用对赌协议的交易。

经过上述筛选程序，最终获得 2166 个对赌事件。并购事件数据来源为 Wind 数据库，并购交易的对赌数据，部分通过 Wind 对赌协议数据库获得，并通过手工查阅并购公告将数据进行修正和补充。其他上市公司财务数据、股权数据和公司治理数据等来源于 CSMAR 数据库。为了避免极值的影响，本书对连续变量进行了上下 1%的 winsorize 缩尾处理。

三、实证结果

（一）描述性统计

表 5-2 列示了本节各变量的描述性统计数据。

Panel A 中显示，我国并购交易中的业绩补偿承诺有 12.8%的样本会使用“净利润和扣除非经常性损益后的净利润孰低”作为业绩指标；25.8%的样本会使用双向补偿；48.8%的样本会使用现金支付或现金有限支付方式进行补偿；73.3%的样本会使用补对价的方式计算补偿金额；平均对赌期限为 3.16 年，标准差为 0.685，可见样本中的对赌期限差异较小；承诺业绩平均增长率为 30.2%，标准差为 0.273，样本中的业绩增长率异质性较强，最小增长率为负值，而最高平均增长率高达 263%。

Panel B 中列示了主要解释变量和各控制变量的描述性统计。变量 ToeDeal 均值为 0.051，变量 SameProvince 均值为 0.365，样本在交易之前就持有标的企业股权的比例只有 5.1%，只有 36.5%的交易发生在同一省内，有对赌并购交易中双方信息不对称程度较高。变量 Size_ rele 的均值为 0.674，样本中单个并购交易金额平均占上市公司市值的 67.4%，变量 Pressure 的均值为 0.602，样本中 60%的收购方都经历业绩下滑，对赌并购交易普遍有较高的激励动机。Pledge 均值为 0.339，样本中收购方控股股东平均股权质押比率为 33.9%。CEOPower 均值为-0.215，样本中的收购方高管权力强度平均较低。变量 Regulation 均值为 0.160，样本中约 16%属于强制对赌样本。其他各变量的统计数据均符合一般状况。

表 5-2　主要变量描述性统计

Panel A 对赌样本的具体条款设计描述性统计								
变量名称	N	Mean	SD	Min	P25	Median	P75	Max
Lower	2166	0.128	0.334	0.000	0.000	0.000	0.000	1.000
Award	2166	0.258	0.437	0.000	0.000	0.000	1.000	1.000
Cashpay	2166	0.488	0.500	0.000	0.000	0.000	1.000	1.000
Highcost	2166	0.733	0.442	0.000	0.000	1.000	1.000	1.000

续表

Panel A 对赌样本的具体条款设计描述性统计								
变量名称	N	Mean	SD	Min	P25	Median	P75	Max
Growth	1437	0. 302	0. 273	-0. 095	0. 166	0. 247	0. 327	2. 628
Period	2166	3. 155	0. 685	1. 000	3. 000	3. 000	3. 000	10. 000
Panel B 主要变量描述性统计								
变量名称	N	Mean	SD	Min	P25	Median	P75	Max
Toe	2166	0. 051	0. 220	0. 000	0. 000	0. 000	0. 000	1. 000
SameProvince	2166	0. 365	0. 482	0. 000	0. 000	0. 000	1. 000	1. 000
Pressure	2166	0. 602	0. 490	0. 000	0. 000	1. 000	1. 000	1. 000
Size_rele	2166	0. 674	2. 022	0. 001	0. 049	0. 160	0. 452	16. 613
Pledge	2166	0. 339	0. 380	0. 000	0. 000	0. 163	0. 676	1. 000
CEOPower	2166	-0. 215	0. 919	-2. 620	-0. 786	-0. 098	0. 566	1. 314
Regulation	2166	0. 160	0. 366	0. 000	0. 000	0. 000	0. 000	1. 000
Size	2166	21. 618	0. 983	19. 722	20. 870	21. 528	22. 259	24. 444
Lev	2166	0. 371	0. 194	0. 048	0. 210	0. 349	0. 507	0. 857
ROA	2166	0. 045	0. 044	-0. 125	0. 021	0. 045	0. 069	0. 162
SOE	2166	0. 195	0. 397	0. 000	0. 000	0. 000	0. 000	1. 000
TobinQ	2166	3. 625	2. 550	1. 019	1. 969	2. 871	4. 278	15. 065
Duality	2166	0. 669	0. 471	0. 000	0. 000	1. 000	1. 000	1. 000
FirstShare	2166	0. 328	0. 135	0. 090	0. 221	0. 306	0. 424	0. 674
TOP4	2166	0. 019	0. 138	0. 000	0. 000	0. 000	0. 000	1. 000
Independent	2166	0. 388	0. 074	0. 250	0. 333	0. 375	0. 429	0. 600
StockPay	2166	0. 357	0. 412	0. 000	0. 000	0. 000	0. 750	1. 000
SameControl	2166	0. 109	0. 312	0. 000	0. 000	0. 000	0. 000	1. 000

（二）多元回归结果

1. 逆向选择风险和并购对赌协议条款设计

表 5-3 列示了并购逆向选择风险对并购对赌协议具体条款设计的影响检

验结果。从列（1）至列（6）的检验结果可知，解释变量 Toe 的系数均不显著，解释变量 SameProvince 除列（2）之外，其他列的系数也均不显著。在列（2）中，SameProvince 的系数为-0.137，也仅在 10%的重要性水平上显著。综合表 5-3 各列的回归结果可知，假设 5-1 至假设 5-6 均未被证实，并购逆向选择风险对于对赌协议的各具体条款设计基本无显著影响。

表 5-3　逆向选择风险和对赌协议具体条款设计

	(1)	(2)	(3)	(4)	(5)	(6)
因变量	Lower	Award	Cashpay	Highcost	Growth	Period
Toe	-0.075 (-0.35)	-0.166 (-0.86)	-0.186 (-0.94)	0.046 (0.23)	0.057 (1.14)	-0.123 (-1.55)
Same Province	-0.105 (-1.12)	-0.137* (-1.69)	0.033 (0.39)	-0.070 (-0.84)	0.009 (0.54)	0.017 (0.46)
Size	-0.027 (-0.38)	-0.131** (-2.22)	0.042 (0.66)	-0.130** (-2.15)	0.013 (1.15)	0.035 (1.37)
Lev	-0.382 (-1.41)	0.171 (0.72)	-0.423* (-1.73)	0.360 (1.42)	-0.046 (-1.12)	-0.208** (-2.06)
ROA	0.204 (0.18)	-1.553 (-1.62)	-3.282*** (-2.86)	0.288 (0.27)	-0.401** (-2.26)	-0.503 (-1.24)
TobinQ	-0.026 (-1.03)	-0.011 (-0.54)	0.030 (1.34)	-0.005 (-0.20)	-0.002 (-0.50)	-0.018* (-1.80)
SOE	-0.985*** (-6.10)	0.038 (0.35)	-0.173 (-1.60)	-0.101 (-0.93)	-0.046** (-2.11)	-0.085** (-2.00)
Duality	-0.000 (-0.00)	-0.142* (-1.78)	-0.021 (-0.25)	-0.055 (-0.65)	-0.018 (-1.20)	-0.042 (-1.20)
FirstShare	0.170 (0.50)	0.338 (1.15)	0.356 (1.20)	0.827*** (2.68)	0.008 (0.14)	-0.337*** (-2.75)
TOP4	0.210	0.213	-0.334	-0.607**	0.005	-0.239***

续表

	(1)	(2)	(3)	(4)	(5)	(6)
因变量	Lower	Award	Cashpay	Highcost	Growth	Period
	(0.45)	(0.61)	(−0.99)	(−2.20)	(0.06)	(−2.72)
Independent	−0.269	−0.697	−0.968*	−0.782	−0.060	0.040
	(−0.46)	(−1.39)	(−1.82)	(−1.50)	(−0.64)	(0.17)
StockPay	−0.067	0.006	−2.357***	1.255***	−0.098***	0.161***
	(−0.57)	(0.06)	(−20.55)	(11.21)	(−5.07)	(3.79)
SameControl	−0.420*	−1.163***	−0.086	0.357**	0.037	−0.058
	(−1.93)	(−6.15)	(−0.67)	(2.46)	(1.15)	(−1.20)
Size_rele	−0.118**	−0.085***	−0.115***	0.032	−0.002	−0.001
	(−2.11)	(−3.17)	(−4.02)	(1.48)	(−0.67)	(−0.18)
_cons	0.373	4.053***	0.806	3.282**	−0.022	2.423***
	(0.24)	(2.97)	(0.53)	(2.36)	(−0.08)	(3.89)
年度	控制	控制	控制	控制	控制	控制
行业	控制	控制	控制	控制	控制	控制
R^2/Pseudo R^2	0.112	0.113	0.366	0.159	0.070	0.077
N	2166	2166	2166	2166	1437	2166

注：第（1）列至第（4）列的括号里为Z统计量，第（5）列至第（6）列的括号里为T统计量；*、** 和 *** 分别表示在10%、5%和1%水平上显著；标准误经异方差稳健调整。

2. 激励动机和并购对赌协议条款设计

表5-4列示了激励动机对并购对赌协议具体条款设计的影响检验结果。

表5-4列（1）中变量Size_rele的系数为−0.134，在5%的水平上显著，变量Pressure的系数是0.044，但不显著。列（1）的结果表明，当标的企业占上市公司市值较大时，即上市公司激励目标管理层的动机较大时，在对赌协议中采用“净利润和扣除非经常性损益后的净利润孰低”作为业绩指标的可能性更低，而业绩下滑带来的激励动机则对业绩指标的设计无显著影响。列（1）的结果部分支持了假设5-7，即由并购规模引起激励动机越强，对赌

协议越不可能使用“孰低”指标，但没有证据表明业绩下滑引起的激励动机会影响业绩指标设计。

表5-4列（2）中变量Size_rele的系数为-0.085，在1%的水平上显著，变量Pressure的系数是-0.156，在5%的水平上显著。列（2）的结果表明，当标的企业占上市公司市值较大时，即上市公司激励目标管理层的动机较大时，越不可能设置激励条款；同时，业绩下滑带来的激励动机也会显著减少设置激励条款的可能性。列（2）的结果证实了假设5-8，即并购对赌的激励动机越强，对赌协议越不可能设置激励条款。

表5-4列（3）中变量Size_rele的系数为-0.086，在1%的水平上显著，变量Pressure的系数是-0.047，但不显著。列（3）的结果表明，当标的企业占上市公司市值较大时，即上市公司激励目标管理层的动机较大时，对赌协议越不可能使用现金补偿，而业绩下滑带来的激励动机则对补偿手段无显著影响。列（3）的结果部分支持了假设5-9，即由并购规模引起激励动机越强，对赌协议越不可能使用现金补偿，但没有证据表明业绩下滑引起的激励动机会影响补偿手段。

表5-4列（4）中变量Size_rele和变量Pressure的系数均不显著，意味着假设5-10没有被证实，激励动机对补偿计算方式没有显著的影响。

表5-4列（5）中变量Size_rele和变量Pressure的系数均不显著，意味着假设5-11没有被证实，激励动机对承诺业绩增长率没有显著的影响。

表5-4列（6）中变量Size_rele和变量Pressure的系数均不显著，意味着激励动机对对赌期限没有显著的影响，与假设5-12的预期一致。

表5-4　激励动机和对赌协议具体条款设计

	(1)	(2)	(3)	(4)	(5)	(6)
因变量	Lower	Award	Cashpay	Highcost	Growth	Period
Size_rele	-0.134**	-0.085***	-0.086***	0.026	-0.002	0.000
	(-2.44)	(-3.50)	(-3.88)	(1.39)	(-0.82)	(0.09)
Pressure	0.044	-0.156**	-0.047	0.033	-0.007	-0.041
	(0.56)	(-2.38)	(-0.69)	(0.51)	(-0.51)	(-1.29)

续表

	(1)	(2)	(3)	(4)	(5)	(6)
因变量	Lower	Award	Cashpay	Highcost	Growth	Period
Size	−0. 008 (−0. 14)	−0. 175 *** (−3. 64)	−0. 068 (−1. 33)	−0. 074 (−1. 52)	0. 009 (0. 91)	0. 007 (0. 30)
Lev	−0. 468 * (−1. 96)	0. 418 ** (2. 03)	−0. 221 (−1. 05)	0. 209 (0. 98)	−0. 038 (−1. 00)	−0. 143 (−1. 56)
ROA	−0. 557 (−0. 56)	−1. 297 (−1. 52)	−2. 059 ** (−2. 22)	0. 310 (0. 34)	−0. 433 *** (−2. 68)	−0. 477 (−1. 28)
TobinQ	−0. 032 (−1. 59)	−0. 013 (−0. 77)	0. 003 (0. 15)	−0. 024 (−1. 35)	−0. 000 (−0. 06)	−0. 015 * (−1. 83)
SOE	−0. 751 *** (−5. 74)	−0. 016 (−0. 17)	−0. 070 (−0. 72)	−0. 148 (−1. 59)	−0. 056 *** (−2. 78)	−0. 075 * (−1. 94)
Duality	−0. 033 (−0. 42)	−0. 126 * (−1. 89)	−0. 063 (−0. 89)	−0. 078 (−1. 11)	−0. 027 * (−1. 88)	−0. 022 (−0. 66)
FirstShare	0. 429 (1. 54)	0. 319 (1. 32)	0. 363 (1. 48)	0. 463 * (1. 92)	−0. 030 (−0. 64)	−0. 359 *** (−3. 19)
TOP4	0. 213 (0. 68)	−0. 103 (−0. 34)	0. 286 (1. 15)	−0. 332 (−1. 55)	0. 061 (0. 75)	−0. 089 (−0. 78)
Independent	−0. 511 (−1. 02)	−0. 478 (−1. 11)	−0. 458 (−1. 01)	−0. 099 (−0. 23)	−0. 087 (−1. 03)	0. 221 (1. 01)
StockPay	−0. 064 (−0. 63)	0. 031 (0. 36)	−2. 260 *** (−23. 01)	1. 313 *** (13. 61)	−0. 088 *** (−5. 10)	0. 186 *** (4. 95)
SameControl	−0. 288 * (−1. 81)	−1. 256 *** (−7. 19)	−0. 004 (−0. 03)	0. 284 ** (2. 31)	0. 030 (1. 00)	−0. 030 (−0. 65)
_cons	0. 114 (0. 09)	4. 464 *** (4. 00)	2. 662 ** (2. 18)	1. 792 (1. 59)	0. 050 (0. 21)	2. 941 *** (5. 50)
年度	控制	控制	控制	控制	控制	控制

续表

	(1)	(2)	(3)	(4)	(5)	(6)
因变量	Lower	Award	Cashpay	Highcost	Growth	Period
行业	控制	控制	控制	控制	控制	控制
R^2/ Pseudo R^2	0. 092	0. 117	0. 330	0. 149	0. 062	0. 055
N	2166	2166	2166	2166	1437	2166

注：第（1）列至第（4）列的括号里为Z统计量，第（5）列至第（6）列的括号里为T统计量；*、** 和 *** 分别表示在10%、5%和1%水平上显著；标准误经异方差稳健调整。

3. 大股东市值管理动机和并购对赌协议具体条款设计

表5-5列示了大股东市值管理动机对并购对赌协议具体条款设计的影响检验结果。

表5-5列（1）中变量Pledge的系数为-0. 113，但不显著，假设5-13未被证实，控股股东的市值管理动机对业绩指标设计不存在显著影响。

表5-5列（2）中变量Pledge的系数为-0. 087，但不显著，假设5-14未被证实，控股股东的市值管理动机对是否设置激励条款不存在显著影响。

表5-5列（3）中变量Pledge的系数为0. 220，在5%水平上显著，说明当控股股东存在市值管理动机时，对赌协议设置的现金补偿方式的可能性越高。假设5-15被证实。

表5-5列（4）中变量Pledge的系数为0. 103，但不显著，假设5-16未被证实，控股股东的市值管理动机对补偿计算方式不存在显著影响。

表5-5列（5）中变量Pledge的系数为-0. 002，但不显著，与假设5-17的预期一致，即控股股东的市值管理动机对承诺业绩增长率没有显著影响。

表5-5列（6）中变量Pledge的系数为-0. 088，在10%水平上显著，说明当控股股东存在市值管理动机时，对赌协议设置的对赌期限更短，证实了假设5-18。

表 5-5　大股东市值管理动机和对赌协议具体条款设计

	(1)	(2)	(3)	(4)	(5)	(6)
因变量	Lower	Award	Cashpay	Highcost	Growth	Period
Pledge	-0.113	-0.087	0.220**	0.103	-0.002	-0.088*
	(-0.99)	(-0.92)	(2.29)	(1.06)	(-0.14)	(-1.87)
Size	-0.001	-0.168***	-0.081	-0.079	0.010	0.011
	(-0.02)	(-3.49)	(-1.56)	(-1.60)	(0.93)	(0.49)
Lev	-0.439*	0.465**	-0.276	0.173	-0.037	-0.109
	(-1.82)	(2.24)	(-1.30)	(0.80)	(-0.93)	(-1.17)
ROA	-0.800	-1.013	-1.711*	0.354	-0.419***	-0.460
	(-0.81)	(-1.20)	(-1.84)	(0.39)	(-2.65)	(-1.22)
TobinQ	-0.031	-0.014	0.002	-0.024	-0.000	-0.015*
	(-1.52)	(-0.85)	(0.09)	(-1.36)	(-0.08)	(-1.85)
SOE	-0.798***	-0.036	0.015	-0.112	-0.056***	-0.104**
	(-5.61)	(-0.35)	(0.15)	(-1.13)	(-2.88)	(-2.42)
Duality	-0.036	-0.132**	-0.061	-0.077	-0.027*	-0.024
	(-0.47)	(-1.97)	(-0.86)	(-1.10)	(-1.88)	(-0.71)
FirstShare	0.406	0.238	0.426*	0.502**	-0.033	-0.397***
	(1.46)	(0.98)	(1.73)	(2.07)	(-0.68)	(-3.53)
TOP4	0.209	-0.158	0.309	-0.314	0.059	-0.105
	(0.67)	(-0.52)	(1.25)	(-1.47)	(0.73)	(-0.92)
Independent	-0.523	-0.514	-0.434	-0.081	-0.089	0.210
	(-1.05)	(-1.20)	(-0.96)	(-0.18)	(-1.05)	(0.95)
StockPay	-0.068	0.043	-2.267***	1.309***	-0.088***	0.190***
	(-0.66)	(0.51)	(-23.11)	(13.60)	(-5.13)	(5.07)
SameControl	-0.283*	-1.265***	-0.012	0.280**	0.029	-0.028
	(-1.77)	(-7.19)	(-0.11)	(2.27)	(0.99)	(-0.61)
Size_rele	-0.133**	-0.086***	-0.087***	0.027	-0.002	-0.000

续表

	(1)	(2)	(3)	(4)	(5)	(6)
因变量	Lower	Award	Cashpay	Highcost	Growth	Period
	(-2.45)	(-3.56)	(-3.88)	(1.45)	(-0.86)	(-0.04)
_cons	0.074 (0.06)	4.318*** (3.88)	2.727** (2.23)	1.818 (1.62)	0.049 (0.21)	2.887*** (5.39)
年度	控制	控制	控制	控制	控制	控制
行业	控制	控制	控制	控制	控制	控制
R^2/ Pseudo R^2	0.093	0.115	0.331	0.149	0.062	0.056
N	2166	2166	2166	2166	1437	2166

注：第（1）列至第（4）列的括号里为Z统计量，第（5）列至第（6）列的括号里为T统计量；*、** 和 *** 分别表示在10%、5%和1%水平上显著；标准误经异方差稳健调整。

4. 高管说服动机和并购对赌协议具体条款设计

表5-6列示了高管说服动机对并购对赌协议具体条款设计的影响检验结果。

表5-6列（1）中变量CEOPower的系数为-0.099，在10%水平上显著，说明高管权力越低，即说服动机越高时，对赌协议更可能采用"净利润和扣除非经常性损益后的净利润孰低"作为业绩指标，假设5-19被证实。

表5-6列（4）中变量CEOPower的系数为-0.125，在5%水平上显著，说明高管权力越低，即说服动机越高时，对赌协议更可能采用补对价的计算方式，证实了假设5-20。

表5-6列（6）中变量CEOPower的系数为0.003，但不显著，高管说服动机对对赌期限没有显著影响，假设5-21未被证实。

表5-6列（2）中变量CEOPower的系数为-0.009，但不显著，高管说服动机对是否设置激励条款不存在显著影响。列（3）中变量CEOPower的系数为-0.007，但不显著，高管说服动机对补偿方式没有显著影响。列（5）中变量CEOPower的系数为-0.000，但不显著，高管说服动机对承诺业绩增长率

没有显著影响。这些结果证实了假设 5-22，即高管说服动机对激励条款设置、对赌补偿方式和承诺业绩增长率无显著影响。

表 5-6 高管说服动机和对赌协议具体条款设计

	(1)	(2)	(3)	(4)	(5)	(6)
因变量	Lower	Award	Cashpay	Highcost	Growth	Period
CEOPower	-0.099*	-0.009	-0.007	-0.125**	-0.000	0.003
	(-1.67)	(-0.18)	(-0.13)	(-2.39)	(-0.05)	(0.13)
Size	0.003	-0.173***	-0.067	-0.059	0.010	0.006
	(0.05)	(-3.57)	(-1.29)	(-1.19)	(0.92)	(0.27)
Lev	-0.443*	0.445**	-0.213	0.242	-0.037	-0.136
	(-1.85)	(2.16)	(-1.02)	(1.14)	(-0.97)	(-1.48)
ROA	-0.634	-0.907	-1.943**	0.267	-0.416***	-0.374
	(-0.64)	(-1.09)	(-2.11)	(0.30)	(-2.66)	(-1.01)
TobinQ	-0.031	-0.015	0.002	-0.022	-0.000	-0.016*
	(-1.54)	(-0.87)	(0.12)	(-1.25)	(-0.08)	(-1.88)
SOE	-0.720***	-0.001	-0.065	-0.119	-0.055***	-0.073*
	(-5.43)	(-0.01)	(-0.67)	(-1.27)	(-2.67)	(-1.87)
Duality	0.048	-0.122	-0.059	0.027	-0.027	-0.026
	(0.51)	(-1.55)	(-0.69)	(0.32)	(-1.53)	(-0.61)
FirstShare	0.409	0.268	0.348	0.423*	-0.032	-0.367***
	(1.47)	(1.11)	(1.42)	(1.75)	(-0.68)	(-3.28)
TOP4	0.228	-0.143	0.279	-0.307	0.060	-0.096
	(0.73)	(-0.47)	(1.12)	(-1.42)	(0.74)	(-0.84)
Independent	-1.041*	-0.559	-0.501	-0.775	-0.091	0.230
	(-1.73)	(-1.11)	(-0.93)	(-1.51)	(-0.91)	(0.93)
StockPay	-0.076	0.042	-2.257***	1.311***	-0.088***	0.189***
	(-0.74)	(0.49)	(-22.98)	(13.59)	(-5.12)	(5.07)
SameControl	-0.270*	-1.263***	-0.005	0.306**	0.029	-0.032

续表

	(1)	(2)	(3)	(4)	(5)	(6)
因变量	Lower	Award	Cashpay	Highcost	Growth	Period
	(−1.67)	(−7.24)	(−0.04)	(2.49)	(0.99)	(−0.70)
Size_rele	−0.132**	−0.086***	−0.087***	0.028	−0.002	−0.000
	(−2.45)	(−3.57)	(−3.91)	(1.50)	(−0.87)	(−0.02)
_cons	0.016	4.359***	2.623**	1.691	0.051	2.954***
	(0.01)	(3.90)	(2.15)	(1.49)	(0.21)	(5.51)
年度	控制	控制	控制	控制	控制	控制
行业	控制	控制	控制	控制	控制	控制
R^2/Pseudo R^2	0.094	0.115	0.330	0.151	0.062	0.055
N	2166	2166	2166	2166	1437	2166

注：第（1）列至第（4）列的括号里为Z统计量，第（5）列至第（6）列的括号里为T统计量；*、** 和 *** 分别表示在10%、5%和1%水平上显著；标准误经异方差稳健调整。

5. 证券监管和并购对赌协议具体条款设计

表5-7列示了证券监管对并购对赌协议具体条款设计的影响检验结果。

表5-7列（1）中变量Regulation的系数为0.021，但不显著，说明证券监管对业绩指标没有显著影响，不支持假设5-23。

表5-7列（2）中变量Regulation的系数为0.157，但不显著，说明证券监管对是否设置激励条款不存在显著影响，支持假设5-24。

表5-7列（3）中变量Regulation的系数为-0.444，在1%水平上显著，说明证券监管下对赌协议使用现金补偿方式的可能性更低，更可能使用股份补偿，证实了假设5-25。

表5-7列（4）中变量Regulation的系数为0.433，在1%水平上显著，说明证券监管下对赌协议更可能采用“补对价”的计算方式，证实了假设5-26。

表5-7列（5）中变量Regulation的系数为-0.053，在5%水平上显著，说明证券监管下承诺业绩增长率显著更低，证实了假设5-27。

表5-7列（6）中变量Regulation的系数为0.071，但不显著，说明证券监管对对赌期限没有显著影响，不支持假设5-28。

表5-7 证券监管和对赌协议具体条款设计

	(1)	(2)	(3)	(4)	(5)	(6)
因变量	Lower	Award	Cashpay	Highcost	Growth	Period
Regulation	0.021	0.157	−0.444***	0.433***	−0.053**	0.071
	(0.13)	(1.17)	(−3.34)	(3.42)	(−2.55)	(1.34)
Size	−0.009	−0.174***	−0.074	−0.072	0.009	0.008
	(−0.15)	(−3.62)	(−1.44)	(−1.48)	(0.83)	(0.34)
Lev	−0.472**	0.440**	−0.217	0.195	−0.037	−0.135
	(−1.98)	(2.14)	(−1.04)	(0.92)	(−0.98)	(−1.48)
ROA	−0.653	−0.918	−1.890**	0.127	−0.404**	−0.390
	(−0.67)	(−1.10)	(−2.05)	(0.14)	(−2.56)	(−1.05)
TobinQ	−0.031	−0.015	−0.001	−0.022	−0.001	−0.015*
	(−1.57)	(−0.86)	(−0.05)	(−1.26)	(−0.21)	(−1.81)
SOE	−0.753***	−0.004	−0.065	−0.155*	−0.056***	−0.072*
	(−5.77)	(−0.04)	(−0.67)	(−1.66)	(−2.82)	(−1.87)
Duality	−0.031	−0.129*	−0.063	−0.083	−0.027*	−0.023
	(−0.41)	(−1.93)	(−0.88)	(−1.19)	(−1.87)	(−0.70)
FirstShare	0.445	0.270	0.372	0.447*	−0.030	−0.372***
	(1.61)	(1.11)	(1.52)	(1.84)	(−0.64)	(−3.30)
TOP4	0.223	−0.134	0.255	−0.298	0.053	−0.088
	(0.72)	(−0.44)	(1.05)	(−1.40)	(0.66)	(−0.76)
Independent	−0.501	−0.503	−0.537	−0.023	−0.099	0.222
	(−1.00)	(−1.17)	(−1.18)	(−0.05)	(−1.16)	(1.01)
StockPay	−0.073	0.004	−2.135***	1.175***	−0.072***	0.167***
	(−0.67)	(0.05)	(−20.34)	(11.34)	(−4.14)	(4.09)
SameControl	−0.294*	−1.335***	0.108	0.214*	0.048	−0.054

续表

	(1)	(2)	(3)	(4)	(5)	(6)
因变量	Lower	Award	Cashpay	Highcost	Growth	Period
	(−1.72)	(−7.31)	(0.87)	(1.67)	(1.47)	(−1.06)
Size_rele	−0.135**	−0.087***	−0.087***	0.027	−0.002	−0.000
	(−2.45)	(−3.58)	(−4.02)	(1.43)	(−0.86)	(−0.03)
_cons	0.128	4.377***	2.724**	1.801	0.027	2.981***
	(0.10)	(3.93)	(2.24)	(1.60)	(0.11)	(5.57)
年度	控制	控制	控制	控制	控制	控制
行业	控制	控制	控制	控制	控制	控制
R^2/Pseudo R^2	0.092	0.115	0.333	0.153	0.064	0.055
N	2166	2166	2166	2166	1437	2166

注：第（1）列至第（4）列的括号里为Z统计量，第（5）列至第（6）列的括号里为T统计量；*、** 和 *** 分别表示在10%、5%和1%水平上显著；标准误经异方差稳健调整。

四、研究结论和讨论

本节系统检验了对赌动因是否以及如何影响对赌条款的设计。表5-8总结汇总了检验结果。第一，解决逆向选择风险的动机对对赌条款协议的设计无显著影响。第二，激励动机显著减少了对赌协议中使用“孰低”业绩指标、双向补偿条款和现金支付条款的可能性。第三，市值管理动机显著增加了对赌协议中使用现金支付条款的可能性，但是显著减少了对赌期限。第四，高管说服动机显著增加了对赌协议中使用“孰低”业绩指标和高代价补偿条款的可能性，同时显著降低了承诺业绩增长率。第五，证券监管显著增加了对赌协议中使用高代价补偿条款的可能性，同时显著降低了承诺业绩增长率和使用现金支付条款的可能性。

表 5-8　对赌动因对对赌条款设计的影响结果汇总

动因	逆向选择风险	激励动机	市值管理	高管说服	证券监管
“孰低”条款	无显著影响	显著负相关	无显著影响	显著正相关	无显著影响
双向补偿条款	无显著影响	显著负相关	无显著影响	无显著影响	无显著影响
现金支付条款	无显著影响	显著负相关	显著正相关	无显著影响	显著负相关
高代价条款	无显著影响	无显著影响	无显著影响	显著正相关	显著正相关
对赌期限	无显著影响	无显著影响	显著负相关	无显著影响	无显著影响
承诺业绩增长率	无显著影响	无显著影响	无显著影响	显著负相关	显著负相关

本节的检验结果有助于我们理解对赌条款设计，对监管机构、企业和投资者具有启示意义。

一是总体来看对赌动因显著影响对赌具体条款设计，这意味着证券监管机构和投资者应关注对赌协议的细节条款。证券监管机构在制定相关政策和监督市场行为时，需要细致审视对赌协议的具体条款，评估其对市场公平性和透明度的潜在影响，确保协议条款的合理性和公正性，避免因条款设计不当而引发的市场风险。同时，投资者在评估并购交易时，也应深入分析对赌协议的细节，理解不同条款背后的动因和潜在风险，以便更准确地判断交易的价值和风险，作出明智的投资决策。因此，对赌协议的细节条款不仅是交易双方协商的结果，也是监管和投资决策的重要依据。

二是受到证券监管的强制对赌交易的具体条款设计更为稳健，这表明监管机构的介入有助于确保对赌协议的合理性和风险控制。具体来说，证券监管增加了高代价补偿条款的使用，这可能为收购方提供了更有效的保护机制，以应对标的企业未能达到业绩承诺的风险。同时，监管降低了承诺业绩增长率，这有助于避免过高业绩承诺带来的并购溢价过高和后期业绩暴雷所带来的金融风险。因此，监管机构应继续强化对并购交易中对赌协议的监管，确保条款设计既能反映市场真实情况，又能保护投资者利益，避免因条款设计不当而引发的系统性风险。对于企业管理层而言，在设计对赌协议时，应考虑监管要求，确保协议的稳健性，同时平衡好激励市场与风险控制的关系。

第四节　并购对赌条款和并购溢价

并购溢价是并购交易的博弈结果，已有研究从协同效益假说（例如，Beckman 和 Haunschild，2002；Hayward 和 Hambrick，1997；Shelton，2000）、赢者诅咒假说（Capen 等，1971；Bazerman 和 Samuelson，1983）、代理理论（Shleifer 和 Vishny，1997）、代理问题（Haleblian 等，2009）、追求自身利益的行为（Jensen，1989）、过度自信（Malmendier 和 Tate，2008）或傲慢（Hayward 和 Hambrick，1997）等视角对并购溢价的来源进行解读。

那么，对赌作为并购交易中的特殊交易安排是否会影响并购溢价呢？进一步，对赌条款的具体设计存在高度异质性，这种具体条款的设计差异是否影响并购溢价呢？在国外研究中，Lukas 等（2012）通过博弈论模型预测，当交易中包含对赌条款时，并购溢价会上升。Barbopoulos 和 Adra（2016）基于英国数据的实证检验也得出了一致的结论，并发现交易价款中的对赌规模和对赌时长会显著增加并购溢价。我国已有研究大多表明，并购对赌将显著提高并购溢价（冯科等，2023）。在此基础上，一些研究探索了对赌细节条款对并购溢价的影响，发现对赌程度和对赌期限（关静怡和刘娥平，2019；冯科等，2023）会显著影响并购溢价。翟进步等（2019）发现，如果对赌协议是带激励条款的双向业绩对赌，标的企业的估值溢价率越高。

虽然已有研究就并购对赌条款和并购溢价的关系做了一系列有益的探索，但是所涉及的对赌细节条款主要集中在对赌期限和对赌程度上，对实务中常见的其他对赌细节条款如何影响并购溢价讨论有限。本节将就并购对赌条款和并购溢价的关系进行全面地讨论与实证检验。

一、理论分析和研究假设

并购对赌条款改变了并购双方的风险和收益，从而影响最终的并购溢价。

对于收购方而言，并购对赌条款为并购后的标的企业经营业绩提供了保障，从而降低了收购方在估计标的企业未来现金流入时的不确定性。估值风险的降低，无疑提高了收购方对标的企业估值溢价的容忍度。

对于标的企业所有者而言，对赌条款的存在将并购交易由一次性交易转化为跨期间多次交易，随着交易完成时间的延长，被收购方的交易风险也大幅提升。这种风险主要来自承诺业绩可实现的不确定性。标的企业的承诺业绩是否可实现，部分受行业和宏观经济等外部因素影响。此外，由于标的企业在对赌期间通常作为收购公司的子公司运营（Kohers 和 Ang，2000），其业绩也受到收购公司整体经营情况的影响。同时，标的企业所有者还可能面临与收购公司在业绩评价上可能存在分歧的担忧（Datar 等，2001），这增加了在对赌期结束时支付补偿价款的可能性。基于这些因素，标的企业所有者有动机要求获得更高的溢价，以补偿其作出业绩承诺的风险。

根据上述分析，提出以下假设：

假设 5-29：含并购对赌协议的并购交易，其并购溢价更高。

围绕并购对赌条款，交易双方还就对赌期限、对赌业绩指标、对赌补偿额计算方式、补偿支付形式、具体承诺业绩等具体条款进行磋商议定。这些具体条款的设置，从根本上决定了并购对赌的业绩实现难度、补偿力度和承诺的可靠性，因此理论上会影响并购对赌的溢价水平。本章将基于中国 A 股市场的全并购对赌样本，系统检验六大重要的并购对赌具体条款对并购溢价的影响。

对赌业绩指标是对赌协议的核心。业绩指标的一个重要特征在于可操纵性。一个难以被操纵的业绩指标能够为收购方提供强大的利益保障，但却增加了标的企业业绩实现的难度，因此标的企业原股东会要求更高的并购溢价进行补偿。在我国常用的三个业绩指标中，设计最为谨慎、最难以操纵的是“净利润和扣除非经常性损益后的净利润孰低”指标。因此，提出以下假设：

假设 5-30：在对赌协议中使用“净利润和扣除非经常性损益后的净利润孰低”指标，则并购溢价更高。

当标的企业业绩不达标时，在不同补偿金额计算方式下，补偿金额有较大差别。在补对价的计算方式下，需要按业绩未完成比例同比乘以交易价款计算补偿金额，因此，在我国并购普遍采用高溢价交易的情形下，与直接补利润差额相比，补对价计算方式下原股东赔偿代价更大。更高的补偿金额虽然增加了标的原股东对赌失败后要遭受的财务损失，但降低了收购方的估值风险，因此出于对标的原股东的风险补偿，并购溢价会进一步上升。基于上述分析，提出以下假设：

假设 5-31：在对赌协议中约定了“补对价”的补偿计算方式，则并购溢价更高。

根据信号理论，收购方不了解标的企业的实际盈利能力，而标的企业承诺高业绩增长率是向收购方发出了关于盈利能力的正面信号。由于低盈利能力的公司没有能力作出类似承诺，因此这一信号可以帮助收购方判断标的企业的真实盈利能力，从而支付更高的并购溢价。此外，这一信号也减少了收购方为了掌握标的企业真实情况所需耗费的经济支出和精力支出，进一步增加了收购方提高并购溢价的可能性。基于上述分析，提出以下假设：

假设 5-32：对赌协议中的承诺业绩增长率越高，则并购溢价越高。

冯科等（2023）通过模型推导，指出对赌期限的增加会提升并购溢价。其本质原因是一方面，随着时间的推移，企业外部经营环境可能发生重大变化，当经济周期、政策法规和市场竞争等重要因素朝不利方向发展时，对赌业绩兑现的难度加大；另一方面，随着时间的推移，企业内部组织管理的不确定性也随之加大，可能出现人力资源流失、技术研发失利等负面事件影响企业业绩。因此，对赌期限越长，标的企业完成业绩目标的压力越大，违约概率也越高，会要求更高的并购溢价以补偿增加的风险。而更长的对赌期限增加了对收购方的保障，因此收购方往往也愿意接受更高的并购溢价。基于上述分析，提出以下假设：

假设 5-33：对赌协议中的对赌期限越长，则并购溢价越高。

由于对赌协议中的激励条款旨在对超出预期的业绩进行奖励，而补偿支付方式主要受制于并购支付方式，因此，本书认为这类条款对并购溢价无显著影响。据此提出以下假设：

假设 5-34：对赌协议中的激励条款、补偿支付方式对并购溢价无显著影响。

二、研究设计

（一）研究模型

为了检验假设 5-29 至假设 5-34，本章设计了以下 OLS 模型（5-2）：

$$Premium = \beta_0 + \beta_1 Earnout + \beta_i Controls + \varepsilon \tag{5-2}$$

模型的被解释变量 Premium 是并购溢价，本书使用并购交易价款比上目标股权（资产）账面价值来衡量并购溢价。

模型中的解释变量 Earnout 是哑变量并购对赌，如果并购交易中设置了并购对赌条款，则取值为 1，否则为 0。

此外，参考已有文献（Kohers 和 Ang，2000；Barbopoulos 和 Adra，2016；翟进步等，2019；徐莉萍等，2021），模型（5-2）均控制了收购方财务特征、股权特征、公司治理特征和交易特征。该模型还控制了收购方的行业和年度虚拟变量。控制变量的定义和计算方式详见表 5-9。

为了进一步检验各对赌具体条款设计对并购溢价的影响，本章设计了以下 OLS 模型（5-3）：

$$Premium = \beta_0 + \beta_1 Earnout\ Design + \beta_i Controls + \varepsilon \qquad (5-3)$$

模型（5-3）中的解释变量 Earnout Design 为各对赌具体条款变量，包括“孰低”条款 Lower、双向补偿条款 Award、现金补偿条款 Cashpay、高代价条款 Highcost、对赌期限 Period 和承诺业绩增长率 Growth。各解释变量的定义和计算方式详见表 5-9。模型（5-3）的其他设定与模型（5-2）一致。

表 5-9 主要变量定义表

变量名称	变量符号	变量定义
并购溢价	Premium	并购交易价款/目标股权（资产）账面价值
并购对赌	Earnout	哑变量，如果并购交易中设置了并购对赌条款，则取值为 1，否则为 0
“孰低”条款	Lower	哑变量，如果在业绩承诺补偿中使用“净利润和扣除非经常性损益后的净利润孰低”指标，则取值为 1，否则为 0
双向补偿条款	Award	哑变量，如果在业绩承诺补偿中使用双向业绩承诺，则取值为 1，否则为 0
现金支付条款	Cashpay	哑变量，如果协议约定补偿方式为现金补偿或优先现金补偿，则取值为 1，否则为 0
高代价条款	Highcost	哑变量，如果补偿金额的计算方式是补对价，则取值为 1，否则为 0
对赌期限	Period	对赌年限

续表

变量名称	变量符号	变量定义
承诺业绩增长率	Growth	承诺期的各期业绩增长率平均值
公司规模	Size	上市公司并购公告前一年末的总资产取对数
公司负债率	Lev	上市公司并购公告前一年末的总负债/总资产
资产收益率	ROA	上市公司并购公告前一年末的净利润/总资产
托宾 Q	TobinQ	上市公司上年末市值/上年末资产
大股东持股	FirstShare	上市公司并购公告前一年末的第一大股东持股比例
股权性质	SOE	哑变量，如果收购方是国有企业，则取值为 1，否则为 0
两权分离度	Seperation	实际控制人拥有上市公司控制权与所有权之差
两职合一	Duality	哑变量，如果上市公司董事长和总经理为同一人，则取值为 1，否则为 0
独董比例	Independent	上市公司独立董事人数/董事会总人数
会计师事务所	Top4	哑变量，如果上市公司上一年度年报经四大会计师事务所审计，则取值为 1，否则为 0
股份支付	StockPay	并购交易价款中股权支付的比例
相对规模	Size_rele	并购交易价款/并购公告前一年末上市公司市值

（二）样本筛选和数据来源

本书以我国 2008—2018 年 A 股上市公司宣告收购非上市公司为初选样本，执行如下筛选：

（1）并购在 2023 年 12 月 31 日前已成功完成。

（2）并购交易后收购方应至少实现对标的企业的相对控股。

（3）去掉借壳上市、资产置换事件。

（4）剔除标的企业注册地为境外的样本。

（5）剔除并购交易金额小于 100 万元的样本。

（6）剔除金融类的收购方企业。

（7）去除相关财务数据缺失值样本。

经过上述筛选程序，最终获得 5322 个并购事件，其中有 1961 个涉及对赌的并购交易。并购事件数据来源于 CSMAR 数据库，并购交易的对赌数据，部分通过 Wind 对赌协议数据库和 CSAMR 数据库获得，并通过手工查阅并购公告将数据进行修正和补充。其他上市公司财务数据、股权数据和公司治理数据等来源于 CSMAR 数据库。为了避免极值的影响，本书对连续变量进行了1%上下的 winsorize 缩尾处理。

三、实证结果

（一）描述性统计

表 5-10 列示了本章各变量的描述性统计数据。

Panel A 中显示，并购交易的并购溢价 Premium 平均值为 7.466，即并购价款平均为标的账面价值的 7.466 倍。并购溢价的方差为 15.389，这意味着样本中的并购溢价差异很大，其中最高溢价为 103 倍，最低溢价仅为 0.312 倍。样本中 Earnout 的均值为 0.372，平均 37.2%的并购交易使用了并购对赌协议。本节样本中的对赌协议使用率高于第四章样本中的 18%，主要原因是两个章节的样本存在差异。一是本节研究要求样本的并购溢价数据可得，因此删掉了部分无法获得并购溢价的样本，而这部分样本大多为并购规模较小的交易，使用对赌协议的概率较低；二是本节研究样本包含强制使用对赌协议的样本，自然也增加了总并购样本中的对赌概率。其他各变量的统计数据均符合一般状况。

Pnel B 中显示，我国并购交易中的业绩补偿承诺有 12.7%的样本会使用“净利润和扣除非经常性损益后的净利润孰低” 作为业绩指标；25.7%的样本会使用双向补偿；45.2%的样本会使用现金支付或现金部分支付方式进行补偿；76.1%的样本会使用补对价的方式计算补偿金额；平均对赌期限为 3.17 年，标准差为 0.665，可见样本中的对赌期限差异较小；承诺业绩平均增长率为 29.2%，标准差为 0.236，样本中的业绩增长率异质性较强，最小增长率为负值，而最高平均增长率高达 183.3%。

表 5-10　主要变量描述性统计

Panel A 全样本主要变量描述性统计

变量名称	N	Mean	SD	Min	P25	Median	P75	Max
Premium	5322	7. 466	15. 389	0. 312	1. 243	2. 663	6. 531	103. 275
Earnout	5322	0. 372	0. 483	0. 000	0. 000	0. 000	1. 000	1. 000
Size	5322	22. 146	1. 348	19. 309	21. 187	21. 955	22. 938	25. 851
Lev	5322	0. 450	0. 217	0. 050	0. 274	0. 447	0. 614	0. 951
ROA	5322	0. 042	0. 049	-0. 165	0. 017	0. 039	0. 067	0. 186
SOE	5322	0. 359	0. 480	0. 000	0. 000	0. 000	1. 000	1. 000
TobinQ	5322	2. 943	2. 338	0. 905	1. 486	2. 213	3. 483	14. 926
Duality	5322	0. 396	0. 489	0. 000	0. 000	0. 000	1. 000	1. 000
FirstShare	5322	23. 506	21. 598	0. 115	0. 390	22. 650	41. 270	73. 010
TOP4	5322	0. 053	0. 225	0. 000	0. 000	0. 000	0. 000	1. 000
Independent	5322	0. 377	0. 063	0. 273	0. 333	0. 364	0. 429	0. 600
StockPay	5322	0. 205	0. 368	0. 000	0. 000	0. 000	0. 204	1. 000
SameControl	5322	0. 190	0. 392	0. 000	0. 000	0. 000	0. 000	1. 000
Size_rele	5322	0. 336	1. 102	0. 000	0. 008	0. 035	0. 167	8. 501

Panel B 对赌样本的具体对赌条款描述性统计

变量名称	N	Mean	SD	Min	P25	Median	P75	Max
Lower	1961	0. 127	0. 334	0. 000	0. 000	0. 000	0. 000	1. 000
Award	1961	0. 257	0. 437	0. 000	0. 000	0. 000	1. 000	1. 000
Cashpay	1961	0. 452	0. 498	0. 000	0. 000	0. 000	1. 000	1. 000
Highcost	1961	0. 761	0. 427	0. 000	1. 000	1. 000	1. 000	1. 000
Growth	1301	0. 292	0. 236	-0. 069	0. 163	0. 244	0. 325	1. 833
Period	1961	3. 166	0. 665	1. 000	3. 000	3. 000	3. 000	10. 000

注：由于对赌协议的业绩指标数据存在缺失，因此 Growth 变量的样本只有 1301 个。

表 5-11 按照并购交易是否使用对赌条款，以及各具体对赌条款设计情况对样本进行分组，并进行均值检验。首先，对赌交易的并购溢价均值为

9.962，显著高于非对赌交易的并购溢价均值 5.985，与本节的假设 5-29 基本一致。其次，按照对赌条款设计中是否使用了“孰低”条款 Lower、是否使用了双向补偿条款 Award、是否使用了现金补偿条款 Cashpay、是否采用了高代价条款 Highcost、对赌期限是否长于 3 年 Long 和承诺业绩增长率是否高于样本中值 Highgrowth，将使用了对赌条款的并购交易进行分组均值检验。检验结果表明，当对赌条款设计中采用了更难以操纵的“孰低”条款时、使用了双向补偿条款时、使用了现金补偿条款时、使用了补偿高代价条款时，以及承诺业绩增长率较高时，并购溢价均显著更高。从单变量均值差异来看，基本支持了本节假设 5-30 至假设 5-34，但仍需通过多元回归进行进一步检验。

表 5-11　并购溢价组间均值差异检验

Earnout=1		Earnout=0			
N	Mean	N	Mean	Mean-Diff	t 值
1981	9.962	3341	5.985	3.978***	9.187
Lower=1		Lower=0			
N	Mean	N	Mean	Mean-Diff	t 值
250	12.286	1711	9.687	2.598**	2.514
Award=1		Award=0			
N	Mean	N	Mean	Mean-Diff	t 值
503	10.019	1458	9.444	2.240***	2.839
Cashpay=1		Cashpay=0			
N	Mean	N	Mean	Mean-Diff	t 值
886	10.717	1075	9.443	1.275*	1.839
Highcost=1		Highcost=0			
N	Mean	N	Mean	Mean-Diff	t 值
1492	10.406	469	8.786	1.621**	2.004
Long=1		Long=0			
N	Mean	N	Mean	Mean-Diff	t 值
416	10.816	1545	9.736	1.079	1.286
Highgrowth=1		Highgrowth=0			

续表

Earnout=1		Earnout=0			
N	Mean	N	Mean	Mean-Diff	t 值
N	Mean	N	Mean	Mean-Diff	t 值
650	11.733	651	7.814	3.919***	5.748

注：均值差异为 t 检验，*、**、*** 分别表示在 1%、5%、10%水平下显著。

（二）多元回归结果

1. 并购对赌和并购溢价

表 5-12 列示了并购交易是否使用对赌条款对并购溢价的影响结果。第（1）列是只控制了行业和年度效应的回归结果，Earnout 的系数为 3.978，在 1%重要性水平上显著。第（2）列是控制了所有控制变量的模型（5-2）的回归结果，Earnout 的系数为 1.863，在 5%重要性水平上显著。这意味着，并购中使用了对赌协议的交易其并购溢价比其他交易要高 1.863 倍。两列检验结果均支持研究假设 5-29，即含并购对赌协议的并购交易并购溢价更高。

表 5-12　并购对赌和并购溢价

因变量	(1)	(2)
Premium	Premium	Premium
Earnout	3.978*** (9.20)	1.863** (2.21)
Size		0.658** (2.56)
Lev		-2.372* (-1.71)
ROA		4.118 (0.76)
TobinQ		0.357**

续表

因变量	(1)	(2)
Premium	Premium	Premium
		(2.39)
SOE		-2.035*** (-5.14)
Duality		0.338 (0.68)
FirstShare		0.009 (0.50)
TOP4		0.318 (0.29)
Independent		3.602 (0.96)
StockPay		-3.099*** (-5.85)
SameControl		-2.812*** (-7.44)
Size_rele		1.407*** (6.27)
_cons	5.985*** (22.61)	-22.762*** (-3.49)
年度	控制	控制
行业	控制	控制
R2	0.016	0.083
N	5322	5322

注：括号里为 t 统计量；*、** 和 *** 分别表示在 10%、5%和 1%水平上显著；标准误经异方差稳健调整。

2. 并购对赌条款具体设计和并购溢价

表 5-13 列示了并购对赌条款具体设计对并购溢价的影响结果。

表 5-13 第（1）列，“孰低”指标 Lower 的系数为 0.900，但不显著，说明在并购对赌中使用“净利润和扣除非经常性损益后的净利润孰低”指标并不显著影响并购溢价，不支持假设 5-30。

表 5-13 第（2）列，双向业绩承诺 Award 的系数为 0.959，但不显著，说明在并购对赌中使用双向承诺并不显著影响并购溢价，与假设 5-34 一致。

表 5-13 第（3）列，现金补偿 Cashpay 的系数为-0.459，但不显著，说明在并购对赌中补偿使用现金还是股票并不显著影响并购溢价，其主要原因可能是补偿支付方式与并购支付方式有很强的关联度，与假设 5-34 一致。

表 5-13 第（4）列，补偿计算方式 Highcost 的系数为 1.706，且在 5%重要性水平上显著，说明在并购对赌样本中，如果使用补对价的方式来计算补偿价款，则并购溢价比使用补成本方式的对赌交易高 1.706 倍，支持假设 5-31。

表 5-13 第（5）列，对赌期限 Period 的系数为 0.430，但不显著，说明在并购对赌中对赌期限并不显著影响并购溢价，其主要原因可能是我国对赌期限一般在 3 年，对赌期限的异质性较低，不支持假设 5-33。

表 5-13 第（6）列，承诺业绩增长率 Growth 的系数为 4.577，且在 1%重要性水平上显著，说明在并购对赌样本中，承诺的业绩增长率越高，则并购溢价越高，支持假设 5-32。

表 5-13　并购对赌条款设计和并购溢价

因变量	(1)	(2)	(3)	(4)	(5)	(6)
Premium	Premium	Premium	Premium	Premium	Premium	Premium
Lower	0.900 (0.76)					
Award		0.959 (1.10)				
Cashpay			−0.459 (−0.52)			

续表

因变量	(1)	(2)	(3)	(4)	(5)	(6)
Premium	Premium	Premium	Premium	Premium	Premium	Premium
Highcost				1.706** (1.99)		
Period					0.430 (0.79)	
Growth						4.577*** (2.65)
Size	0.543 (1.15)	0.589 (1.26)	0.532 (1.13)	0.559 (1.19)	0.393 (0.84)	0.304 (0.63)
Lev	−5.524** (−2.48)	−5.721*** (−2.59)	−5.566** (−2.49)	−5.551** (−2.49)	−5.108** (−2.29)	−5.186** (−2.25)
ROA	−10.100 (−1.16)	−10.165 (−1.16)	−10.485 (−1.20)	−10.389 (−1.19)	−7.757 (−0.90)	−8.490 (−0.93)
TobinQ	0.078 (0.36)	0.079 (0.37)	0.078 (0.36)	0.082 (0.38)	0.069 (0.32)	0.076 (0.34)
SEO	−3.323*** (−4.75)	−3.378*** (−4.82)	−3.418*** (−4.89)	−3.343*** (−4.75)	−3.400*** (−4.80)	−2.844*** (−4.04)
Duality	0.133 (0.18)	0.167 (0.22)	0.122 (0.16)	0.136 (0.18)	0.158 (0.21)	−0.026 (−0.03)
FirstShare	3.884 (1.58)	3.864 (1.56)	3.989 (1.62)	3.605 (1.45)	3.366 (1.41)	3.666 (1.47)
TOP4	4.354 (1.04)	4.354 (1.05)	4.429 (1.07)	4.556 (1.10)	4.526 (1.08)	4.962 (1.07)
Independent	0.354 (0.07)	0.524 (0.11)	0.278 (0.06)	0.416 (0.09)	0.952 (0.19)	−0.951 (−0.19)
StockPay	−4.294***	−4.312***	−4.642***	−4.852***	−4.451***	−4.144***

续表

因变量	(1)	(2)	(3)	(4)	(5)	(6)
Premium	Premium	Premium	Premium	Premium	Premium	Premium
	(−5.13)	(−5.17)	(−4.78)	(−5.62)	(−5.18)	(−4.66)
SameControl	−2.383***	−2.227***	−2.414***	−2.507***	−2.237***	−1.691**
	(−3.09)	(−2.76)	(−3.14)	(−3.29)	(−2.88)	(−2.13)
Size_rele	1.475***	1.486***	1.451***	1.449***	1.439***	1.330***
	(5.28)	(5.30)	(5.13)	(5.12)	(5.11)	(4.48)
_cons	−8.497	−9.826	−7.295	−7.933	−9.181	−6.798
	(−0.73)	(−0.84)	(−0.62)	(−0.68)	(−0.79)	(−0.56)
年度	控制	控制	控制	控制	控制	控制
行业	控制	控制	控制	控制	控制	控制
R^2	0.130	0.131	0.130	0.132	0.130	0.144
N	1961	1961	1961	1961	1961	1301

注：括号里为 *t* 统计量；*、** 和 *** 分别表示在 10%、5%和 1%水平上显著；标准误经异方差稳健调整。

四、进一步研究

为了深入理解并购对赌条款和并购溢价的关系，本节进一步考虑两个重要的并购交易特征——关联并购和强制对赌是否影响并购对赌条款和并购溢价的关系。本节设置哑变量关联并购 SameControl，当并购交易属于同一控制下的并购时，则取值为 1，否则取值为 0；此外还设置哑变量强制对赌 Mandatory，当并购交易属于证监会要求的强制对赌交易时取值为 1，否则取值为 0。本节分别检验关联并购 SameControl 和强制对赌 Mandatory 对并购对赌条款和并购溢价二者关系的调节作用。

（一）并购对赌、并购交易特征和并购溢价

表 5-14 列示了并购交易特征对并购对赌条款和并购溢价关系的调节作用检验结果。第（1）列是对关联并购的调节作用的检验结果，交互项 Earnout

× SameControl 的系数为-0.132，但不显著，说明并购交易是否属于关联并购不会影响对赌条款和并购溢价的正向关系。第（2）列是对强制对赌调节作用的检验结果，交互项 Earnout × Mandatory 的系数为-3.339，在 1%的重要性水平上显著，这意味着，当并购交易属于强制对赌时，对赌条款对并购溢价的正面影响会显著减弱。

表 5-14　并购对赌、并购交易特征和并购溢价

因变量	(1)	(2)
Premium	Premium	Premium
Earnout × SameControl	-0.132 (-0.17)	
Earnout × Mandatory		-3.339*** (-2.92)
SameControl	-2.776*** (-5.90)	-2.925*** (-7.64)
Mandatory		3.909*** (3.79)
Earnout	1.873** (2.19)	2.099** (2.42)
Size	0.658** (2.56)	0.671*** (2.61)
Lev	-2.371* (-1.71)	-2.324* (-1.68)
ROA	4.128 (0.76)	3.947 (0.73)
TobinQ	0.357** (2.38)	0.366** (2.45)
SOE	-2.031*** (-5.11)	-2.036*** (-5.14)

续表

因变量	(1)	(2)
Premium	Premium	Premium
Duality	0.344 (0.69)	0.342 (0.69)
FirstShare	0.008 (0.48)	0.010 (0.58)
TOP4	0.320 (0.29)	0.268 (0.24)
Independent	3.598 (0.96)	3.722 (0.99)
StockPay	-3.091*** (-5.83)	-3.658*** (-6.25)
Size_rele	1.407*** (6.27)	1.393*** (6.21)
_cons	-22.688*** (-3.46)	-22.862*** (-3.52)
年度	控制	控制
行业	控制	控制
R^2	0.083	0.084
N	5322	5322

注：括号里为 *t* 统计量；*、** 和 *** 分别表示在 10%、5%和 1%水平上显著；标准误经异方差稳健调整。

（二）并购对赌条款设计、关联并购和并购溢价

表 5-15 列示了关联并购对并购对赌具体条款和并购溢价关系的调节作用检验结果。

表 5-15 第（1）列，交互项 Lower × SameControl 的系数为 5.122，但不显

著，说明并购交易是否关联并购不显著影响“净利润和扣除非经常性损益后的净利润孰低”指标对并购溢价的影响。

表 5-15 第（2）列，交互项 Award × SameControl 的系数为 6.894，但不显著，说明并购交易是否关联并购不显著影响双向承诺对并购溢价的影响。

表 5-15 第（3）列，现金补偿 Cashpay × SameControl 的系数为-0.727，但不显著，说明并购交易是否关联并购不显著影响支付方式对并购溢价的影响。

表 5-15 第（4）列，补偿计算方式 Highcost × SameControl 的系数为 1.555，但不显著，说明并购交易是否关联并购不显著影响补偿计算方式对并购溢价的影响。

表 5-15 第（5）列，对赌期限 Period × SameControl 的系数为 0.224，但不显著，说明并购交易是否关联并购不显著影响对赌期限对并购溢价的影响。

表 5-15 第（6）列，承诺业绩增长率 Growth × SameControl 的系数为-9.712，且在 1%重要性水平上显著，说明当并购交易是关联并购时，承诺业绩增长率对并购溢价的正面影响显著减弱。

表 5-15　并购对赌条款设计、关联并购和并购溢价

因变量	(1)	(2)	(3)	(4)	(5)	(6)
Premium	Premium	Premium	Premium	Premium	Premium	Premium
Lower × SameControl	5.122 (1.05)					
Award × SameControl		6.894 (1.26)				
Cashpay × SameControl			-0.727 (-0.46)			
Highcost × SameControl				1.555 (0.96)		
Period × SameControl					0.224 (0.20)	
Growth × SameControl						-9.712***

续表

因变量	(1)	(2)	(3)	(4)	(5)	(6)
Premium	Premium	Premium	Premium	Premium	Premium	Premium
						(-3.18)
Lower	0.647 (0.52)					
Award		0.825 (0.94)				
Cashpay			-0.402 (-0.44)			
Highcost				1.576* (1.69)		
Period					0.413 (0.63)	
Growth						6.470*** (2.97)
Size	0.531 (1.13)	0.627 (1.33)	0.536 (1.14)	0.563 (1.19)	0.394 (0.83)	0.240 (0.50)
Lev	-5.509** (-2.48)	-5.652** (-2.56)	-5.569** (-2.50)	-5.526** (-2.48)	-5.104** (-2.28)	-5.072** (-2.21)
ROA	-10.010 (-1.15)	-9.935 (-1.13)	-10.426 (-1.19)	-10.321 (-1.18)	-7.768 (-0.90)	-8.147 (-0.89)
TobinQ	0.072 (0.33)	0.083 (0.39)	0.078 (0.36)	0.084 (0.39)	0.068 (0.32)	0.054 (0.24)
SOE	-3.292*** (-4.74)	-3.346*** (-4.78)	-3.417*** (-4.88)	-3.377*** (-4.77)	-3.397*** (-4.82)	-2.842*** (-4.04)
Duality	0.107 (0.14)	0.117 (0.15)	0.119 (0.16)	0.137 (0.18)	0.155 (0.20)	-0.014 (-0.02)

续表

因变量	(1)	(2)	(3)	(4)	(5)	(6)
Premium	Premium	Premium	Premium	Premium	Premium	Premium
FirstShare	3.886 (1.58)	3.857 (1.56)	4.003 (1.62)	3.675 (1.47)	3.360 (1.40)	3.584 (1.44)
TOP4	4.275 (1.02)	4.397 (1.06)	4.351 (1.04)	4.410 (1.05)	4.509 (1.08)	4.255 (0.90)
Independent	0.356 (0.07)	0.588 (0.12)	0.271 (0.06)	0.326 (0.07)	0.935 (0.19)	-1.406 (-0.27)
StockPay	-4.281*** (-5.11)	-4.328*** (-5.19)	-4.671*** (-4.77)	-4.887*** (-5.64)	-4.455*** (-5.16)	-4.262*** (-4.80)
Size_rele	1.477*** (5.28)	1.490*** (5.32)	1.450*** (5.13)	1.447*** (5.11)	1.439*** (5.11)	1.343*** (4.54)
SameControl	-2.648*** (-3.58)	-2.506*** (-3.20)	-2.211*** (-2.65)	-3.795** (-2.55)	-2.949 (-0.80)	1.045 (0.96)
_cons	-7.975 (-0.68)	-10.320 (-0.88)	-6.839 (-0.57)	-6.638 (-0.56)	-8.868 (-0.76)	-5.568 (-0.46)
年度	控制	控制	控制	控制	控制	控制
行业	控制	控制	控制	控制	控制	控制
R^2	0.131	0.131	0.130	0.132	0.130	0.148
N	1961	1961	1961	1961	1961	1301

注：括号里为 t 统计量；*、** 和 *** 分别表示在 10%、5%和 1%水平上显著；标准误经异方差稳健调整。

（三）并购对赌条款设计、强制对赌和并购溢价

表 5-16 列示了强制对赌对并购对赌具体条款和并购溢价关系的调节作用检验结果。

表 5-16 第（1）列，交互项 Lower × Mandatory 的系数为 1.618，但不显

著，说明是否强制对赌不显著影响“净利润和扣除非经常性损益后的净利润孰低”指标对并购溢价的影响。

表 5-16 第（2）列，交互项 Awardr × Mandatory 的系数为 0.264，但不显著，说明是否强制对赌不显著影响双向承诺对并购溢价的影响。

表 5-16 第（3）列，现金补偿 Cashpay × Mandatory 的系数为 1.801，但不显著，说明是否强制对赌不显著影响支付方式对并购溢价的影响。

表 5-16 第（4）列，补偿计算方式 Highcost × Mandatory 的系数为-0.029，但不显著，说明是否强制对赌不显著影响补偿计算方式对并购溢价的影响。

表 5-16 第（5）列，对赌期限 Period × Mandatory 的系数为 0.512，但不显著，说明是否强制对赌不显著影响对赌期限对并购溢价的影响。

表 5-16 第（6）列，承诺业绩增长率 Growth × Mandatory 的系数为-5.568，且在 10%重要性水平上显著，说明当并购交易属于强制对赌交易时，承诺业绩增长率对并购溢价的正面影响显著减弱。

表 5-16　并购对赌条款设计、强制对赌和并购溢价

因变量	(1)	(2)	(3)	(4)	(5)	(6)
Premium	Premium	Premium	Premium	Premium	Premium	Premium
Lower × Mandatory	1.618 (0.52)					
Award × Mandatory		0.264 (0.12)				
Cashpay × Mandatory			1.801 (0.84)			
Highcost × Mandatory				-0.029 (-0.02)		
Period × Mandatory					0.512 (0.42)	
Growth × Mandatory						-5.568* (-1.93)

续表

因变量	(1)	(2)	(3)	(4)	(5)	(6)
Premium	Premium	Premium	Premium	Premium	Premium	Premium
Lower	0. 770 (0. 60)					
Award		0. 923 (0. 98)				
Cashpay			-0. 583 (-0. 61)			
Highcost				1. 650* (1. 74)		
Period					0. 359 (0. 54)	
Growth						5. 248*** (2. 73)
Size	0. 558 (1. 17)	0. 597 (1. 27)	0. 545 (1. 15)	0. 564 (1. 19)	0. 402 (0. 85)	0. 290 (0. 60)
Lev	-5. 486** (-2. 47)	-5. 677** (-2. 58)	-5. 481** (-2. 46)	-5. 520** (-2. 48)	-5. 063** (-2. 27)	-5. 264** (-2. 29)
ROA	-10. 285 (-1. 18)	-10. 311 (-1. 17)	-10. 615 (-1. 22)	-10. 506 (-1. 20)	-7. 967 (-0. 92)	-8. 841 (-0. 96)
TobinQ	0. 087 (0. 41)	0. 088 (0. 41)	0. 090 (0. 41)	0. 090 (0. 42)	0. 077 (0. 36)	0. 078 (0. 35)
SOE	-3. 318*** (-4. 78)	-3. 393*** (-4. 85)	-3. 452*** (-4. 90)	-3. 355*** (-4. 77)	-3. 397*** (-4. 83)	-2. 804*** (-3. 97)
Duality	0. 129 (0. 17)	0. 171 (0. 23)	0. 123 (0. 16)	0. 139 (0. 18)	0. 163 (0. 21)	-0. 035 (-0. 04)
FirstShare	3. 818	3. 778	3. 929	3. 538	3. 285	3. 511

续表

因变量	(1)	(2)	(3)	(4)	(5)	(6)
Premium	Premium	Premium	Premium	Premium	Premium	Premium
	(1.56)	(1.53)	(1.60)	(1.43)	(1.38)	(1.41)
TOP4	4.457 (1.07)	4.458 (1.07)	4.543 (1.09)	4.638 (1.12)	4.623 (1.11)	4.946 (1.06)
Independent	0.382 (0.08)	0.655 (0.13)	0.436 (0.09)	0.521 (0.11)	1.027 (0.21)	-0.705 (-0.14)
StockPay	-4.652*** (-5.38)	-4.659*** (-5.40)	-5.017*** (-5.07)	-5.134*** (-5.83)	-4.754*** (-5.37)	-4.450*** (-4.85)
SameControl	-2.825*** (-3.49)	-2.656*** (-3.17)	-2.771*** (-3.37)	-2.883*** (-3.54)	-2.618*** (-3.18)	-2.135** (-2.52)
Size_rele	1.461*** (5.21)	1.470*** (5.23)	1.432*** (5.05)	1.435*** (5.05)	1.427*** (5.04)	1.321*** (4.47)
Mandatory	1.213 (1.34)	1.253 (1.41)	1.004 (1.06)	1.146 (0.70)	-0.520 (-0.13)	2.620** (2.40)
_cons	-7.955 (-0.68)	-9.139 (-0.78)	-6.685 (-0.57)	-7.320 (-0.63)	-8.497 (-0.73)	-5.775 (-0.48)
年度	控制	控制	控制	控制	控制	控制
行业	控制	控制	控制	控制	控制	控制
R^2	0.131	0.131	0.131	0.132	0.131	0.145
N	1961	1961	1961	1961	1961	1301

注：括号里为 t 统计量；*、** 和 *** 分别表示在 10%、5%和 1%水平上显著；标准误经异方差稳健调整。

五、研究结论和讨论

本节系统地检验了对赌条款设计如何影响并购溢价。研究发现，并购中使用了对赌协议的交易其并购溢价比其他交易要高 1.863 倍，当并购交易属于强制对赌时，对赌协议对并购溢价的正面影响会显著减弱。此外，在对赌交易中，如果使用了补对价这种高补偿代价条款，则并购溢价显著更高；承诺业绩增长率更高，则并购溢价显著更高。而“孰低”业绩指标、双向补偿条款和现金补偿条款则对并购溢价无显著影响。进一步研究发现，当并购交易属于强制对赌交易或关联交易时，承诺业绩增长率对并购溢价的正面影响显著减弱。

本节的研究结果显示，设置对赌条款显著增加了并购溢价，这表明在评估并购交易时，必须关注对赌条款对交易成本的直接影响。监管机构、管理层和投资者在考虑对赌并购交易时，都应从价值创造的角度出发，全面评估对赌并购交易的收益和成本，以确保交易能够为各方带来正面的长期效益。

监管机构应确保对赌条款的设置不会无端增加交易成本，导致资源的低效分配。监管机构应鼓励透明和公平的并购交易，对可能过高的并购溢价进行监管，以保护市场的整体利益。本书的研究结果也表明，监管机构对强制对赌交易的监管有效地抑制了并购溢价。

管理层在设计对赌条款时，应考虑其对并购溢价的影响，并评估这些条款是否真正为公司带来价值。管理层需要确保对赌协议的设置有助于实现长期的战略目标，而不仅是为了短期的交易成功。

投资者在评估对赌并购交易时，应深入分析对赌条款对并购溢价的贡献，并考虑这些溢价是否合理。投资者应关注并购后的整合效果和长期业绩，以判断对赌造成的并购溢价是否真正转化为价值创造。

此外，值得关注的是，尽管从理论上分析，“孰低”业绩指标设置和对赌期限改变了并购双方的风险与收益，应会影响并购溢价，但实证结果却未提供相关证据。这表明，在实际的并购交易中，对赌细节条款和并购溢价的关系更为复杂，需要更细致地考虑市场环境和交易双方的博弈关系。因此，所有相关方都需要采取一种更加细致和全面的方法来评估并购交易中对赌条款的真实影响。

表 5-17　对赌条款设计对并购溢价的影响结果汇总

对赌条款	并购溢价
“孰低”条款	无显著影响

续表

对赌条款	并购溢价
双向补偿条款	无显著影响
现金补偿条款	无显著影响
高代价条款	显著正面影响
对赌期限	无显著影响
承诺业绩增长率	显著正面影响

第五节　并购对赌条款和市场反应

并购对赌协议的细节条款既是并购交易双方并购动机的具体体现，又是双方权责的正式约定。我国证券市场投资者是否可以有效识别并购对赌条款的异质性。

国内外经验证据表明，设置了并购对赌协议的并购交易在公告期可以给收购方股东带来更高的市场回报。北美（Kohers 和 Ang，2000）、英国（Barbopoulos 和 Sudarsanam，2012）、德国（Lukas 和 Heimann，2014）等多国市场的经验证据表明，在公告日前后有对赌协议的并购交易有更高的市场异常回报。我国基于不同样本期的研究也表明，签订对赌协议提升了上市公司股票市场短期绩效（吕长江和韩慧博，2014；杨超等，2018；Song 等，2019；徐莉萍等，2021）。但是，对于证券市场是否对并购对赌的具体条款的设计差异作出反应的研究较少。吕长江和韩慧博（2014）的检验结果表明，单向业绩补偿和双向业绩补偿承诺对于收购方股东的短期收益而言，并没有显著差异。杨超等（2018）则发现，证券市场对于不同的补偿方式、补偿计算方式和业绩承诺门槛的反应存在差异。

虽然已有研究就并购对赌条款和证券市场反应的关系做了系列有益的探索，但是所涉及的对赌细节条款并不全面，且所涉及的样本期间主要在并购对赌实践的早期 2011—2015 年。本节将就并购对赌条款和证券市场反应的关系进行全面地讨论与实证检验。

一、理论分析和研究假设

（一）并购对赌协议的市场反应

一方面，并购对赌协议是标的方股东向收购方发出的“增信”信号，与此同时，也向证券市场传递出了标的企业具有高质量的信号（吕长江和韩博慧，2014）。另一方面，并购对赌协议的激励效应（潘爱玲等，2017）以及高业绩承诺往往让投资者对上市公司并购后的业绩形成较高预期。此外，并购对赌协议的估值兜底机制，可以部分对冲估值风险和并购后的整合风险。因此，提出以下假设：

假设 5-35：使用了并购对赌协议的并购交易有更好的市场反应。

（二）并购对赌具体条款设计和市场反应

根据前文有关具体条款的分析可知，我国并购对赌协议的具体条款存在较大的异质性。本章将重点检验并购对赌的业绩指标、激励条款、业绩补偿额计算方式、业绩补偿方式、承诺业绩增长率和对赌期限 6 项常见的并购对赌条款设计对并购公告日附近市场反应的影响。

并购对赌协议的两大主要功能——解决逆向选择风险以及激励标的方管理层，均依赖于准确的业绩衡量指标。业绩指标越难操纵，则收购方的利益保障越强；指标设计越客观，越能体现管理层的努力，则对赌协议的激励功能越能有效发挥。此外，难以操纵的业绩指标，也能增加购双方的合谋成本，部分缓解大股东和中小股东间代理问题。在我国常用的三个业绩指标中，设计最为谨慎、最难以操纵的是“净利润和扣除非经常性损益后的净利润孰低”指标。因此，提出以下假设：

假设 5-36：当并购对赌协议使用“净利润和扣除非经常性损益后的净利润孰低”指标时，收购方在并购宣告日附近的市场反应更好。

在单向业绩对赌情况下，标的原股东只有补偿义务，而无获得业绩奖励的机会，因此很可能在业绩达成后无动力继续努力。在双向业绩对赌情况下，标的原股东在标的业绩不达标情况下需要承担补偿责任，一旦业绩超出约定水平，则会获得额外的业绩奖励。因此，双向业绩对赌具有更强的激励作用。根据上述分析，提出以下假设：

假设 5-37：当并购对赌协议使用双向业绩对赌条款时，收购方在并购宣告日附近的市场反应更好。

当标的业绩不达标时，不同补偿金额计算方式下，补偿金额有较大差别。在补对价的计算方式下，需要按业绩未完成比例同比乘以交易价款计算补偿金额，因此，在我国并购交易普遍高溢价交易的情形下，与直接补利润差额相比，补对价计算方式下原股东赔偿代价更大。一方面，更大的赔偿代价对于原股东而言，意味着当业绩不达标时需要付出更高的补偿成本，此时对赌协议的激励功能更强；另一方面，更大的补偿代价也意味着当标的业绩不达标时，上市公司能获得更大的补偿。根据上述分析，提出以下假设：

假设 5-38：如果并购对赌协议中约定了“补对价”的补偿计算方式，收购方在并购宣告日附近的市场反应会更好。

在补偿支付方式方面，如果使用股份补偿方式，一旦标的企业的业绩未达标，则标的原股东需要把从并购交易中获得的上市公司股票补偿给上市公司，这意味着标的原股东所能享有的上市公司未来收益相应减少。因此，与现金补偿相比，一些学者认为股票补偿给标的原股东造成的损失更大（赵立新和姚又文，2014；潘爱玲等，2017）。但是，上述分析主要针对含有股份支付的并购交易，因为只有在股份支付下，标的原股东才能持有上市公司股票。在实践中，补偿支付方式实际上很大程度受到并购支付方式的影响。根据上述分析，提出以下假设：

假设 5-39：对赌协议的补偿支付方式对并购宣告日附近的市场反应没有显著影响。

对赌协议所约定的未来业绩增长率向外传递了标的企业的未来盈利能力。因此，当对赌协议被外部投资者认为是标的原股东作出的可置信承诺时，所约定的未来业绩增长率越高，则外部投资者对标的企业及上市公司的未来业绩预期越高。这种对未来业绩的良好预期体现在股票市场上则是股价上涨。根据上述分析，提出以下假设：

假设 5-40：对赌协议中的承诺业绩增长率越高，收购方在并购宣告日附近的市场反应会更好。

对赌期限越长，意味着标的企业向上市公司承诺了更长时间的未来业绩。因此，当对赌协议预期可以有效执行时，对赌期限越长，则并购交易的风险越低，投资者对并购交易的价值判断越高。根据上述分析，提出以下假设：

假设 5-41：对赌协议中的对赌期限越长，收购方在并购宣告日附近的市场反应会更好。

二、研究设计和数据来源

（一）并购公告市场反应的度量

首先估计每日的股票超常回报，估计期为［-230，-31］，要求至少有 100 个交易日数据。市场模型如下：

$$R_{it} = \alpha_i + \beta_i R_{mt} + \varepsilon_{it} \tag{5-4}$$

式中，*Rit* 和 *Rmt* 分别为股票 *i* 和市场证券组合在 *t* 期的回报（均考虑现金股利投资）。市场证券投资组合的回报为股票所在交易市场的市值加权计算回报率。

根据市场模型估计出单个股票的超常回报 ε_{it}：

$$\varepsilon_{it} = R_{it} - (\widehat{\alpha_i} + \widehat{\beta_i} R_{mt}) \tag{5-5}$$

然后计算整个样本在 *t* 日的平均超常回报 *ARt*：

$$AR_t = \frac{1}{N}\sum_{1}^{N} \varepsilon_{it} \tag{5-6}$$

最后计算整个样本在事件窗口期［-2，+2］的累计超常回报 CAR［-2，+2］：

$$CAR[-2, +2] = \sum_{t=-2}^{t=2} AR_t \tag{5-7}$$

（二）多元回归模型

为了检验假设 5-35，本章设计了以下 OLS 模型（5-8）：

$$\text{CAR}[-2, +2] = \beta_0 + \beta_1 \text{Earnout} + \beta_i \text{Controls} + \varepsilon \tag{5-8}$$

模型（5-8）中的被解释变量 CAR［-2，+2］是并购公告日前后两天的累计异常回报率。模型（5-8）中的解释变量 Earnout 是哑变量并购对赌，如果并购交易中设置了并购对赌条款，则取值为 1，否则为 0。

此外，参考已有文献（Kohers 和 Ang，2000；Datar 等，2001；Barbopoulos 和 Sudarsanam，2012；Lukas 和 Heimann，2014；Song 等，2019；吕长江和韩博慧，2014；杨超等，2018；徐莉萍等，2021），模型（5-8）控制了收购方财务特征、股权特征、公司治理特征和交易特征。模型（5-8）还控制了收

购方的行业和年度虚拟变量。控制变量的定义和计算方式详见表 5-9。

为了进一步检验各对赌具体条款设计对并购公告市场反应的影响，本章设计了以下 OLS 模型（5-9）：

$$CAR\ [-2,\ +2] = \beta_0 + \beta_1 Earnout\ Design + \beta_i Controls + \varepsilon \qquad (5-9)$$

模型（5-9）中的解释变量 Earnout Design 为各对赌具体条款变量，包括“孰低”条款 Lower、双向补偿条款 Award、现金补偿条款 Cashpay、高代价条款 Highcost、对赌期限 Period 和承诺业绩增长率 Growth。各解释变量的定义和计算方式详见表 5-9。模型（5-9）的其他设定与模型（5-7）一致。

（三）样本筛选和数据来源

本书以我国 2008—2018 年 A 股上市公司宣告收购非上市公司为初选样本，执行如下筛选：

（1）并购在 2023 年 12 月 31 日前已成功完成。

（2）并购交易后收购方应至少实现对标的企业的相对控股。

（3）去掉借壳上市、资产置换事件。

（4）剔除标的企业注册地为境外的样本。

（5）剔除并购交易金额小于 100 万元的样本。

（6）剔除金融类的收购方企业。

（7）去除相关财务数据缺失值样本。

经过上述筛选程序，最终获得 6986 个并购事件，其中有 1441 个涉及对赌的并购交易。并购事件数据来源为 CSMAR 数据库，并购交易的对赌数据，部分通过 Wind 对赌协议数据库和 CSAMR 数据库获得，并通过手工查阅并购公告将数据进行修正和补充。其他上市公司财务数据、股权数据和公司治理数据等来源于 CSMAR 数据库。为了避免极值的影响，本书对连续变量进行了 1%上下的 winsorize 缩尾处理。

三、实证结果

（一）描述性统计

表 5-18 列示了本节各变量的描述性统计数据。

Panel A 中显示，并购交易宣告日附近的累计回报率 Car ［-2，+2］平均值为 0.023，Car［-5，+5］平均值为 0.039，对于并购交易宣告的市场反应平均而言为正。Car［-2，+2］的标准差为 0.095，Car［-5，+5］的标准差为 0.167，这意味着并购交易宣告的市场反应差异较大。样本中 Earnout 的均值为 0.209，平均 20.9%的并购交易使用了并购对赌协议。

Panel B 中显示，我国并购交易中的对赌协议有 12.1%的样本会使用“净利润和扣除非经常性损益后的净利润孰低”作为业绩指标；24.2%的样本会使用双向补偿；57.8%的样本会使用现金支付或现金有限支付方式进行补偿；66.7%的样本会使用补对价的方式计算补偿金额；平均对赌期限为 3.13 年；承诺业绩平均增长率为 31.1%，标准差为 0.307，样本中的业绩增长率异质性较强，最小增长率为负值，而最高平均增长率高达 357%。

表 5-18　描述性统计

Panel A 全样本主要变量描述性统计								
变量名称	N	Mean	SD	Min	P25	Median	P75	Max
Earnout	6986	0.209	0.407	0.000	0.000	0.000	0.000	1.000
Car［-2，+2］	6986	0.023	0.095	-0.224	-0.027	0.006	0.052	0.316
Car［-5，+5］	6986	0.039	0.167	-0.377	-0.045	0.009	0.086	0.652
Size	6986	22.284	1.387	19.723	21.286	22.089	23.118	26.175
Lev	6986	0.463	0.214	0.052	0.295	0.465	0.631	0.922
ROA	6986	0.047	0.047	-0.114	0.020	0.043	0.070	0.200
SOE	6986	0.364	0.481	0.000	0.000	0.000	1.000	1.000
TobinQ	6986	2.719	2.031	0.894	1.422	2.082	3.219	12.766
Duality	6986	0.322	0.467	0.000	0.000	0.000	1.000	1.000
FirstShare	6986	29.155	20.226	0.119	14.700	29.550	44.750	74.650
TOP4	6986	0.068	0.252	0.000	0.000	0.000	0.000	1.000
Independent	6986	0.374	0.059	0.273	0.333	0.333	0.429	0.571
StockPay	6986	0.091	0.270	0.000	0.000	0.000	0.000	1.000
SameControl	6986	0.154	0.361	0.000	0.000	0.000	0.000	1.000
Size_rele	6986	0.117	0.370	0.000	0.004	0.015	0.062	2.856

续表

Panel B 对赌样本的具体对赌条款描述性统计								
变量名称	N	Mean	SD	Min	P25	Median	P75	Max
Lower	1441	0. 121	0. 327	0. 000	0. 000	0. 000	0. 000	1. 000
Award	1441	0. 242	0. 429	0. 000	0. 000	0. 000	0. 000	1. 000
Cashpay	1441	0. 578	0. 494	0. 000	0. 000	1. 000	1. 000	1. 000
Panel B 对赌样本的具体对赌条款描述性统计								
变量名称	N	Mean	SD	Min	P25	Median	P75	Max
Highcost	1441	0. 667	0. 471	0. 000	0. 000	1. 000	1. 000	1. 000
Growth	1301	0. 311	0. 307	-0. 090	0. 165	0. 247	0. 335	3. 571
Period	1441	3. 130	0. 711	1. 000	3. 000	3. 000	3. 000	10. 000

表 5-19 按照并购交易是否使用对赌条款，以及各具体对赌条款设计情况对样本进行分组，并进行均值检验。首先，并购交易宣告日附近的累计回报率 Car ［-2，+2］均值为 0. 067，显著高于非对赌交易的并购溢价均值 0. 011，与本节的假设 5-35 基本一致。

其次，按照对赌条款设计中是否使用“孰低”条款 Lower、是否使用双向补偿条款 Award、是否使用现金补偿条款 Cashpay、是否采用高代价条款 Highcost、对赌期限是否长于 3 年 Long 和承诺业绩增长率是否高于样本中值 Highgrowth 将使用了对赌条款的并购交易进行分组均值检验。基于单变量的均值差异检验结果表明，是否使用“孰低”条款、是否使用双向补偿条款、是否使用现金补偿条款、是否使用补偿高代价条款，以及承诺业绩增长率均会影响并购公告的市场反应。当然，要获得准确可靠的结果还需进一步进行多元回归。

表 5-19　Car ［-2，+2］组间均值差异检验

Earnout=1		Earnout=0			
N	Mean	N	Mean	Mean-Diff	t 值
1463	0. 067	5523	0. 011	0. 055***	20. 513
Lower=1		Lower=0			

续表

Earnout=1		Earnout=0			
N	Mean	N	Mean	Mean-Diff	t 值
175	0.037	1266	0.071	-0.033***	3.067
Award=1		Award=0			
N	Mean	N	Mean	Mean-Diff	t 值
349	0.055	1092	0.071	-0.015*	-1.846
Cashpay=1		Cashpay=0			
N	Mean	N	Mean	Mean-Diff	t 值
833	0.036	608	0.109	-0.073***	-10.582
Highcost=1		Highcost=0			
N	Mean	N	Mean	Mean-Diff	t 值
961	0.083	480	0.033	0.049***	6.710
Long=1		Long=0			
N	Mean	N	Mean	Mean-Diff	t 值
320	0.069	1143	0.067	0.002	0.316
Highgrowth=1		Highgrowth=0			
N	Mean	N	Mean	Mean-Diff	t 值
813	0.061	650	0.075	-0.014**	-1.977

注：均值差异为 t 检验，*、**、*** 分别表示在 1%、5%、10%水平下显著。

（二）多元回归结果

1. 并购对赌协议和市场反应

表 5-20 列示了并购交易是否使用对赌条款对市场反应的影响结果。第（1）列是对并购交易宣告日附近的累计回报率 Car［-2，+2］的回归结果，Earnout 的系数为 0.009，在 5%重要性水平上显著。第（2）列是对并购交易宣告日附近的累计回报率 Car［-5，+5］的回归结果，Earnout 的系数为 0.017，在 5%重要性水平上显著。这意味着，并购中使用对赌协议的交易其公告日前后两天的市场回报率比其他交易要高 0.009，公告日前后 5 天的市场

回报率比其他交易要高 0.017。两列检验结果均支持研究假设 5-35，即含并购对赌协议的并购交易市场反应更好。

表 5-20　并购对赌协议和市场反应

	(1)	(2)
因变量	Car [-2, +2]	Car [-5, +5]
Earnout	0.009**	0.017**
	(2.05)	(2.31)
Size	-0.002	-0.004*
	(-1.37)	(-1.73)
Lev	-0.014**	-0.019
	(-2.00)	(-1.48)
ROA	-0.042	-0.083
	(-1.54)	(-1.63)
TobinQ	-0.003***	-0.008***
	(-4.11)	(-5.67)
SOE	-0.002	-0.003
	(-0.89)	(-0.65)
Duality	0.002	0.002
	(0.78)	(0.43)
FirstShare	-0.000	-0.000
	(-0.60)	(-0.29)
TOP4	0.001	-0.002
	(0.16)	(-0.31)
Independent	0.013	0.043
	(0.65)	(1.25)
StockPay	0.111***	0.189***
	(15.40)	(15.04)

续表

	(1)	(2)
因变量	Car [−2, +2]	Car [−5, +5]
SameControl	−0.006** (−2.01)	−0.011** (−1.97)
Size_rele	0.035*** (6.82)	0.073*** (7.68)
_cons	0.042 (1.49)	0.067 (1.37)
年度	控制	控制
行业	控制	控制
R^2	0.231	0.248
N	6986	6986

注：括号里为 t 统计量；*、** 和 *** 分别表示在 10%、5%和 1%水平上显著；标准误经异方差稳健调整。

2. 并购对赌条款具体设计和市场反应

表 5-21 列示了并购对赌条款具体设计对市场反应的影响结果。

表 5-21 第（1）列，“孰低”指标 Lower 的系数为−0.007，但不显著，说明在并购对赌中使用“净利润和扣除非经常性损益后的净利润孰低”指标并不显著影响股票市场反应。

表 5-21 第（2）列，双向业绩承诺 Award 的系数为−0.006，但不显著，说明在并购对赌中使用双向承诺并不显著影响股票市场反应。

表 5-21 第（3）列，现金补偿 Cashpay 的系数为 0.001，但不显著，说明在并购对赌中补偿使用现金还是股票不显著影响股票市场反应，其主要原因可能是补偿支付方式与并购支付方式有很强的关联度。

表 5-21 第（4）列，补偿计算方式 Highcost 的系数为 0.006，但不显著，说明在并购对赌中使用高补偿成本的计算方式并不显著影响股票市场反应。

表 5-21 第（5）列，对赌期限 Period 的系数为 0.002，但不显著，说明

在并购对赌中对赌期限并不显著影响股票市场反应，其主要原因可能是我国对赌期限一般在3年，对赌期限的异质性较低。

表5-21第（6）列，承诺业绩增长率Growth的系数为0.000，但不显著，说明在并购对赌中的承诺业绩增长率并不显著影响股票市场反应。

表5-21　并购对赌条款设计和市场反应

因变量：Car［-2，+2］						
	(1)	(2)	(3)	(4)	(5)	(6)
Lower	-0.007 (-0.75)					
Award		-0.006 (-0.83)				
Cashpay			0.001 (0.17)			
Highcost				0.006 (0.88)		
Period					0.002 (0.48)	
Growth						0.000 (0.01)
Size	-0.002 (-0.51)	-0.003 (-0.57)	-0.002 (-0.49)	0.004 (0.86)	-0.002 (-0.43)	-0.002 (-0.53)
Lev	-0.019 (-0.93)	-0.018 (-0.88)	-0.019 (-0.91)	-0.027 (-1.29)	-0.017 (-0.85)	-0.017 (-0.80)
ROA	-0.124 (-1.60)	-0.125 (-1.61)	-0.124 (-1.59)	-0.237*** (-3.10)	-0.121 (-1.53)	-0.140 (-1.62)
TobinQ	-0.006*** (-3.48)	-0.006*** (-3.51)	-0.006*** (-3.48)	-0.006*** (-3.47)	-0.006*** (-3.36)	-0.006*** (-2.97)

续表

因变量：Car [-2，+2]						
	(1)	(2)	(3)	(4)	(5)	(6)
SOE	-0.012 (-1.29)	-0.011 (-1.20)	-0.011 (-1.24)	-0.008 (-0.93)	-0.011 (-1.23)	-0.008 (-0.84)
Duality	0.007 (1.03)	0.007 (0.99)	0.007 (1.03)	0.005 (0.66)	0.007 (0.99)	0.006 (0.88)
FirstShare	0.007 (0.33)	0.007 (0.34)	0.006 (0.29)	0.000 (0.01)	0.008 (0.34)	0.010 (0.42)
TOP4	-0.007 (-0.50)	-0.008 (-0.51)	-0.007 (-0.48)	-0.005 (-0.31)	-0.007 (-0.48)	0.003 (0.16)
Independent	-0.031 (-0.73)	-0.031 (-0.73)	-0.030 (-0.71)	-0.026 (-0.58)	-0.026 (-0.61)	-0.029 (-0.64)
StockPay	0.121*** (10.66)	0.121*** (10.65)	0.122*** (9.61)	0.122*** (10.02)	0.121*** (10.46)	0.120*** (10.02)
SameControl	-0.019 (-1.39)	-0.020 (-1.47)	-0.019 (-1.40)	-0.018 (-1.30)	-0.018 (-1.31)	-0.016 (-1.10)
Size_rele	0.036*** (5.08)	0.036*** (5.06)	0.036*** (5.11)	0.032*** (4.47)	0.036*** (5.09)	0.037*** (5.25)
_cons	-0.075 (-0.78)	-0.067 (-0.69)	-0.079 (-0.81)	-0.217** (-2.33)	-0.095 (-0.96)	-0.054 (-0.56)
年度	控制	控制	控制	控制	控制	控制
行业	控制	控制	控制	控制	控制	控制
R^2	0.332	0.332	0.331	0.325	0.331	0.334
N	1441	1441	1441	1441	1441	1301

注：括号里为 t 统计量；*、** 和 *** 分别表示在 10%、5%和 1%水平上显著；标准误经异方差稳健调整。

四、进一步研究

为了深入理解并购对赌条款和市场反应的关系，本节进一步考虑两个重要的并购交易特征——关联并购和强制对赌是否影响并购对赌条款与市场反应的关系。本节设置哑变量关联并购 SameControl，当并购交易属于同一控制下的并购时，则取值为1，否则取值为0；此外，还设置哑变量强制对赌 Mandatory，当并购交易属于证监会要求的强制对赌交易时，则取值为1，否则取值为0。本节分别检验关联并购 SameControl 和强制对赌 Mandatory 对并购对赌条款与市场反应二者关系的调节作用。

（一）并购对赌、并购交易特征和市场反应

表5-22列示了并购交易特征对并购对赌具体条款和市场反应关系的调节作用检验结果。

表5-22列（1）和列（3）是对关联并购的调节作用的检验结果，列（1）的交互项 Earnout × SameControl 系数为-0.022，在10%重要性水平上显著，说明当并购交易属于关联交易时，对赌条款对公告日前后2日的市场反应的积极影响显著较小；列（3）的交互项 Earnout × SameControl 系数为-0.031，但不显著，说明并购交易是否属于关联交易对于对赌条款和公告日前后5日的市场反应的正向关系无显著影响。这两个实证结果表明，关联并购的调节作用仅在公告日附近短期存在，对于对赌条款和市场反应关系的影响较为有限。

表5-22列（2）和列（4）是对强制对赌的调节作用的检验结果，列（2）交互项 Earnout × Mandatory 系数为0.021，列（4）交互项 Earnout × Mandatory 系数为0.026，两个系数均不显著，这意味着并购交易是否属于强制对赌不会显著影响对赌条款对并购溢价的影响。

表5-22 并购对赌、并购交易特征和市场反应

因变量	Car［-2，+2］		Car［-5，+5］	
	（1）	（2）	（3）	（4）
Earnout × SameControl	-0.022* （-1.65）		-0.031 （-1.34）	

续表

因变量	Car [-2, +2]		Car [-5, +5]	
	(1)	(2)	(3)	(4)
Earnout × Mandatory		0. 021 (1. 23)		0. 026 (0. 84)
Mandatory		0. 002 (0. 13)		-0. 003 (-0. 10)
SameControl	-0. 003 (-1. 11)	-0. 006* (-1. 89)	-0. 006 (-1. 27)	-0. 010* (-1. 89)
Size	-0. 002 (-1. 29)	-0. 002 (-1. 46)	-0. 003* (-1. 67)	-0. 004* (-1. 79)
Lev	-0. 014* (-1. 95)	-0. 014* (-1. 91)	-0. 018 (-1. 44)	-0. 018 (-1. 43)
ROA	-0. 041 (-1. 49)	-0. 044 (-1. 62)	-0. 081 (-1. 59)	-0. 085* (-1. 67)
TobinQ	-0. 003*** (-4. 15)	-0. 003*** (-3. 94)	-0. 008*** (-5. 70)	-0. 008*** (-5. 57)
SOE	-0. 002 (-0. 79)	-0. 002 (-0. 91)	-0. 002 (-0. 57)	-0. 003 (-0. 66)
Duality	0. 003 (1. 06)	0. 002 (0. 69)	0. 003 (0. 66)	0. 002 (0. 38)
FirstShare	-0. 000 (-0. 87)	-0. 000 (-0. 55)	-0. 000 (-0. 52)	-0. 000 (-0. 27)
TOP4	0. 001 (0. 14)	0. 001 (0. 22)	-0. 002 (-0. 32)	-0. 002 (-0. 26)
Independent	0. 013 (0. 66)	0. 013 (0. 67)	0. 043 (1. 26)	0. 043 (1. 26)
StockPay	0. 112***	0. 103***	0. 191***	0. 182***

续表

因变量	Car [−2, +2]		Car [−5, +5]	
	(1)	(2)	(3)	(4)
	(15.37)	(11.86)	(14.99)	(11.96)
Size_rele	0.035***	0.034***	0.073***	0.072***
	(6.87)	(6.64)	(7.73)	(7.58)
Earnout	0.010**	0.006	0.019**	0.014*
	(2.37)	(1.48)	(2.57)	(1.92)
_cons	0.039	0.044	0.063	0.070
	(1.39)	(1.56)	(1.29)	(1.43)
年度	控制	控制	控制	控制
行业	控制	控制	控制	控制
R^2	0.232	0.233	0.249	0.249
N	6986	6986	6986	6986

注：括号里为 t 统计量；*、** 和 *** 分别表示在 10%、5%和 1%水平上显著；标准误经异方差稳健调整。

（二）并购对赌条款设计、关联并购和市场反应

表 5-23 列示了关联并购对并购对赌具体条款和市场反应关系的调节作用检验结果。

表 5-23 第（1）列，交互项 Lower × SameControl 的系数为-0.008，但不显著，说明并购交易是否是关联并购不显著影响“净利润和扣除非经常性损益后的净利润孰低”指标对市场反应的影响。

表 5-23 第（2）列，交互项 Award × SameControl 的系数为-0.079，但不显著，说明并购交易是否是关联并购不显著影响双向承诺对市场反应的影响。

表 5-23 第（3）列，现金补偿 Cashpay × SameControl 的系数为 0.019，但不显著，说明并购交易是否是关联并购不显著影响支付方式对市场反应的影响。

表 5-23 第（4）列，补偿计算方式 Highcost × SameControl 的系数为

-0.023，但不显著，说明并购交易是否是关联并购不显著影响补偿计算方式对市场反应的影响。

表5-23第（5）列，对赌期限 Period × SameControl 的系数为0.002，但不显著，说明并购交易是否是关联并购不显著影响对赌期限对市场反应的影响。

表5-23第（6）列，承诺业绩增长率 Growth × SameControl 的系数为-0.004，但不显著，说明并购交易是否是关联并购不显著影响承诺业绩增长率对市场反应的影响。

表5-23　并购对赌条款设计、关联并购和市场反应

因变量：Car［-2，+2］						
	(1)	(2)	(3)	(4)	(5)	(6)
Lower × SameControl	-0.008 (-0.14)					
Award × SameControl		-0.079 (-1.43)				
Cashpay × SameControl			0.019 (0.74)			
Highcost × SameControl				-0.023 (-0.88)		
SameControl × Period					0.002 (0.09)	
SameControl × Growth						-0.004 (-0.15)
Lower	-0.006 (-0.71)					
Award		-0.005 (-0.75)				
Cashpay			-0.000 (-0.01)			

续表

因变量：Car [−2，+2]						
	(1)	(2)	(3)	(4)	(5)	(6)
Highcost				0.005 (0.73)		
Period					0.002 (0.46)	
Growth						0.001 (0.11)
SameControl	−0.019 (−1.33)	−0.019 (−1.34)	−0.028 (−1.54)	−0.003 (−0.13)	−0.025 (−0.32)	−0.014 (−0.89)
Size	−0.002 (−0.50)	−0.003 (−0.62)	−0.002 (−0.53)	−0.002 (−0.52)	−0.002 (−0.43)	−0.002 (−0.54)
Lev	−0.019 (−0.94)	−0.017 (−0.86)	−0.019 (−0.92)	−0.019 (−0.92)	−0.017 (−0.84)	−0.017 (−0.79)
ROA	−0.124 (−1.59)	−0.125 (−1.61)	−0.127 (−1.64)	−0.126 (−1.62)	−0.121 (−1.53)	−0.140 (−1.61)
TobinQ	−0.006*** (−3.48)	−0.006*** (−3.52)	−0.006*** (−3.45)	−0.006*** (−3.44)	−0.006*** (−3.36)	−0.006*** (−2.98)
SOE	−0.012 (−1.29)	−0.011 (−1.25)	−0.011 (−1.22)	−0.010 (−1.15)	−0.011 (−1.22)	−0.008 (−0.83)
Duality	0.007 (1.03)	0.007 (1.02)	0.007 (1.05)	0.007 (1.07)	0.007 (0.99)	0.006 (0.87)
FirstShare	0.007 (0.33)	0.007 (0.32)	0.006 (0.29)	0.005 (0.23)	0.008 (0.35)	0.010 (0.42)
TOP4	−0.007 (−0.50)	−0.008 (−0.51)	−0.005 (−0.35)	−0.005 (−0.33)	−0.007 (−0.48)	0.003 (0.17)
Independent	−0.031	−0.031	−0.028	−0.029	−0.027	−0.029

续表

因变量：Car［-2，+2］						
	(1)	(2)	(3)	(4)	(5)	(6)
	(-0.73)	(-0.72)	(-0.67)	(-0.67)	(-0.62)	(-0.65)
StockPay	0.121*** (10.64)	0.122*** (10.69)	0.123*** (9.54)	0.121*** (10.01)	0.121*** (10.41)	0.120*** (10.00)
Size_rele	0.036*** (5.08)	0.035*** (5.04)	0.036*** (5.07)	0.035*** (5.03)	0.036*** (5.09)	0.037*** (5.24)
_cons	-0.076 (-0.79)	-0.064 (-0.66)	-0.088 (-0.90)	-0.092 (-0.95)	-0.093 (-0.94)	-0.054 (-0.57)
年度	控制	控制	控制	控制	控制	控制
行业	控制	控制	控制	控制	控制	控制
R^2	0.332	0.332	0.332	0.332	0.331	0.334
N	1441	1441	1441	1441	1441	1301

注：括号里为 t 统计量；*、** 和 *** 分别表示在 10%、5%和 1%水平上显著；标准误经异方差稳健调整。

（三）并购对赌条款设计、强制对赌和市场反应

表 5-24 列示了强制对赌对并购对赌具体条款和市场反应关系的调节作用检验结果。

表 5-24 第（1）列，交互项 Lower × Mandatory 的系数为-0.015，但不显著，说明并购交易是否是强制对赌不显著影响“净利润和扣除非经常性损益后的净利润孰低”指标对市场反应的影响。

表 5-24 第（2）列，交互项 Award × Mandatory 的系数为 0.018，但不显著，说明强制对赌是否是关联并购不显著影响双向承诺对市场反应的影响。

表 5-24 第（3）列，现金补偿 Cashpay × Mandatory 的系数为 0.007，但不显著，说明强制对赌不显著影响支付方式对市场反应的影响。

表 5-24 第（4）列，补偿计算方式 Highcost × Mandatory 的系数为 0.015，但不显著，说明强制对赌不显著影响补偿计算方式对市场反应的影响。

表5-24第（5）列，对赌期限 Period × Mandatory 的系数为0.027，在10%重要性水平上显著，说明当并购交易属于强制对赌时，对赌期限对市场反应的影响显著更强。

表5-24第（6）列，承诺业绩增长率 Growth × Mandatory 的系数为-0.007，但不显著，说明强制对赌不显著影响承诺业绩增长率对市场反应的影响。

表5-24　并购对赌条款设计、强制对赌和市场反应

因变量：Car [-2，+2]						
	(1)	(2)	(3)	(4)	(5)	(6)
Lower × Mandatory	-0.015 (-0.52)					
Award × Mandatory		0.018 (0.97)				
Cashpay × Mandatory			0.007 (0.32)			
Highcost × Mandatory				0.015 (0.69)		
Mandatory × Period					0.027* (1.77)	
Mandatory × Growth						-0.007 (-0.15)
Lower	-0.005 (-0.49)					
Award		-0.009 (-1.16)				
Cashpay			0.001 (0.15)			
Highcost				0.000 (0.08)		

续表

因变量：Car [-2, +2]						
	(1)	(2)	(3)	(4)	(5)	(6)
Period					-0.001 (-0.29)	
Growth						0.001 (0.10)
Mandatory	0.016 (1.12)	0.011 (0.79)	0.013 (0.88)	0.002 (0.08)	-0.074 (-1.42)	0.010 (0.51)
Size	-0.002 (-0.53)	-0.003 (-0.57)	-0.002 (-0.50)	-0.002 (-0.45)	-0.002 (-0.49)	-0.002 (-0.54)
Lev	-0.018 (-0.91)	-0.017 (-0.84)	-0.018 (-0.87)	-0.018 (-0.90)	-0.016 (-0.76)	-0.017 (-0.79)
ROA	-0.126 (-1.61)	-0.129* (-1.67)	-0.127 (-1.63)	-0.127 (-1.63)	-0.124 (-1.56)	-0.142 (-1.64)
TobinQ	-0.006*** (-3.47)	-0.006*** (-3.48)	-0.006*** (-3.45)	-0.006*** (-3.40)	-0.006*** (-3.36)	-0.006*** (-2.96)
SOE	-0.012 (-1.36)	-0.011 (-1.26)	-0.011 (-1.29)	-0.011 (-1.26)	-0.010 (-1.10)	-0.008 (-0.84)
Duality	0.007 (1.03)	0.007 (1.03)	0.007 (1.02)	0.007 (1.04)	0.007 (1.09)	0.006 (0.88)
FirstShare	0.006 (0.27)	0.007 (0.33)	0.005 (0.24)	0.006 (0.25)	0.009 (0.38)	0.009 (0.39)
TOP4	-0.007 (-0.46)	-0.007 (-0.49)	-0.006 (-0.43)	-0.007 (-0.46)	-0.007 (-0.44)	0.003 (0.17)
Independent	-0.028 (-0.66)	-0.027 (-0.65)	-0.027 (-0.65)	-0.029 (-0.68)	-0.029 (-0.66)	-0.027 (-0.61)
StockPay	0.113***	0.113***	0.114***	0.112***	0.113***	0.115***

续表

因变量：Car [-2, +2]						
	(1)	(2)	(3)	(4)	(5)	(6)
	(8.01)	(8.03)	(7.69)	(7.79)	(8.00)	(7.84)
SameControl	-0.020 (-1.44)	-0.021 (-1.50)	-0.020 (-1.44)	-0.021 (-1.48)	-0.018 (-1.26)	-0.016 (-1.15)
Size_rele	0.035*** (5.06)	0.036*** (5.08)	0.036*** (5.09)	0.036*** (5.14)	0.036*** (5.13)	0.037*** (5.21)
_cons	-0.064 (-0.66)	-0.059 (-0.60)	-0.070 (-0.71)	-0.070 (-0.72)	-0.076 (-0.76)	-0.047 (-0.48)
年度	控制	控制	控制	控制	控制	控制
行业	控制	控制	控制	控制	控制	控制
R^2	0.333	0.333	0.332	0.332	0.333	0.334
N	1441	1441	1441	1441	1441	1301

注：括号里为 t 统计量；*、** 和 *** 分别表示在 10%、5%和 1%水平上显著；标准误经异方差稳健调整。

五、研究结论和讨论

本节系统地检验了并购对赌具体条款设计如何影响证券市场反应。研究发现，并购中使用了对赌协议的交易在并购公告日附近的市场反应显著更好，但各对赌协议具体条款的设计差异在证券市场反应上均不存在异质性。进一步研究发现，当并购交易属于关联并购时，使用了对赌协议的交易在并购公告日的市场反应显著更好，但这一影响仅在公告日附近短期存在。此外，当并购交易属于强制对赌时，对赌期限对市场反应的正面影响显著更强。总体来看，关联并购和强制对赌两个重要的并购特征对于对赌条款与市场反应关系的影响较为有限。

本节的研究结论不仅深化了我们对市场如何认知对赌协议的理解，而且为制定更为精准和有效的监管指引提供了一些启示。

第一，市场对对赌协议的总体认可度较高。尽管对赌协议存在争议，且有关其引发的上市公司与投资者损失的报道频现，但本研究基于大规模样本分析得出，证券市场对对赌协议的初步反应倾向于正面。这表明，虽然存在风险，但对赌协议作为一种风险缓释机制，其正面效应在证券市场中仍获得一定程度的认可。监管机构在制定相关政策时，应考虑市场对对赌协议的普遍接受态度。

第二，市场对对赌协议的反应更多是基于其存在而非具体条款的细节。研究结果指出，市场对对赌协议的反应并不会细致区分不同条款的具体内容。这种现象一方面可能源于市场对对赌协议普遍性的理解和接受，或者是因为对赌协议的标准化程度较高，导致市场难以从细微差别中辨识潜在价值；另一方面可能是市场在评估对赌协议时存在认知上的局限性。因此，监管机构和行业协会应致力于提高市场对对赌协议条款细微差别的认知，通过教育和提升信息透明度，帮助投资者更全面地理解对赌协议的潜在影响，从而作出更加审慎的投资决策。

第六节　本章小结

本章聚焦并购对赌协议的具体条款设计，系统地梳理了我国 A 股市场中从 2008 年至 2018 年发生的并购交易，手工搜集了 1441 个并购对赌交易的具体条款设计。在此基础上，归纳总结了我国并购对赌协议中的常见条款，深入剖析了各具体条款的法律含义和商业逻辑。

本章检验了影响我国对赌条款设计的具体因素。一是从动因角度，实证检验：（1）解决并购估值风险问题；（2）激励标的企业原股东；（3）满足上市公司控股股东的市值管理需求；（4）收购方高管内部说服动机，这四大动因是否以及如何影响并购对赌具体条款设计。研究发现：（1）以解决估值风险为目的的动机并未显著影响对赌条款的设计；（2）激励动机显著降低了对赌协议中采用“孰低”业绩指标、双向补偿条款和现金支付条款的可能性；（3）市值管理动机显著提高了对赌协议中采用现金支付条款的可能性，但同时显著缩短了对赌期限；（4）高管说服动机显著增加了对赌协议中采用“孰低”业绩指标和高代价补偿条款的可能性，同时显著降低了承诺的业绩增长率。二是结合我国的证券监管制度背景，检验了证券监管对并购对赌协议具体条款设计的影响，发现受证券监管的对赌协议有更大的可能性使用高代价补偿条款，具有较低的承诺业绩增长率和使用现金支付条款的可能性。

本章全面检验了各具体对赌条款对并购溢价的影响。研究结果表明，在并购交易中引入对赌协议，其并购溢价相较于未引入对赌协议的交易显著提高，具体而言，溢价水平高达 1.863 倍。然而，当并购交易属于强制对赌情形时，对赌协议对并购溢价的正面效应显著降低。此外，本章研究还发现，在对赌交易中，若采用补对价这一高补偿代价条款，将导致并购溢价显著提升；当承诺的业绩增长率较高时，则会导致并购溢价显著下降。值得注意的是，使用“孰低”业绩指标、双向补偿条款和现金补偿条款对并购溢价的影响并不显著。进一步的分析表明，当并购交易具有强制对赌或关联交易的特征时，承诺业绩增长率对并购溢价的正面影响显著减弱。

本章深入探讨了对赌条款设计对证券市场反应的影响。研究结果揭示，在并购交易中，采用对赌协议的案例在并购公告日附近的市场反应显著优于未采用对赌协议的交易。然而，尽管对赌协议的存在对市场反应产生了积极影响，但对赌条款的具体设计差异并未在证券市场反应上表现出显著的异质性。进一步的分析指出，当并购交易为关联并购时，对赌协议的存在在并购公告日的市场反应中表现出更为显著的正面效应，但这种效应似乎仅限于公告日附近的短期时段。此外，对于强制对赌的并购交易，对赌期限的设置对市场反应的正面影响更为显著。然而，总体而言，关联并购和强制对赌这两种并购特征对对赌条款与市场反应关系的影响相对有限。

本章的研究可能有以下学术贡献：

第一，详细全面地梳理了中国并购领域中对赌协议的常见条款，并基于大规模样本数据，细致地描绘了这些条款在实际并购活动中的运用情况。此项工作不仅丰富了对赌协议条款的研究关注内容，而且为后续的并购对赌协议研究提供了坚实的数据支撑和重要的参考依据。

第二，系统探讨了多种动因（包括抑制逆向选择问题、激励标的企业高管、大股东市值管理、高管说服以及证券监管等动因）与对赌具体条款设计之间的相互关系，揭示了这些动因如何影响对赌具体条款的设计。研究结果为理解对赌条款设计背后的动机提供了实证支持，丰富了并购领域中的财务契约理论。

第三，深入分析了对赌协议对并购溢价的潜在影响，揭示了各类对赌协议具体条款在影响并购溢价方面的异质性。研究结果为理解特定对赌条款设计对并购成本的具体影响提供了理论依据，有助于识别在并购过程中显著影响并购成本的契约要素。研究探索了不同交易特征下对赌条款设计对并购溢价影响的复杂性，为理解并购双方在面对强制对赌或关联交易时的风险评估和决策行为提供了经验证据。

第四，探讨了投资者对对赌协议及其具体条款设计的认知与态度，为评估对赌协议的市场接受度和深入理解投资者情绪提供了重要视角。研究结果表明，投资者总体对对赌协议持认可态度，但可能更倾向于关注对赌协议的存在性，而非其细节条款，投资者也不太关注对赌交易的关联并购、强制对赌等并购特征。

本章的研究可能有以下实践意义：

第一，对于监管机构而言，本章的研究结果揭示了对赌协议条款设计对市场公平性和透明度的重要性。监管政策的制定和市场行为的监督需要细致审视对赌协议的具体条款，以评估其对市场的影响，并确保协议的合理性和公正性。此外，监管机构应强化对并购交易中对赌协议的监管，以保护投资者利益并避免因条款设计不当而引发的系统性风险。

第二，对于并购双方而言，本章的研究结果强调了对赌协议条款设计在并购交易中的重要性，提示管理层在设计对赌协议时必须综合考量具体条款对交易成本、公司长期战略目标以及风险控制的影响。管理层需要审慎评估对赌协议的具体条款，确保其既能有效激励标的企业原股东，又能在并购完成后促进公司整合和长期业绩的提升，从而为公司带来真正的价值创造。

第三，对于投资者而言，本章的研究结果揭示了对赌协议在并购交易中的价值和风险，强调了深入分析对赌条款协议对投资收益的必要性。投资者在评估对赌并购交易时，不应局限于市场对对赌协议存在的初步正面反应，应深入理解不同条款背后的动因和潜在风险，从而作出更明智的投资决策。同时，投资者应关注并购后的整合效果和长期业绩，以判断对赌造成的并购溢价是否真正转化为公司的长期价值。

第六章　我国并购对赌的业绩兑现研究

第一节　引　言

并购对赌在契约中由出让方事前根据并购估值所预测的未来收益，对标的企业未来业绩作出承诺，并约定业绩未实现时，出让方向收购方作出补偿。本书第五章研究表明，并购对赌协议在签订时给标的企业带来高估值，推高了上市公司股价。然而，随着业绩兑现期的到来，标的企业的业绩兑现危机浮出水面。

标的企业业绩不达标的消息频出，部分上市公司收购的标的企业甚至出现亏损。标的业绩不达标会带来一系列的后果。首先，最直接的影响是上市公司利润增速下滑甚至拖累业绩，特别是对盈利预期较高、并购金额较大的并购项目。其次，标的业绩未达标或者大幅亏损，反映在股票市场上往往是股价大幅下跌。以勤上股份为例，公司因筹划股权收购事宜于 2017 年 2 月 6 日起停牌。2017 年 4 月 22 日公司公布的年报显示，因 2016 年收购的广州龙文科技有限公司业绩承诺不达标，存在 4.64 亿元的商誉减值，导致 4 月 25 日公司股票复牌后即跌停（任明杰，2017）。最后，与标的业绩是否达标紧密相关的一个问题是商誉减值。会计准则要求商誉应当结合与其相关的资产组或资产组组合进行减值测试。当并购资产的高业绩承诺无法兑现，甚至企业实际盈利数与预测利润数相去甚远时，那么支撑原来商誉价值计算的基础将不复存在。倘若影响企业业绩达标的因素在短期内无法改变，则很可能造成资产组（组合）可收回金额进一步减少，进而导致上市公司被迫计提大额商誉减值准备，严重影响当期损益（方重等，2016）。因此，标的企业业绩持续不达标，会使当初高溢价收购的资产变成上市公司的“不良资产”，造成中小投资者损失，并严重打击市场投资信心。

除标的业绩不达标受人关注外，已完成业绩目标的公司中有部分企业的业绩真实性引人怀疑。许多完成了业绩承诺的并购案例中，其并购标的近乎完美地刚好达成业绩承诺，投资者称之为“精准达标”或“神预测”。王竞达和范庆泉（2017）发现，业绩达成率处于100%~120%区间的项目数量占比非常高，并指出业绩精准完成可能存在“拼凑”业绩或“预留”以后年度业绩进行财务调节的情况。

这些负面现象似乎与我国证监会引入并购对赌制度的初衷不符，人们开始对并购对赌制度的业绩兑现问题进行审视。已有研究主要集中于对个别案例进行分析。有限的研究中，王竞达和范庆泉（2017）对我国2013—2015年的372个业绩兑现样本进行了分析，他们通过分析各个业绩兑现期业绩达成率的变化规律，来识别业绩承诺是否存在“虚高”，证实高业绩承诺使标的获得了“高估值”，同时在资产交易时产生了“高溢价”。学术界普遍认为承诺方作出“虚高业绩”承诺以获得高估值，是后续业绩兑现出现问题的导火索。而对于上市公司为何能够接受虚高的业绩承诺，现有研究主要基于上市公司控股股东动机，提出上市公司的并购决策并非出于产业整合的需要，而是更多地服务于二级市场和短期利益，将并购重组视为市值管理或者“炒股价”的重要手段，并购对赌协议则成为其推高股价的手段。

因此，我国A股并购对赌的实际业绩兑现情况如何？什么因素影响了对赌业绩的兑现？这两个重要问题亟待回答。

本章跟踪了我国2008—2018年使用了对赌协议的并购交易的后续业绩兑现情况，总结描绘了我国A股并购对赌的业绩兑现全貌。在此基础上，一是基于对赌动因视角，检验四大对赌动因是否以及如何影响对赌业绩的实现情况；二是基于对赌协议设计视角，检验对赌条款设计是否以及如何影响对赌业绩的实现情况。

第二节　我国并购对赌的业绩兑现情况

本节系统梳理总结了我国并购对赌协议的业绩兑现情况。首先通过对2008—2018年中国A股市场采用对赌协议的并购交易进行持续追踪，获取了2022个对赌交易的标的企业在对赌期的实际业绩数据。然后对这些业绩兑现数据进行了汇总分析，力图勾画出我国A股市场中并购对赌交易业绩兑现的整体状况。

一、我国并购对赌的业绩兑现情况

（一）近三成并购交易未完成对赌业绩，对赌后期业绩完成度递减

表 6-1 列示了 2008—2018 年我国并购对赌的总体业绩兑现情况和各期业绩兑现情况。

总体来看，我国发生在 2008—2018 年间的并购对赌交易中，有 68.1%的交易完成了业绩目标，接近 1/3 的交易未完成对赌业绩。从业绩完成率来看，平均业绩完成率为 96.8%，业绩完成率的中位数为 102.8%，标准差为 0.469，最小值为-115.7%，最大值为 231.8%，这表明对赌业绩的完成率在不同交易中存在较大差异，正负两端均存在极端业绩情况。

从各期业绩兑现情况来看，第一期的业绩完成情况最为理想，第二期、第三期的业绩完成情况则逐期恶化。第一期中，78.4%的并购交易完成了对赌业绩，平均业绩完成率为 102.5%，业绩完成率中位数为 104.1%。第二期中，完成对赌业绩的并购交易占比则下降为 71.5%，平均业绩完成率为 101.1%，业绩完成率中位数为 95.4%。第三期中，完成对赌业绩的并购交易占比进一步下降为 59.5%，完成承诺业绩的交易不到六成，平均业绩完成率为 90.4%，业绩完成率中位数为 101.2%。

此外，从各期业绩完成率的标准差来看，第一期标准差为 0.442，第二期标准差为 0.540，第三期标准差则为 0.641，说明随着对赌期的推进，并购交易业绩完成比率的波动性增加，不同交易的业绩完成情况存在较大差异。

表 6-1　2008—2018 年我国并购对赌业绩兑现情况

总体情况	N	Mean	SD	Min	P25	Median	P75	Max
业绩达标	1931	0.681	0.466	0.000	0.000	1.000	1.000	1.000
业绩完成率	1931	0.968	0.469	-1.157	0.914	1.028	1.107	2.318
第一期情况	N	Mean	SD	Min	P25	Median	P75	Max
业绩达标	2022	0.784	0.412	0.000	1.000	1.000	1.000	1.000
业绩完成率	1976	1.025	0.442	-0.980	1.004	1.041	1.137	2.586

续表

总体情况	N	Mean	SD	Min	P25	Median	P75	Max
第二期情况	N	Mean	SD	Min	P25	Median	P75	Max
业绩达标	1888	0.715	0.452	0.000	0.000	1.000	1.000	1.000
业绩完成率	1869	1.011	0.540	-1.173	0.954	1.031	1.139	3.189
第三期情况	N	Mean	SD	Min	P25	Median	P75	Max
业绩达标	1735	0.595	0.491	0.000	0.000	1.000	1.000	1.000
业绩完成率	1717	0.904	0.641	-2.074	0.802	1.012	1.106	2.834

（二）基于并购年度的业绩兑现情况分析

表 6-2 列示了我国在不同年份发起的并购对赌的具体业绩兑现情况。

总体来看，2007 年，并购对赌交易较少，业绩完成情况较好。2008 年和 2010 年发起的对赌并购交易几乎 100%完成了对赌业绩，平均业绩完成率均超过了 100%。2009 年比较特殊，9 个对赌交易中只有 5 个完成了对赌业绩。

随着对赌交易的增加，从 2011 年开始，新增的对赌并购交易中完成对赌业绩的比例显著下降。2011—2018 年的对赌业绩完成的交易占比在 65%～77%之间。其中，2015—2017 年三年的并购对赌交易业绩完成情况最差，交易中完成对赌业绩的比例分别为 67.6%、66.9%和 64.7%，业绩完成率也由早期的超过 100%降至 95%。

表 6-2　2007—2018 年发起的并购对赌交易后续业绩兑现情况

2007 年发起的并购对赌交易后续业绩兑现情况								
	N	Mean	SD	Min	P25	Median	P75	Max
业绩实现	1	1.000	.	1.000	1.000	1.000	1.000	1.000
业绩完成百分比	1	1.043	.	1.043	1.043	1.043	1.043	1.043
2008 年发起的并购对赌交易后续业绩兑现情况								
	N	Mean	SD	Min	P25	Median	P75	Max
业绩实现	3	1.000	0.000	1.000	1.000	1.000	1.000	1.000

续表

2008 年发起的并购对赌交易后续业绩兑现情况								
	N	Mean	SD	Min	P25	Median	P75	Max
业绩完成百分比	3	1. 072	0. 068	1. 002	1. 002	1. 075	1. 138	1. 138
2009 年发起的并购对赌交易后续业绩兑现情况								
	N	Mean	SD	Min	P25	Median	P75	Max
业绩实现	9	0. 556	0. 527	0. 000	0. 000	1. 000	1. 000	1. 000
业绩完成百分比	9	0. 775	0. 463	0. 000	0. 758	1. 000	1. 043	1. 248
2010 年发起的并购对赌交易后续业绩兑现情况								
	N	Mean	SD	Min	P25	Median	P75	Max
业绩实现	12	0. 917	0. 289	0. 000	1. 000	1. 000	1. 000	1. 000
业绩完成百分比	12	1. 127	0. 416	0. 113	1. 019	1. 053	1. 312	1. 736
2011 年发起的并购对赌交易后续业绩兑现情况								
	N	Mean	SD	Min	P25	Median	P75	Max
业绩实现	36	0. 750	0. 439	0. 000	0. 500	1. 000	1. 000	1. 000
业绩完成百分比	36	1. 053	0. 503	−0. 608	0. 874	1. 042	1. 255	2. 064
2012 年发起的并购对赌交易后续业绩兑现情况								
	N	Mean	SD	Min	P25	Median	P75	Max
业绩实现	64	0. 688	0. 467	0. 000	0. 000	1. 000	1. 000	1. 000
业绩完成百分比	64	0. 942	0. 493	−1. 157	0. 955	1. 035	1. 139	2. 177
2013 年发起的并购对赌交易后续业绩兑现情况								
	N	Mean	SD	Min	P25	Median	P75	Max
业绩实现	150	0. 687	0. 465	0. 000	0. 000	1. 000	1. 000	1. 000
业绩完成百分比	150	0. 972	0. 496	−1. 157	0. 930	1. 028	1. 109	2. 318

续表

2014 年发起的并购对赌交易后续业绩兑现情况								
	N	Mean	SD	Min	P25	Median	P75	Max
业绩实现	288	0.701	0.458	0.000	0.000	1.000	1.000	1.000
业绩完成百分比	288	0.959	0.473	-1.157	0.925	1.025	1.113	2.318
2015 年发起的并购对赌交易后续业绩兑现情况								
	N	Mean	SD	Min	P25	Median	P75	Max
业绩实现	531	0.676	0.468	0.000	0.000	1.000	1.000	1.000
业绩完成百分比	531	0.952	0.465	-1.157	0.924	1.026	1.094	2.318
2016 年发起的并购对赌交易后续业绩兑现情况								
	N	Mean	SD	Min	P25	Median	P75	Max
业绩实现	378	0.669	0.471	0.000	0.000	1.000	1.000	1.000
业绩完成百分比	378	0.978	0.452	-1.157	0.889	1.026	1.079	2.318
2017 年发起的并购对赌交易后续业绩兑现情况								
	N	Mean	SD	Min	P25	Median	P75	Max
业绩实现	300	0.647	0.479	0.000	0.000	1.000	1.000	1.000
业绩完成百分比	300	0.940	0.493	-1.157	0.849	1.025	1.107	2.318
2018 年发起的并购对赌交易后续业绩兑现情况								
	N	Mean	SD	Min	P25	Median	P75	Max
业绩实现	159	0.711	0.455	0.000	0.000	1.000	1.000	1.000
业绩完成百分比	159	1.049	0.430	-1.157	0.947	1.054	1.200	2.318

（三）基于标的企业所在行业的业绩兑现情况分析

表 6-3 列示了不同行业标的企业的对赌业绩兑现情况。

按照完成对赌业绩目标的交易比例来看，半导体与半导体生产设备行业、房地产Ⅱ和能源Ⅱ行业完成对赌业绩的比例位列前三[1]。其中，房地产Ⅱ行业中96.3%的交易完成了对赌业绩目标，能源Ⅱ行业中92.0%的交易完成了对赌业绩目标，半导体与半导体生产设备行业中87.5%的交易完成了对赌业绩目标。这三个行业均属于较为成熟的行业，拥有明确的商业模式和盈利路径，业绩预测的风险较低，且市场需求较为稳定，经营风险较为可控，因此完成对赌业绩的交易比例较高。

按照完成对赌业绩目标的交易比例来看，消费者服务Ⅱ，食品、饮料与烟草和零售业三个行业完成对赌业绩的比例居倒数三位。其中，消费者服务Ⅱ行业中50.0%的交易完成了对赌业绩目标，食品、饮料与烟草行业中57.7%的交易完成了对赌业绩目标，零售业行业中59.4%的交易完成了对赌业绩目标。这三个行业直接面向消费者，提供日常消费品和服务，容易受消费者偏好变化、购买力波动和宏观经济状况的影响。此外，这些行业属于竞争性较高的行业，因此，业绩预测的不确定性较大，业绩兑现的难度较高。

从行业内业绩完成比例的波动性来看，食品、饮料与烟草行业的平均业绩完成百分比为66.9%，标准差为0.801，行业内不同并购交易完成对赌业绩的差异最大；汽车与汽车零部件平均业绩完成百分比为82.2%，标准差为0.593，和其他行业相比业绩完成率较差，且行业内对赌业绩完成的异质性较大；零售业平均业绩完成百分比为90.8%，标准差为0.569，行业内对赌业绩完成的异质性较大；技术硬件与设备平均业绩完成百分比为93.1%，标准差为0.532，行业内部的对赌业绩完成差异也较为显著。其中，食品、饮料与烟草行业以及零售业属于直接面向消费者的高度竞争行业，行业内部不同企业的发展态势差异较大，且快速变化；汽车与汽车零部件与技术硬件与设备则面临着高速技术进步和创新，新技术、新产品的出现可能会迅速改变竞争格局，造成行业内部巨大的业绩差异。

而食品与主要用品零售Ⅱ、电信服务Ⅱ和媒体Ⅱ则属于行业内部业绩完成比率差异度较小的行业，这三个行业的平均业绩完成率在100%~105%之间，标准差分别为0.223（食品与主要用品零售Ⅱ）、0.283（电信服务Ⅱ）和0.322（媒体Ⅱ）。这三个行业一方面均属于需求相对稳定的行业。食品与

[1] 保险Ⅱ行业只有1个对赌交易完成了对赌业绩目标。

主要用品零售Ⅱ涉及的是人们日常生活中的基本需求；电信服务Ⅱ提供包括电话、互联网接入等基础设施服务，需求相对刚性；媒体Ⅱ行业包括新闻、娱乐等内容提供，内容消费具有持续性。另一方面这三个行业往往拥有较为成熟和稳定的市场结构，竞争格局相对固定，因此业绩预测和业绩完成的不确定性较低。

表 6-3　不同行业标的企业的对赌业绩兑现情况

保险Ⅱ								
	N	Mean	SD	Min	P25	Median	P75	Max
业绩实现	1	1.000	.	1.000	1.000	1.000	1.000	1.000
业绩完成百分比	1	1.717	.	1.717	1.717	1.717	1.717	1.717
公用事业Ⅱ								
	N	Mean	SD	Min	P25	Median	P75	Max
业绩实现	38	0.632	0.489	0.000	0.000	1.000	1.000	1.000
业绩完成百分比	38	0.989	0.569	-0.856	0.822	1.039	1.293	2.011
制药、生物科技与生命科学								
	N	Mean	SD	Min	P25	Median	P75	Max
业绩实现	95	0.716	0.453	0.000	0.000	1.000	1.000	1.000
业绩完成百分比	95	0.990	0.396	-1.157	0.946	1.027	1.107	2.318
医疗保健设备与服务								
	N	Mean	SD	Min	P25	Median	P75	Max
业绩实现	67	0.657	0.478	0.000	0.000	1.000	1.000	1.000
业绩完成百分比	67	0.944	0.380	-0.196	0.898	1.020	1.032	2.318
半导体与半导体生产设备								
	N	Mean	SD	Min	P25	Median	P75	Max
业绩实现	24	0.875	0.338	0.000	1.000	1.000	1.000	1.000
业绩完成百分比	24	1.184	0.432	0.348	1.013	1.050	1.158	2.318
商业和专业服务								
	N	Mean	SD	Min	P25	Median	P75	Max
业绩实现	78	0.667	0.474	0.000	0.000	1.000	1.000	1.000

续表

商业和专业服务								
	N	Mean	SD	Min	P25	Median	P75	Max
业绩完成百分比	78	0.940	0.394	−0.823	0.866	1.035	1.110	2.003
多元金融								
	N	Mean	SD	Min	P25	Median	P75	Max
业绩实现	49	0.714	0.456	0.000	0.000	1.000	1.000	1.000
业绩完成百分比	49	1.101	0.519	0.030	0.914	1.055	1.195	2.318
媒体Ⅱ								
	N	Mean	SD	Min	P25	Median	P75	Max
业绩实现	111	0.748	0.436	0.000	0.000	1.000	1.000	1.000
业绩完成百分比	111	1.043	0.322	−0.376	0.989	1.040	1.098	2.318
家庭与个人用品								
	N	Mean	SD	Min	P25	Median	P75	Max
业绩实现	10	0.700	0.483	0.000	0.000	1.000	1.000	1.000
业绩完成百分比	10	1.170	0.413	0.941	0.981	1.017	1.140	2.318
房地产Ⅱ								
	N	Mean	SD	Min	P25	Median	P75	Max
业绩实现	27	0.963	0.192	0.000	1.000	1.000	1.000	1.000
业绩完成百分比	27	1.297	0.498	0.195	1.041	1.075	1.473	2.318
技术硬件与设备								
	N	Mean	SD	Min	P25	Median	P75	Max
业绩实现	192	0.677	0.469	0.000	0.000	1.000	1.000	1.000
业绩完成百分比	192	0.931	0.532	−1.157	0.864	1.036	1.095	2.318
材料Ⅱ								
	N	Mean	SD	Min	P25	Median	P75	Max
业绩实现	154	0.623	0.486	0.000	0.000	1.000	1.000	1.000
业绩完成百分比	154	0.959	0.480	−1.157	0.872	1.025	1.155	2.120

续表

汽车与汽车零部件								
	N	Mean	SD	Min	P25	Median	P75	Max
业绩实现	43	0.628	0.489	0.000	0.000	1.000	1.000	1.000
业绩完成百分比	43	0.822	0.593	−1.157	0.885	1.009	1.087	1.794
消费者服务Ⅱ								
业绩实现	40	0.500	0.506	0.000	0.000	0.500	1.000	1.000
业绩完成百分比	40	0.957	0.396	−0.584	0.863	0.978	1.054	1.800
电信服务Ⅱ								
	N	Mean	SD	Min	P25	Median	P75	Max
业绩实现	16	0.625	0.500	0.000	0.000	1.000	1.000	1.000
业绩完成百分比	16	1.048	0.283	0.384	0.926	1.052	1.167	1.624
耐用消费品与服装								
	N	Mean	SD	Min	P25	Median	P75	Max
业绩实现	43	0.814	0.394	0.000	1.000	1.000	1.000	1.000
业绩完成百分比	43	1.089	0.348	0.189	1.006	1.060	1.243	2.318
能源Ⅱ								
	N	Mean	SD	Min	P25	Median	P75	Max
业绩实现	25	0.920	0.277	0.000	1.000	1.000	1.000	1.000
业绩完成百分比	25	1.038	0.450	−0.376	1.014	1.026	1.075	2.003
资本货物								
	N	Mean	SD	Min	P25	Median	P75	Max
业绩实现	182	0.632	0.484	0.000	0.000	1.000	1.000	1.000
业绩完成百分比	182	0.907	0.499	−1.157	0.849	1.023	1.106	2.318
软件与服务								
	N	Mean	SD	Min	P25	Median	P75	Max
业绩实现	355	0.718	0.450	0.000	0.000	1.000	1.000	1.000
业绩完成百分比	355	1.000	0.386	−1.157	0.975	1.032	1.102	2.318

续表

运输								
	N	Mean	SD	Min	P25	Median	P75	Max
业绩实现	22	0.727	0.456	0.000	0.000	1.000	1.000	1.000
业绩完成百分比	22	1.006	0.331	0.000	0.993	1.035	1.177	1.434
零售业								
	N	Mean	SD	Min	P25	Median	P75	Max
业绩实现	32	0.594	0.499	0.000	0.000	1.000	1.000	1.000
业绩完成百分比	32	0.908	0.569	−1.061	0.754	1.018	1.139	1.936
食品、饮料与烟草								
	N	Mean	SD	Min	P25	Median	P75	Max
业绩实现	26	0.577	0.504	0.000	0.000	1.000	1.000	1.000
业绩完成百分比	26	0.669	0.801	−1.157	0.758	1.010	1.084	1.621
食品与主要用品零售Ⅱ								
	N	Mean	SD	Min	P25	Median	P75	Max
业绩实现	8	0.625	0.518	0.000	0.000	1.000	1.000	1.000
业绩完成百分比	8	1.039	0.223	0.682	0.944	1.012	1.139	1.445

二、我国并购对赌交易的“精准”达标情况

标的企业的业绩“精准”达标，即完成业绩恰好等于或略高于目标业绩，常被认为具有业绩操纵的嫌疑。但单从理论上分析，实际完成的业绩刚好完成预先承诺的业绩目标并不必然存在业绩操纵，一方面可能是业绩预测较为准确，另一方面可归功于并购后标的企业对标业绩目标开展了生产经营。然而在我国证券市场中，由于信息透明度较差，且相关监管体系相对不成熟，业绩精准达标常被认为标的企业有较大嫌疑通过“拼凑”收入或“预留”未来年度利润来完成对赌业绩（王竞达和范庆泉，2017）。与这一嫌疑相呼应的是，我国证券市场的实践中，“业绩精准达标，期满大幅下滑”的现象屡见不鲜。据罗振吉（2021）统计，2016 年实施的重组方案中，对赌期满后净利润

平均下滑 59.42%，在完成对赌业绩的标的资产中，净利润下滑的公司占比达 61.84%；2017 年实施的重组方案中，对赌期满后净利润平均下滑 28.53%，在完成对赌业绩的标的资产中，净利润下滑的公司占比达 69.39%。因此，本书也粗略地将并购对赌的业绩“精准”达标视作具有财务操纵嫌疑的指向性标识。

本节对 2008—2018 年中国 A 股市场的对赌交易的业绩“精准”达标情况进行了分析。其中，将实际完成业绩和业绩目标的比值在 100%~105%之间视作“精准”达标。

（一）我国并购对赌交易“精准”达标总体情况

表 6-4 列示了我国并购对赌的总体情况和各期“精准”达标情况。

总体来看，我国发生在 2008—2018 年间的并购对赌交易中，26%的并购交易完成了业绩目标的 100%—105%，占完成对赌业绩目标的样本的 38%，实现了对赌业绩“精准”达标。尽管并非所有“精准”达标都必然存在业绩造假，但考虑这部分样本占比较大，可推测我国完成业绩目标的并购交易中存在不少业绩包装的现象。

从各期业绩完成情况来看，第一期“精准”达标的交易占总交易的 31.9%，第二期“精准”达标的交易占总交易的 29.1%，第三期“精准”达标的交易占总交易的 23.1%。可能的解释是，一方面业绩预测的准确度随着对赌期的推后而下降，另一方面对赌期越往后进行业绩包装的难度越大。

通过进一步计算“精准”达标交易占各期完成对赌业绩的交易的比例可知，第一期完成对赌业绩的交易中，40.68%的交易为“精准”达标；第二期完成对赌业绩的交易中，39.3%的交易为“精准”达标；第三期完成对赌业绩的交易中，38.82%的交易为“精准”达标。可见在预测准确度、业绩包装需求和业绩包装难度 3 个因素的交互作用下，各期实现对赌业绩的交易中，“精准”达标的比例比较近似。

表 6-4　我国并购对赌业绩“精准”达标情况

变量名称	N	Mean	SD	Min	P25	Median	P75	Max
精准达标	1931	0.260	0.439	0.000	0.000	0.000	1.000	1.000
1 期	2022	0.319	0.466	0.000	0.000	0.000	1.000	1.000

续表

变量名称	N	Mean	SD	Min	P25	Median	P75	Max
2 期	1888	0. 281	0. 450	0. 000	0. 000	0. 000	1. 000	1. 000
3 期	1735	0. 231	0. 422	0. 000	0. 000	0. 000	0. 000	1. 000

（二）基于并购年度的“精准”达标分析

表 6-5 列示了我国在不同年份发起的并购对赌的“精准”达标情况。

从“精准”达标占所有交易的比例来看，2011 年以前，并购对赌交易较少，“精准”达标的比例在 1/3 及以上。而 2011 年及以后年度发起的并购对赌“精准”达标比例有所下降，基本在 25%—30%之间。

进一步计算“精准”达标交易占各年完成对赌业绩的交易的比例，2011 年及以后发起的并购对赌交易中“精准”达标的交易占完成业绩的交易的百分比在 35%—40%之间，高于 1/3。其中，2014 年和 2016 年的达标率较高，分别为 40. 1%和 42. 8%；2018 年较低，下降为 18. 2%。

从各期“精准”达标数据来看，2011 年以后均是第一期“精准”达标率最高，随后下降，第三期“精准”达标率最低。

表 6-5　2007—2018 年发起的并购对赌的“精准”达标情况

2007 年								
	N	Mean	SD	Min	P25	Median	P75	Max
精准达标	1	1. 000	.	1. 000	1. 000	1. 000	1. 000	1. 000
1 期	1	0. 000	.	0. 000	0. 000	0. 000	0. 000	0. 000
2 期	1	1. 000	.	1. 000	1. 000	1. 000	1. 000	1. 000
3 期	0	.	.	.	.	.	.	.
2008 年								
	N	Mean	SD	Min	P25	Median	P75	Max
精准达标	3	0. 333	0. 577	0. 000	0. 000	0. 000	1. 000	1. 000
1 期	3	0. 333	0. 577	0. 000	0. 000	0. 000	1. 000	1. 000
2 期	2	0. 500	0. 707	0. 000	0. 000	0. 500	1. 000	1. 000

续表

2008 年								
	N	Mean	SD	Min	P25	Median	P75	Max
3 期	2	0.000	0.000	0.000	0.000	0.000	0.000	0.000
2009 年								
	N	Mean	SD	Min	P25	Median	P75	Max
精准达标	9	0.333	0.500	0.000	0.000	0.000	1.000	1.000
1 期	9	0.222	0.441	0.000	0.000	0.000	0.000	1.000
2 期	8	0.375	0.518	0.000	0.000	0.000	1.000	1.000
3 期	8	0.500	0.535	0.000	0.000	0.500	1.000	1.000
2010 年								
	N	Mean	SD	Min	P25	Median	P75	Max
精准达标	12	0.417	0.515	0.000	0.000	0.000	1.000	1.000
1 期	14	0.286	0.469	0.000	0.000	0.000	1.000	1.000
2 期	14	0.286	0.469	0.000	0.000	0.000	1.000	1.000
3 期	13	0.308	0.480	0.000	0.000	0.000	1.000	1.000
2011 年								
	N	Mean	SD	Min	P25	Median	P75	Max
精准达标	36	0.278	0.454	0.000	0.000	0.000	1.000	1.000
1 期	36	0.361	0.487	0.000	0.000	0.000	1.000	1.000
2 期	32	0.250	0.440	0.000	0.000	0.000	0.500	1.000
3 期	28	0.107	0.315	0.000	0.000	0.000	0.000	1.000
2012 年								
	N	Mean	SD	Min	P25	Median	P75	Max
精准达标	64	0.250	0.436	0.000	0.000	0.000	0.500	1.000
1 期	65	0.400	0.494	0.000	0.000	0.000	1.000	1.000
2 期	61	0.328	0.473	0.000	0.000	0.000	1.000	1.000
3 期	59	0.237	0.429	0.000	0.000	0.000	0.000	1.000

续表

2013 年								
	N	Mean	SD	Min	P25	Median	P75	Max
精准达标	150	0. 253	0. 436	0. 000	0. 000	0. 000	1. 000	1. 000
1 期	163	0. 331	0. 472	0. 000	0. 000	0. 000	1. 000	1. 000
2 期	154	0. 305	0. 462	0. 000	0. 000	0. 000	1. 000	1. 000
3 期	145	0. 276	0. 448	0. 000	0. 000	0. 000	1. 000	1. 000
2014 年								
	N	Mean	SD	Min	P25	Median	P75	Max
精准达标	288	0. 281	0. 450	0. 000	0. 000	0. 000	1. 000	1. 000
1 期	299	0. 388	0. 488	0. 000	0. 000	0. 000	1. 000	1. 000
2 期	296	0. 307	0. 462	0. 000	0. 000	0. 000	1. 000	1. 000
3 期	284	0. 289	0. 454	0. 000	0. 000	0. 000	1. 000	1. 000
2015 年								
	N	Mean	SD	Min	P25	Median	P75	Max
精准达标	531	0. 262	0. 440	0. 000	0. 000	0. 000	1. 000	1. 000
1 期	548	0. 330	0. 471	0. 000	0. 000	0. 000	1. 000	1. 000
2 期	516	0. 293	0. 455	0. 000	0. 000	0. 000	1. 000	1. 000
3 期	484	0. 204	0. 427	0. 000	0. 000	0. 000	0. 000	1. 000
2016 年								
	N	Mean	SD	Min	P25	Median	P75	Max
精准达标	378	0. 286	0. 452	0. 000	0. 000	0. 000	1. 000	1. 000
1 期	393	0. 336	0. 473	0. 000	0. 000	0. 000	1. 000	1. 000
2 期	359	0. 309	0. 463	0. 000	0. 000	0. 000	1. 000	1. 000
3 期	344	0. 233	0. 423	0. 000	0. 000	0. 000	0. 000	1. 000
2017 年								
	N	Mean	SD	Min	P25	Median	P75	Max
精准达标	300	0. 237	0. 426	0. 000	0. 000	0. 000	0. 000	1. 000

续表

2017 年								
	N	Mean	SD	Min	P25	Median	P75	Max
1 期	319	0. 251	0. 434	0. 000	0. 000	0. 000	1. 000	1. 000
2 期	293	0. 208	0. 407	0. 000	0. 000	0. 000	0. 000	1. 000
3 期	255	0. 165	0. 372	0. 000	0. 000	0. 000	0. 000	1. 000
2018 年								
	N	Mean	SD	Min	P25	Median	P75	Max
精准达标	159	0. 182	0. 387	0. 000	0. 000	0. 000	0. 000	1. 000
1 期	172	0. 215	0. 412	0. 000	0. 000	0. 000	0. 000	1. 000
2 期	152	0. 217	0. 414	0. 000	0. 000	0. 000	0. 000	1. 000
3 期	113	0. 142	0. 350	0. 000	0. 000	0. 000	0. 000	1. 000

（三）基于标的企业所在行业的“精准”达标分析

表 6-6 列示了我国并购对赌“精准”达标在不同行业的情况。

从“精准”达标占所有交易的比例来看，能源Ⅱ、医疗保健设备与服务、食品与主要用品零售Ⅱ以及房地产Ⅱ行业的“精准”达标率较高。其中，能源Ⅱ行业的“精准”达标比例为 60%，医疗保健设备与服务行业的“精准”达标比例为 43. 3%，食品与主要用品零售Ⅱ行业的“精准”达标比例为 37. 5%，房地产Ⅱ行业的“精准”达标比例为 37. 0%。

运输、公用事业Ⅱ、电信服务Ⅱ以及多元金融行业的“精准”达标率较低。其中，运输行业的“精准”达标比例为 9. 1%，公用事业行业Ⅱ的“精准”达标比例为 10. 5%，电信服务行业Ⅱ的“精准”达标比例为 12. 5%，多元金融行业的“精准”达标比例为 16. 3%。

从各行业不同期的“精准”达标数据来看，绝大部分行业的“精准”达标分期数据存在异常，显示存在较大的财务包装的可能性。如果“精准”达标完全由预测准确度因素驱动，则随着对赌期的推进，“精准”达标的可能性会逐步下降，因为预测近期业绩的准确性肯定高于对远期业绩的预测。符合这一逻辑的行业有医疗保健设备与服务、半导体与半导体生产设备、商业和专业服务、家庭与个人用品、材料Ⅱ、食品与主要用品零售Ⅱ、零售业、资本货物、消费者服务Ⅱ等行业。这些行业相对于其他行业来说，通过财务包装来完成业绩目标的可能性较低。

从表6-6中可以看出，两种不符合一般预测规律的模式。一种异常模式是，第二期“精准”达标率高于第一期，有公用事业Ⅱ、多元金融、媒体Ⅱ、技术硬件与设备、汽车与汽车零部件、电信服务Ⅱ、耐用消费品与服装以及食品、饮料与烟草等行业；另一种异常模式是第三期“精准”达标率高于第二期，有制药、生物科技与生命科学，能源Ⅱ房地产Ⅱ，软件与服务和运输等行业。这种异常意味着，在第二期或第三期的“精准”达标中包含了部分靠财务包装来完成业绩目标的交易。

表6-6 不同行业的“精准”达标情况

保险Ⅱ								
	N	Mean	SD	Min	P25	Median	P75	Max
精准达标	1	0.000	.	0.000	0.000	0.000	0.000	0.000
1期	1	0.000	.	0.000	0.000	0.000	0.000	0.000
2期	1	0.000	.	0.000	0.000	0.000	0.000	0.000
3期	1	1.000	.	1.000	1.000	1.000	1.000	1.000
公用事业Ⅱ								
	N	Mean	SD	Min	P25	Median	P75	Max
精准达标	38	0.105	0.311	0.000	0.000	0.000	0.000	1.000
1期	39	0.128	0.339	0.000	0.000	0.000	0.000	1.000
2期	36	0.194	0.401	0.000	0.000	0.000	0.000	1.000
3期	33	0.152	0.364	0.000	0.000	0.000	0.000	1.000
制药、生物科技与生命科学								
	N	Mean	SD	Min	P25	Median	P75	Max
精准达标	95	0.295	0.458	0.000	0.000	0.000	1.000	1.000
1期	99	0.333	0.474	0.000	0.000	0.000	1.000	1.000
2期	97	0.268	0.445	0.000	0.000	0.000	1.000	1.000
3期	87	0.287	0.455	0.000	0.000	0.000	1.000	1.000

续表

医疗保健设备与服务

	N	Mean	SD	Min	P25	Median	P75	Max
精准达标	67	0. 433	0. 499	0. 000	0. 000	0. 000	1. 000	1. 000
1 期	74	0. 446	0. 500	0. 000	0. 000	0. 000	1. 000	1. 000
2 期	67	0. 388	0. 491	0. 000	0. 000	0. 000	1. 000	1. 000
3 期	57	0. 211	0. 411	0. 000	0. 000	0. 000	0. 000	1. 000

半导体与半导体生产设备

	N	Mean	SD	Min	P25	Median	P75	Max
精准达标	24	0. 333	0. 482	0. 000	0. 000	0. 000	1. 000	1. 000
1 期	24	0. 292	0. 464	0. 000	0. 000	0. 000	1. 000	1. 000
2 期	24	0. 208	0. 415	0. 000	0. 000	0. 000	0. 000	1. 000
3 期	23	0. 174	0. 388	0. 000	0. 000	0. 000	0. 000	1. 000

商业和专业服务

	N	Mean	SD	Min	P25	Median	P75	Max
精准达标	78	0. 218	0. 416	0. 000	0. 000	0. 000	0. 000	1. 000
1 期	80	0. 375	0. 487	0. 000	0. 000	0. 000	1. 000	1. 000
2 期	70	0. 271	0. 448	0. 000	0. 000	0. 000	1. 000	1. 000
3 期	67	0. 164	0. 373	0. 000	0. 000	0. 000	0. 000	1. 000

多元金融

	N	Mean	SD	Min	P25	Median	P75	Max
精准达标	49	0. 163	0. 373	0. 000	0. 000	0. 000	0. 000	1. 000
1 期	50	0. 200	0. 404	0. 000	0. 000	0. 000	0. 000	1. 000
2 期	45	0. 222	0. 420	0. 000	0. 000	0. 000	0. 000	1. 000
3 期	40	0. 175	0. 385	0. 000	0. 000	0. 000	0. 000	1. 000

媒体Ⅱ

	N	Mean	SD	Min	P25	Median	P75	Max
精准达标	111	0. 270	0. 446	0. 000	0. 000	0. 000	1. 000	1. 000

续表

媒体Ⅱ								
	N	Mean	SD	Min	P25	Median	P75	Max
1 期	115	0. 374	0. 486	0. 000	0. 000	0. 000	1. 000	1. 000
2 期	113	0. 398	0. 492	0. 000	0. 000	0. 000	1. 000	1. 000
3 期	109	0. 321	0. 469	0. 000	0. 000	0. 000	1. 000	1. 000
家庭与个人用品								
	N	Mean	SD	Min	P25	Median	P75	Max
精准达标	10	0. 300	0. 483	0. 000	0. 000	0. 000	1. 000	1. 000
1 期	10	0. 200	0. 422	0. 000	0. 000	0. 000	0. 000	1. 000
2 期	10	0. 200	0. 422	0. 000	0. 000	0. 000	0. 000	1. 000
3 期	10	0. 100	0. 316	0. 000	0. 000	0. 000	0. 000	1. 000
房地产Ⅱ								
	N	Mean	SD	Min	P25	Median	P75	Max
精准达标	27	0. 370	0. 492	0. 000	0. 000	0. 000	1. 000	1. 000
1 期	27	0. 333	0. 480	0. 000	0. 000	0. 000	1. 000	1. 000
2 期	19	0. 211	0. 419	0. 000	0. 000	0. 000	0. 000	1. 000
3 期	18	0. 278	0. 461	0. 000	0. 000	0. 000	1. 000	1. 000
技术硬件与设备								
	N	Mean	SD	Min	P25	Median	P75	Max
精准达标	192	0. 229	0. 421	0. 000	0. 000	0. 000	0. 000	1. 000
1 期	194	0. 278	0. 449	0. 000	0. 000	0. 000	1. 000	1. 000
2 期	187	0. 289	0. 454	0. 000	0. 000	0. 000	1. 000	1. 000
3 期	169	0. 231	0. 423	0. 000	0. 000	0. 000	0. 000	1. 000
材料Ⅱ								
	N	Mean	SD	Min	P25	Median	P75	Max
精准达标	154	0. 175	0. 381	0. 000	0. 000	0. 000	0. 000	1. 000
1 期	162	0. 253	0. 436	0. 000	0. 000	0. 000	1. 000	1. 000

续表

材料Ⅱ								
	N	Mean	SD	Min	P25	Median	P75	Max
2 期	149	0. 248	0. 433	0. 000	0. 000	0. 000	0. 000	1. 000
3 期	131	0. 198	0. 400	0. 000	0. 000	0. 000	0. 000	1. 000
汽车与汽车零部件								
	N	Mean	SD	Min	P25	Median	P75	Max
精准达标	43	0. 233	0. 427	0. 000	0. 000	0. 000	0. 000	1. 000
1 期	44	0. 318	0. 471	0. 000	0. 000	0. 000	1. 000	1. 000
2 期	42	0. 357	0. 485	0. 000	0. 000	0. 000	1. 000	1. 000
3 期	40	0. 150	0. 362	0. 000	0. 000	0. 000	0. 000	1. 000
消费者服务Ⅱ								
	N	Mean	SD	Min	P25	Median	P75	Max
精准达标	40	0. 200	0. 405	0. 000	0. 000	0. 000	0. 000	1. 000
1 期	42	0. 357	0. 485	0. 000	0. 000	0. 000	1. 000	1. 000
2 期	38	0. 342	0. 481	0. 000	0. 000	0. 000	1. 000	1. 000
3 期	25	0. 160	0. 374	0. 000	0. 000	0. 000	0. 000	1. 000
电信服务Ⅱ								
	N	Mean	SD	Min	P25	Median	P75	Max
精准达标	16	0. 125	0. 342	0. 000	0. 000	0. 000	0. 000	1. 000
1 期	16	0. 188	0. 403	0. 000	0. 000	0. 000	0. 000	1. 000
2 期	16	0. 375	0. 500	0. 000	0. 000	0. 000	1. 000	1. 000
3 期	13	0. 308	0. 480	0. 000	0. 000	0. 000	1. 000	1. 000
耐用消费品与服装								
	N	Mean	SD	Min	P25	Median	P75	Max
精准达标	43	0. 279	0. 454	0. 000	0. 000	0. 000	1. 000	1. 000
1 期	47	0. 213	0. 414	0. 000	0. 000	0. 000	0. 000	1. 000
2 期	39	0. 359	0. 486	0. 000	0. 000	0. 000	1. 000	1. 000

续表

耐用消费品与服装								
	N	Mean	SD	Min	P25	Median	P75	Max
3 期	37	0. 189	0. 397	0. 000	0. 000	0. 000	0. 000	1. 000
能源Ⅱ								
	N	Mean	SD	Min	P25	Median	P75	Max
精准达标	25	0. 600	0. 500	0. 000	0. 000	1. 000	1. 000	1. 000
1 期	28	0. 357	0. 488	0. 000	0. 000	0. 000	1. 000	1. 000
2 期	28	0. 286	0. 460	0. 000	0. 000	0. 000	1. 000	1. 000
3 期	23	0. 304	0. 470	0. 000	0. 000	0. 000	1. 000	1. 000
资本货物								
	N	Mean	SD	Min	P25	Median	P75	Max
精准达标	182	0. 220	0. 415	0. 000	0. 000	0. 000	0. 000	1. 000
1 期	186	0. 344	0. 476	0. 000	0. 000	0. 000	1. 000	1. 000
2 期	173	0. 254	0. 437	0. 000	0. 000	0. 000	1. 000	1. 000
3 期	165	0. 212	0. 410	0. 000	0. 000	0. 000	0. 000	1. 000
软件与服务								
	N	Mean	SD	Min	P25	Median	P75	Max
精准达标	355	0. 301	0. 460	0. 000	0. 000	0. 000	1. 000	1. 000
1 期	370	0. 408	0. 492	0. 000	0. 000	0. 000	1. 000	1. 000
2 期	347	0. 285	0. 452	0. 000	0. 000	0. 000	1. 000	1. 000
3 期	320	0. 306	0. 462	0. 000	0. 000	0. 000	1. 000	1. 000
运输								
	N	Mean	SD	Min	P25	Median	P75	Max
精准达标	22	0. 091	0. 294	0. 000	0. 000	0. 000	0. 000	1. 000
1 期	23	0. 174	0. 388	0. 000	0. 000	0. 000	0. 000	1. 000
2 期	21	0. 095	0. 301	0. 000	0. 000	0. 000	0. 000	1. 000
3 期	21	0. 143	0. 359	0. 000	0. 000	0. 000	0. 000	1. 000

续表

零售业								
	N	Mean	SD	Min	P25	Median	P75	Max
精准达标	32	0.188	0.397	0.000	0.000	0.000	0.000	1.000
1期	32	0.219	0.420	0.000	0.000	0.000	0.000	1.000
2期	29	0.172	0.384	0.000	0.000	0.000	0.000	1.000
3期	27	0.111	0.320	0.000	0.000	0.000	0.000	1.000
食品、饮料与烟草								
	N	Mean	SD	Min	P25	Median	P75	Max
精准达标	26	0.192	0.402	0.000	0.000	0.000	0.000	1.000
1期	26	0.269	0.452	0.000	0.000	0.000	1.000	1.000
2期	24	0.292	0.464	0.000	0.000	0.000	1.000	1.000
3期	23	0.174	0.388	0.000	0.000	0.000	0.000	1.000
食品与主要用品零售Ⅱ								
	N	Mean	SD	Min	P25	Median	P75	Max
精准达标	8	0.375	0.518	0.000	0.000	0.000	1.000	1.000
1期	8	0.500	0.535	0.000	0.000	0.500	1.000	1.000
2期	7	0.429	0.535	0.000	0.000	0.000	1.000	1.000
3期	6	0.333	0.516	0.000	0.000	0.000	1.000	1.000

第三节　对赌动因和并购对赌业绩兑现

一、引言

在资本市场的并购浪潮中，对赌协议作为一种特殊的交易安排，其设计动因多种多样，深刻影响着并购双方的行为和决策。第四章的研究结果表明，对赌协议的签订既可能源自追求企业价值最大化的理性考量，亦可能出于大股东或高管自利动机的策略布局。第五章证实了这些不同的动因在对赌协议的具体条款设计中扮演着重要角色，但对赌动因对业绩兑现的实质性影响尚不可知。

这一研究不足限制了我们对于对赌协议全貌的理解，尤其是难以评估对赌协议在不同情境下的有效性和潜在风险。鉴于此，本节旨在填补这一空白，通过系统性地分析和检验不同对赌动因对业绩兑现的影响，以期揭示对赌动因如何影响对赌协议的作用机制和实际效果。研究内容包括但不限于企业价值最大化、大股东利益保护、高管自利等动因对并购对赌业绩兑现情况的影响。

本节研究的意义在于多个层面。首先，从理论层面，研究将提供对赌动因与业绩兑现之间关系的实证证据，为并购对赌相关理论提供新的解释和拓展。其次，从实践层面，研究结果将为并购交易的参与者提供决策参考，帮助他们更好地理解对赌动因对交易结果的可能影响，优化对赌协议的设计和谈判策略。最后，从政策制定角度，研究将为监管机构提供制定相关政策和监管措施的依据，促进资本市场的健康发展和提高市场效率。

二、理论分析和假设提出

并购交易的动机和决策机制与并购业绩密切相关。一些研究表明，获得协同效应、提升市场力量等股东价值最大化的并购动因有利于企业价值创造（Weston 等，2001；DePamphilis，2001），而狂妄假说和代理动机等并购动因则解释了收购方公司的价值受损（Berkovitch 和 Narayanan，1993）。与此同时，由于并购决策过程中有限理性的存在，并购结果与初始动因也常出现不一致。

那么，在我国不同对赌动因下对赌业绩的实现情况是否存在差异呢？

对赌动因可能通过影响缔约时的对赌条款设计，以及缔约后的管控举措，对标的企业能否完成对赌业绩造成影响。首先，不同对赌动因下所设置的业绩目标在完成难度上存在差异。业绩兑现难度由业绩目标的高低、业绩指标的可操纵性和对赌时长共同决定，当业绩目标越高、业绩指标可操纵性越弱、对赌年份越长时，业绩兑现难度越大。第五章实证结果表明，上市公司的对赌动机会影响对赌指标设计和对赌期限长短。具体而言，当激励动机较强时，在对赌协议中采用“净利润和扣除非经常性损益后的净利润孰低”作为业绩指标的可能性较低，而当高管说服动机较强时，采用“净利润和扣除非经常性损益后的净利润孰低”作为业绩指标的可能性较高。当控股股东存在市值管理动机时，对赌协议设置的对赌期限更短，业绩兑现难度相对较低。其次，不同对赌动因下，对赌协议中对标的企业完成对赌业绩的保障条款设计存在差异。例如，第五章实证结果发现，当上市公司高管说服动机较强时，对赌协议更可能采用“补对价”的计算方式，业绩补偿成本更高，可以更有效地保障实现业绩目标。最后，对赌动机可能影响并购后的管控方式，进而影响对赌业绩完成情况。

在业绩目标的完成难度和保障条款设计方面，第五章已经证实解决逆向选择风险的动机对对赌条款设计无显著影响。而在对并购后的管控影响方面，由于估值风险较高的标的企业，往往属于非同一行业企业或异地企业，上市公司对其管控难度较大，所能提供的支持也相对较弱。综合这些因素，提出以下假设：

假设 6-1：当并购对赌具有解决逆向选择风险的动机时，对赌业绩完成的可能性更低。

在业绩目标的完成难度方面，激励动机显著减少了对赌协议中使用“孰低”业绩指标的可能性，降低了完成难度；在保障条款设计方面，激励动机无显著影响；在并购后的管控方面，具有激励动机的上市公司更可能采取积极有效的管控手段来保障标的企业的后续业绩。此外，由于激励动机更可能设置双向补偿条款，对标的企业的高管或原股东提升经营业绩具有更强的激励刺激。综合这些因素，提出以下假设：

假设 6-2：当并购对赌具有激励动机时，对赌业绩完成的可能性更高。

在业绩目标的完成难度方面，市值管理动机显著缩短了对赌期限，降低了完成难度；在保障条款设计方面，市值管理动机无显著影响；在并购后的管控方面，具有市值管理动机的上市公司更可能采取积极有效的管控手段来保障标的企业的后续业绩。综合这些因素，提出以下假设：

假设 6-3：当并购对赌具有市值管理动机时，对赌业绩完成的可能性更高。

在业绩目标的完成难度方面，高管说服动机显著增加了对赌协议中使用“孰低”业绩指标的可能性，增加了业绩完成难度，但由于高管说服动机同时显著降低了承诺业绩增长率，考虑承诺业绩增长率在业绩完成难度上具有决定性的影响，因此总体来看，高管说服动机显著减少了业绩目标的完成难度；在保障条款设计方面，高管说服动机显著增加了高代价补偿条款的可能性，在高代价补偿条款的作用下，标的企业完成对赌业绩的动力更足。综合这些因素，提出以下假设：

假设 6-4：当并购对赌具有高管说服动机时，对赌业绩完成的可能性更高。

在业绩目标的完成难度方面，满足监管要求的动机显著降低了承诺业绩增长率，减少了业绩目标的完成难度；在保障条款设计方面，满足监管要求的动机显著增加了高代价补偿条款的可能性，在高代价补偿条款的作用下，标的企业完成对赌业绩的动力更足。在并购后的管控方面，受证券监管的上市公司由于需要定期向监管方和公众汇报标的企业的业绩完成情况，更可能采取积极有效的管控手段来保障标的企业的后续业绩。综合这些因素，提出以下假设：

假设 6-5：当并购对赌是为了满足监管要求时，对赌业绩完成的可能性更高。

然而，对赌动因对具体对赌条款设计的影响相对有限。第五章的实证结果表明，对赌动因对影响业绩完成难度的核心指标业绩增长率没有显著影响，只有个别动机对指标选取和对赌期限有影响。此外，除高管说服动机之外，其他三大对赌动机对补偿保障类条款几乎均无影响。因此，对赌动因对最终业绩完成情况可能并无显著影响。

基于上述分析，对赌动因是否影响以及如何影响对赌业绩的实现情况是一个有待实证检验的问题。本节拟通过实证研究，就这一问题进行检验。

三、研究设计

（一）研究模型

为了检验假设对赌动因是否影响对赌业绩的兑现情况，本章设计了以下 Probit 模型（6-1）：

$$Completed\ Variable = \beta_0 + \beta_1 Factor + \beta_i Controls + \varepsilon \qquad (6-1)$$

模型的被解释变量 *Completed Variable* 为是否完成对赌业绩，包括是否完成总体业绩对赌 *Completed*、是否完成第一期业绩对赌 *Completed*1、是否完成第二期业绩对赌 *Completed*2、是否完成第三期业绩对赌 *Completed*3。

模型中的解释变量 *Factor* 代表一系列拟检验的并购对赌动因，包括信息不对称 *Uncertainty*，标的管理层激励动机 *Incentive*，控股股东股权质押 *Pledge*，高管权力 *CEOPower* 和证券监管 *Regulation*。和第四章、第五章一致，设置是否同省并购 SameProvince，并购前是否持股 Toe 衡量信息不对称；设置交易相对规模 Size-rele 和业绩压力 Pressure 作为激励动机的代理变量。

此外，参考已有文献（Kohers 和 Ang，2000；Datar 等，2001；Reuer 等，2004；Ragozzino 和 Reuer，2009；吕长江和韩博慧，2014），模型（6-1）控制了收购方财务特征、股权特征、公司治理特征和交易特征。模型还控制了收购方的行业和年度虚拟变量。各变量的定义和计算方式详见表 6-7。

表 6-7　主要变量定义

变量名称	变量符号	变量定义
是否完成总体业绩对赌	Completed	哑变量，如果完成总体业绩对赌目标，则取值为 1，否则为 0
是否完成第 1 期业绩	Completed1	哑变量，如果完成第 1 期业绩对赌目标，则取值为 1，否则为 0
是否完成第 2 期业绩	Completed2	哑变量，如果完成第 2 期业绩对赌目标，则取值为 1，否则为 0
是否完成第 3 期业绩	Completed3	哑变量，如果完成第 3 期业绩对赌目标，则取值为 1，否则为 0
同省并购	SameProvince	哑变量，如果并购双方处于同一省份，则取值为 1，否则为 0
并购前持股	Toe	哑变量，如果并购前上市公司持有标的方股权，则取值为 1，否则为 0
相对规模	Size_rele	并购交易价款/并购公告前一年末上市公司市值
业绩压力	Pressure	哑变量，如果并购前一年上市公司的资产收益率下滑，则取值为 1，否则为 0
控股股东股权质押	Pledge	哑变量，如果并购公告时上市公司控股股东有股权质押，则取值为 1，否则为 0

续表

变量名称	变量符号	变量定义
高管权力	CEOPower	参考 Finkelstein（1992），使用主成分分析法构建的高管权力综合指数
公司规模	Size	上市公司并购公告前一年末的总资产取对数
证券监管	Regulation	如果并购交易属于强制对赌交易，则取值为 1，否则为 0
公司负债率	Lev	上市公司并购公告前一年末的总负债/总资产
资产收益率	ROA	上市公司并购公告前一年末的净利润/总资产
托宾 Q	TobinQ	上市公司上年末市值/上年末资产
大股东持股	FirstShare	上市公司并购公告前一年末的第一大股东持股比例
股权性质	SOE	哑变量，如果收购方是国有企业，则取值为 1，否则为 0
两权分离度	Seperation	实际控制人拥有上市公司控制权与所有权之差
两职合一	Duality	哑变量，如果上市公司董事长和总经理为同一人，则取值为 1，否则为 0
独董比例	Independent	上市公司独立董事人数/董事会总人数
会计师事务所	Top4	哑变量，如果上市公司上一年度年报经四大会计师事务所审计，则取值为 1，否则为 0
股份支付	StockPay	并购交易价款中股权支付的比例

（二）样本筛选和数据来源

本节以我国 2008—2018 年 A 股上市公司宣告收购非上市公司为初选样本，执行如下筛选：

（1）并购在 2023 年 12 月 31 日前已成功完成。

（2）并购交易后收购方应至少实现对标的企业的相对控股。

（3）去掉借壳上市、资产置换事件。

（4）剔除标的企业注册地为境外的样本。

（5）剔除并购交易金额小于 100 万元的样本。

（6）剔除金融类的收购方企业。

（7）去除相关财务数据缺失值样本。

（8）剔除未使用对赌协议的交易。

经过上述筛选程序，最终获得 2022 个对赌事件。并购事件数据来源为 Wind 数据库，并购交易的对赌数据，部分通过 Wind 对赌协议数据库获得，并通过手工查阅并购公告将数据进行修正和补充。其他上市公司财务数据、股权数据和公司治理数据等源于 CSMAR 数据库。为了避免极值的影响，本研究对连续变量进行了上下 1%的 winsorize 缩尾处理。

四、实证结果

（一）描述性统计

表 6-8 列示了本章各变量的描述性统计数据。

表 6-8 显示，样本中 68. 1%的交易完成了总体对赌业绩目标。第一期的业绩完成情况最为理想，78. 4%的并购交易完成了第一期对赌业绩目标，第二期、第三期的业绩完成情况则逐期恶化，第二期中完成对赌业绩的并购交易占比下降为 71. 5%，第三期中完成对赌业绩的并购交易占比进一步下降为 59. 5%。其他主要变量的描述性统计数据与其他章节数据基本一致。

表 6-8　主要变量描述性统计

变量名称	N	Mean	SD	Min	P25	Median	P75	Max
Completed	1931	0. 681	0. 466	0. 000	0. 000	1. 000	1. 000	1. 000
Completed1	2022	0. 784	0. 412	0. 000	1. 000	1. 000	1. 000	1. 000
Completed2	1888	0. 715	0. 452	0. 000	0. 000	1. 000	1. 000	1. 000
Completed3	1735	0. 595	0. 491	0. 000	0. 000	1. 000	1. 000	1. 000
Toe	2022	0. 041	0. 198	0. 000	0. 000	0. 000	0. 000	1. 000
SameProvince	2022	0. 371	0. 483	0. 000	0. 000	0. 000	1. 000	1. 000
Pressure	2022	0. 595	0. 491	0. 000	0. 000	1. 000	1. 000	1. 000
Pledge	2022	0. 328	0. 380	0. 000	0. 000	0. 116	0. 669	1. 000
CEOPower	2022	−0. 151	0. 921	−3. 595	−0. 789	0. 010	0. 616	1. 908
Size	2022	21. 591	1. 030	19. 540	20. 831	21. 494	22. 236	24. 727

续表

变量名称	N	Mean	SD	Min	P25	Median	P75	Max
Lev	2022	0. 381	0. 207	0. 052	0. 214	0. 350	0. 524	0. 940
ROA	2022	0. 043	0. 048	−0. 138	0. 019	0. 044	0. 069	0. 186
SOE	2022	0. 218	0. 413	0. 000	0. 000	0. 000	0. 000	1. 000
TobinQ	2022	3. 621	2. 562	0. 970	1. 940	2. 863	4. 260	13. 880
Duality	2022	0. 672	0. 470	0. 000	0. 000	1. 000	1. 000	1. 000
FirstShare	2022	0. 331	0. 135	0. 118	0. 223	0. 307	0. 425	0. 678
TOP4	2022	0. 018	0. 133	0. 000	0. 000	0. 000	0. 000	1. 000
Independent	2022	0. 389	0. 073	0. 273	0. 333	0. 375	0. 429	0. 571
StockPay	2022	0. 396	0. 418	0. 000	0. 000	0. 210	0. 800	1. 000
SameControl	2022	0. 128	0. 335	0. 000	0. 000	0. 000	0. 000	1. 000
Size_rele	2022	0. 615	1. 175	0. 001	0. 063	0. 183	0. 523	5. 490

（二）多元回归结果

1. 逆向选择风险和对赌业绩兑现

表 6-9 是并购逆向选择风险对于对赌业绩兑现的影响结果。列（1）是逆向选择风险对总体业绩兑现情况的回归结果，Toe 的系数为-0. 138，SameProvince 的系数为 0. 076，均不显著。列（2）是逆向选择风险对第一期业绩兑现情况的回归结果，Toe 的系数为-0. 095，SameProvince 的系数为-0. 031，均不显著。列（3）是逆向风险对第二期业绩兑现情况的回归结果，Toe 的系数为-0. 034，SameProvince 的系数为-0. 029，均不显著。列（4）是逆向风险对第三期业绩兑现情况的回归结果，Toe 的系数为-0. 020，系数不显著，SameProvince 的系数为 0. 225，在 1%水平上显著。

表 6-9 说明衡量逆向选择风险的两个代理变量——收购方事前是否持有标的企业股权、收购方和标的企业是否位于同一省份，对并购后的业绩兑现总体上无显著的影响，只有当收购方和标的企业位于同一省份时，第三期业绩完成的可能性显著更高。这一结果意味着，当较远的地理距离造成逆向选择风险较高时，即便使用了对赌协议，完成远期业绩目标的可能性仍然显著更低。实证结果为假设 6-1 提供了部分支持证据。

表 6-9 逆向选择风险和对赌业绩兑现

	(1)	(2)	(3)	(4)
因变量	Completed	Completed1	Completed2	Completed3
Toe	-0. 138	-0. 095	-0. 034	-0. 020
	(-0. 81)	(-0. 51)	(-0. 18)	(-0. 11)
SameProvince	0. 076	-0. 031	-0. 029	0. 225***
	(1. 03)	(-0. 38)	(-0. 37)	(2. 94)
Size	0. 022	0. 128**	0. 068	-0. 037
	(0. 41)	(2. 12)	(1. 23)	(-0. 67)
Lev	-0. 161	-0. 055	-0. 035	0. 012
	(-0. 77)	(-0. 25)	(-0. 16)	(0. 05)
ROA	0. 158	0. 763	0. 138	0. 817
	(0. 20)	(0. 85)	(0. 16)	(0. 98)
TobinQ	0. 026	0. 056**	0. 019	-0. 020
	(1. 35)	(2. 19)	(0. 94)	(-0. 96)
SOE	0. 228**	0. 080	0. 105	0. 260***
	(2. 42)	(0. 75)	(1. 05)	(2. 65)
Duality	-0. 065	-0. 126	-0. 087	0. 006
	(-0. 88)	(-1. 53)	(-1. 12)	(0. 08)
FirstShare	0. 374	0. 152	0. 562**	0. 096
	(1. 42)	(0. 52)	(1. 97)	(0. 35)
TOP4	-0. 157	-0. 222	-0. 214	0. 901**
	(-0. 50)	(-0. 69)	(-0. 67)	(2. 43)
Independent	0. 223	-0. 740	0. 157	0. 540
	(0. 48)	(-1. 50)	(0. 33)	(1. 14)
StockPay	0. 488***	0. 809***	0. 633***	0. 218**
	(5. 41)	(7. 81)	(6. 75)	(2. 41)
SameControl	0. 297**	-0. 075	0. 022	0. 350***

续表

	(1)	(2)	(3)	(4)
因变量	Completed	Completed1	Completed2	Completed3
	(2.48)	(−0.59)	(0.19)	(2.91)
Size_rele	−0.001 (−0.03)	0.059 (1.38)	−0.016 (−0.47)	−0.032 (−0.92)
_cons	−0.890 (−0.73)	−2.172 (−1.57)	−2.426* (−1.92)	0.074 (0.06)
年份	控制	控制	控制	控制
行业	控制	控制	控制	控制
Pseudo R^2	0.056	0.091	0.067	0.062
N	1931	2022	1888	1735

注：括号里为 *Z* 统计量；*、** 和 *** 分别表示在 10%、5%和 1%水平上显著；标准误经异方差稳健调整。

（三）激励动机和对赌业绩兑现

表 6-10 列示了激励动机对于对赌业绩兑现的影响结果。列（1）是激励动机对总体业绩兑现情况的回归结果，Size_rele 的系数为 0.004，Pressure 的系数为 0.036，均不显著。列（2）是估值风险对第一期业绩兑现情况的回归结果，Size_rele 的系数为 0.090，在 5%重要性水平上显著，Pressure 的系数为 0.021，不显著。列（3）是估值风险对第二期业绩兑现情况的回归结果，Size_rele 的系数为−0.017，系数不显著，Pressure 的系数为 0.145，在 5%重要性水平上显著。列（4）是估值风险对第三期业绩兑现情况的回归结果，Size_rele 的系数为−0.016，Pressure 的系数为 0.011，均不显著。

表 6-10 说明衡量激励动机的两个代理变量——并购相对规模和业绩压力，对并购后的总体业绩兑现无显著影响，但并购相对规模显著增加第一期业绩完成的可能性，业绩压力显著增加第二期业绩完成的可能性。这些结果表明，对赌协议的激励作用主要发生在业绩对赌前期。实证结果部分支持假设 6-2。

表 6-10　激励动机和对赌业绩兑现

	(1)	(2)	(3)	(4)
因变量	Completed	Completed1	Completed2	Completed3
Size_rele	0. 004 (0. 14)	0. 090 ** (2. 25)	−0. 017 (−0. 52)	−0. 016 (−0. 49)
Pressure	0. 036 (0. 55)	0. 021 (0. 30)	0. 145 ** (2. 18)	0. 011 (0. 16)
Size	0. 004 (0. 08)	0. 063 (1. 22)	0. 008 (0. 16)	−0. 039 (−0. 78)
Lev	−0. 091 (−0. 47)	0. 062 (0. 31)	0. 089 (0. 45)	0. 073 (0. 37)
ROA	0. 110 (0. 14)	0. 838 (1. 02)	0. 549 (0. 68)	0. 590 (0. 77)
TobinQ	0. 025 (1. 51)	0. 036 * (1. 83)	0. 012 (0. 72)	−0. 009 (−0. 55)
SOE	0. 219 ** (2. 46)	0. 110 (1. 14)	0. 087 (0. 93)	0. 234 ** (2. 55)
Duality	−0. 031 (−0. 46)	−0. 092 (−1. 27)	−0. 080 (−1. 14)	−0. 004 (−0. 05)
FirstShare	0. 345 (1. 45)	0. 141 (0. 56)	0. 311 (1. 25)	0. 343 (1. 37)
TOP4	−0. 170 (−0. 59)	−0. 313 (−1. 26)	−0. 307 (−1. 12)	0. 572 * (1. 94)
Independent	0. 252 (0. 59)	−0. 534 (−1. 20)	0. 159 (0. 36)	0. 469 (1. 07)
StockPay	0. 457 *** (5. 51)	0. 730 *** (8. 04)	0. 657 *** (7. 68)	0. 256 *** (3. 11)
SameControl	0. 372 ***	−0. 021	0. 087	0. 463 ***

续表

	(1)	(2)	(3)	(4)
因变量	Completed	Completed1	Completed2	Completed3
SameControl	(3.26)	(-0.18)	(0.76)	(4.09)
_cons	-0.219 (-0.20)	-0.473 (-0.40)	-0.783 (-0.70)	0.452 (0.40)
年度	控制	控制	控制	控制
行业	控制	控制	控制	控制
Pseudo R^2	0.053	0.073	0.062	0.053
N	1931	2022	1888	1735

注：括号里为 Z 统计量；*、** 和 *** 分别表示在 10%、5%和 1%水平上显著；标准误经异方差稳健调整。

（四）大股东市值管理动机和对赌业绩兑现

表 6-11 列示了大股东市值管理动机对于对赌业绩兑现的影响结果。列（1）是市值管理动机对总体业绩兑现情况的回归结果，Pledge 的系数为 -0.069，但不显著。列（2）是市值管理动机对第一期业绩兑现情况的回归结果，Pledge 的系数为 0.143，但不显著。列（3）是市值管理动机对第二期业绩兑现情况的回归结果，Pledge 的系数为 0.053，但不显著。列（4）是市值管理动机对第三期业绩兑现情况的回归结果，Pledge 的系数为-0.169，在 10%的水平上显著。

表 6-11 的结果表明大股东市值管理动机对并购后的业绩兑现总体上无显著影响，只对第三期业绩完成的可能性有负面影响。实证结果不支持假设 6-3。

表 6-11 大股东市值管理动机和对赌业绩兑现

	(1)	(2)	(3)	(4)
因变量	Completed	Completed1	Completed2	Completed3
Pledge	-0.069 (-0.76)	0.143 (1.45)	0.053 (0.56)	-0.169* (-1.77)
Size	0.008 (0.15)	0.057 (1.09)	0.004 (0.09)	-0.029 (-0.57)
Lev	-0.082 (-0.42)	0.021 (0.10)	0.053 (0.26)	0.108 (0.54)
ROA	-0.040 (-0.05)	0.927 (1.14)	0.253 (0.32)	0.410 (0.54)
TobinQ	0.026 (1.54)	0.036* (1.82)	0.013 (0.77)	-0.009 (-0.53)
SOE	0.192** (2.02)	0.162 (1.56)	0.099 (0.99)	0.172* (1.75)
Duality	-0.031 (-0.46)	-0.090 (-1.23)	-0.076 (-1.09)	-0.005 (-0.07)
FirstShare	0.337 (1.41)	0.189 (0.75)	0.382 (1.53)	0.293 (1.17)
TOP4	-0.169 (-0.59)	-0.287 (-1.15)	-0.264 (-0.97)	0.548* (1.86)
Independent	0.256 (0.60)	-0.507 (-1.14)	0.215 (0.49)	0.465 (1.06)
StockPay	0.455*** (5.50)	0.727*** (8.04)	0.645*** (7.57)	0.257*** (3.13)
SameControl	0.375*** (3.28)	-0.026 (-0.22)	0.088 (0.76)	0.468*** (4.15)
Size_rele	0.005	0.091**	-0.015	-0.014

续表

	(1)	(2)	(3)	(4)
因变量	Completed	Completed1	Completed2	Completed3
Size_rele	(0.15)	(2.27)	(−0.45)	(−0.46)
_cons	−0.233 (−0.21)	−0.451 (−0.38)	−0.697 (−0.62)	0.357 (0.31)
年度	控制	控制	控制	控制
行业	控制	控制	控制	控制
Pseudo R^2	0.053	0.074	0.060	0.055
N	1931	2022	1888	1735

注：括号里为 Z 统计量；*、** 和 *** 分别表示在 10%、5%和 1%水平上显著；标准误经异方差稳健调整。

（五）高管说服动机和对赌业绩兑现

表 6-12 列示了高管说服动机对于对赌业绩兑现的影响结果。列（1）是高管说服动机对总体业绩兑现情况的回归结果，CEOPower 的系数为-0.025，但不显著。列（2）是高管说服动机对第一期业绩兑现情况的回归结果，CEOPower 的系数为 0.048，但不显著。列（3）是高管说服动机对第二期业绩兑现情况的回归结果，CEOPower 的系数为 0.014，但不显著。列（4）是高管说服动机对第三期业绩兑现情况的回归结果，CEOPower 的系数为-0.036，但不显著。

表 6-12 的结果意味着高管说服动机对并购后的总体业绩兑现和分期业绩兑现情况均无显著影响。实证结果不支持假设 6-4。

表 6-12　高管说服动机和对赌业绩兑现

	(1)	(2)	(3)	(4)
因变量	Completed	Completed1	Completed2	Completed3
CEOPower	−0.025 (−0.53)	0.048 (0.94)	0.014 (0.29)	−0.036 (−0.73)

续表

	(1)	(2)	(3)	(4)
因变量	Completed	Completed1	Completed2	Completed3
Size	-0.012 (-0.24)	0.084 (1.57)	0.010 (0.19)	-0.044 (-0.85)
Lev	-0.060 (-0.29)	-0.011 (-0.05)	0.065 (0.31)	0.110 (0.52)
ROA	0.630 (0.76)	0.637 (0.72)	0.357 (0.42)	0.902 (1.08)
TobinQ	0.016 (0.89)	0.045** (2.16)	0.006 (0.34)	-0.014 (-0.74)
SOE	0.202** (2.18)	0.126 (1.26)	0.040 (0.41)	0.232** (2.42)
Duality	0.008 (0.10)	-0.133 (-1.56)	-0.067 (-0.83)	0.028 (0.35)
FirstShare	0.319 (1.33)	0.170 (0.66)	0.348 (1.37)	0.349 (1.38)
TOP4	-0.153 (-0.53)	-0.324 (-1.30)	-0.291 (-1.06)	0.596** (1.99)
Independent	0.038 (0.07)	-0.334 (-0.59)	0.248 (0.45)	0.258 (0.48)
StockPay	0.453*** (5.38)	0.722*** (7.78)	0.658*** (7.57)	0.275*** (3.29)
SameControl	0.391*** (3.31)	-0.012 (-0.09)	0.134 (1.11)	0.470*** (3.98)
Size_rele	0.007 (0.21)	0.102** (2.41)	-0.020 (-0.57)	-0.011 (-0.32)
_cons	0.014	-1.236	-0.989	0.617

续表

	(1)	(2)	(3)	(4)
因变量	Completed	Completed1	Completed2	Completed3
_cons	(0.01)	(-1.01)	(-0.85)	(0.51)
年度	控制	控制	控制	控制
行业	控制	控制	控制	控制
Pseudo R^2	0.051	0.075	0.062	0.056
N	1931	2022	1888	1735

注：括号里为 Z 统计量；*、** 和 *** 分别表示在 10%、5%和 1%水平上显著；标准误经异方差稳健调整。

（六）满足监管要求动机和对赌业绩兑现

表 6-13 列示了满足监管要求动机对于对赌业绩兑现的影响结果。列（1）是满足监管要求动机对总体业绩兑现情况的回归结果，Regulation 的系数为 0.318，在 1%的重要性水平上显著。列（2）是满足监管要求动机对第一期业绩兑现情况的回归结果，Regulation 的系数为 0.298，在 5%的重要性水平上显著。列（3）是满足监管要求动机对第二期业绩兑现情况的回归结果，Regulation 的系数为 0.230，在 10%的重要性水平上显著。列（4）是满足监管要求动机对第三期业绩兑现情况的回归结果，Regulation 的系数为 0.101，但不显著。

表 6-13 的结果意味着满足监管要求动机对并购后的总体业绩兑现和分期业绩兑现情况均有显著的正面影响。基本支持假设 6-5。

表 6-13　满足监管要求动机和对赌业绩兑现

	(1)	(2)	(3)	(4)
因变量	Completed	Completed1	Completed2	Completed3
Regulation	0.318*** (2.69)	0.298** (2.21)	0.230* (1.93)	0.101 (0.89)
Size	0.006	0.082	0.026	-0.040

续表

	(1)	(2)	(3)	(4)
因变量	Completed	Completed1	Completed2	Completed3
Size	(0. 11)	(1. 44)	(0. 51)	(-0. 79)
Lev	-0. 055 (-0. 27)	0. 083 (0. 39)	0. 025 (0. 13)	0. 083 (0. 41)
ROA	0. 071 (0. 09)	0. 839 (0. 98)	0. 239 (0. 30)	0. 605 (0. 78)
TobinQ	0. 021 (1. 22)	0. 030 (1. 46)	0. 015 (0. 88)	-0. 011 (-0. 65)
SOE	0. 175 * (1. 86)	0. 022 (0. 21)	0. 073 (0. 76)	0. 195 ** (2. 10)
Duality	-0. 030 (-0. 43)	-0. 098 (-1. 27)	-0. 085 (-1. 20)	0. 010 (0. 14)
Top1	0. 380 (1. 52)	0. 088 (0. 32)	0. 385 (1. 52)	0. 327 (1. 30)
TOP4	-0. 181 (-0. 58)	-0. 128 (-0. 43)	-0. 259 (-0. 92)	0. 676 ** (2. 14)
Independent	0. 129 (0. 29)	-0. 660 (-1. 40)	0. 153 (0. 34)	0. 324 (0. 74)
StockPay	0. 347 *** (3. 80)	0. 578 *** (5. 71)	0. 556 *** (6. 02)	0. 225 ** (2. 52)
SameControl	0. 298 ** (2. 40)	0. 034 (0. 26)	0. 031 (0. 26)	0. 424 *** (3. 50)
Tsize	-0. 001 (-0. 04)	0. 092 ** (2. 18)	-0. 019 (-0. 58)	-0. 028 (-0. 88)
_cons	-0. 219 (-0. 19)	-0. 830 (-0. 64)	-1. 305 (-1. 14)	0. 601 (0. 51)

续表

	(1)	(2)	(3)	(4)
因变量	Completed	Completed1	Completed2	Completed3
年度	控制	控制	控制	控制
行业	控制	控制	控制	控制
Pseudo R^2	0.054	0.079	0.061	0.056
N	1931	2022	1888	1735

注：括号里为 Z 统计量；*、** 和 *** 分别表示在 10%、5%和 1%水平上显著；标准误经异方差稳健调整。

五、结论和讨论

本节系统检验了对赌动因是否以及如何影响对赌业绩的实现情况。表 6-14 总结汇总了检验结果。其一，在对赌动因中，除满足证券监管要求外，其他四大对赌动因对业绩的总体完成情况均无显著影响。其二，抑制逆向风险的动机和市值管理动机分别对个别单期的业绩完成情况有显著的负面影响。具体而言，当出于抑制逆向风险的动机签订对赌协议时，以及当上市公司控股股东有较强的市值管理动机时，标的企业完成所承诺的第三期业绩的可能性更低。其三，当激励目标管理层的动机较强时，标的企业完成第一期、第二期目标业绩的可能性更高，但对总体业绩和第三期业绩完成情况无显著影响。其四，高管说服动机对总体业绩和各期业绩完成情况均无显著影响。其五，因证券监管而进行并购对赌的交易总体业绩达标的可能性更高，主要体现在标的企业完成第一期、第二期目标业绩的可能性更高，但对第三期业绩完成情况无显著影响。

表 6-14　对赌动因对业绩完成的影响结果汇总

动因	总体业绩	第一期业绩	第二期业绩	第三期业绩
抑制逆向风险	无显著影响	无显著影响	无显著影响	部分负向影响
激励管理层	无显著影响	部分正向影响	部分正向影响	无显著影响

续表

动因	总体业绩	第一期业绩	第二期业绩	第三期业绩
市值管理	无显著影响	无显著影响	无显著影响	显著负向影响
高管说服	无显著影响	无显著影响	无显著影响	无显著影响
证券监管	显著正面影响	显著正面影响	显著正面影响	无显著影响

这些结果对于我们理解对赌业绩的可兑现性具有启示意义。

一是在满足证券监管要求动机之外，其他对赌动因对于并购后是否能完成对赌业绩的影响非常有限。因此，尽管不同并购交易中使用对赌协议的动机各异，有出于企业价值最大化目标的抑制逆向风险动机和激励目标管理层动机，也有出于内部人自利的市值管理动机和高管说服动机，但各类动机仅对单期业绩兑现或远期业绩兑现有显著影响。从总体上看，对赌并购交易的业绩完成结果和对赌动机关系不大，应努力挖掘影响对赌业绩兑现的其他重要因素。

二是尽管大多数对赌动机对总体业绩完成情况无显著影响，但从对赌动机影响个别单期业绩兑现的结果来看，对赌协议的正面影响主要集中在对赌前期，而负面影响则主要集中在对赌后期。例如，抑制逆向风险较高时，通过业绩对赌可以解决并购后前期业绩预测的可靠性问题，但解决不了并购后第三年及以后的业绩预测可靠性问题。上市公司激励目标管理层动机较强时，运用并购对赌协议对并购前期的业绩兑现有正面作用，但是难以持续至并购完成的第三年。而在控股股东市值管理动机下，前两年的业绩兑现情况和其他交易无显著区别，第三年业绩兑现的可能性则显著下降。因此，无论是监管机构还是收购方，应当重点关注对赌中后期业绩预测的合理性，并加强在对赌期中后段对标的企业的管控水平。

三是证券监管对于标的企业完成对赌业绩目标具有积极效应。这一积极效应不仅源于监管机构事前对并购对赌协议具体条款设计的审查监督，还源于并购完成后监管机构所设置的定期业绩报告要求和金融中介持续督导要求。但同时需要注意，尽管监管在短期内提高了业绩达标的可能性，但对第三期业绩没有显著影响，这可能意味着监管效果的持续性有待加强。这提示监管机构需要考虑长期监管策略，确保标的企业在整个对赌期内都能保持业绩的稳定和真实。

第四节　对赌协议条款设计和并购对赌业绩兑现

一、引言

在并购交易实践中，对赌协议作为一种风险缓释和激励机制，被频繁地应用于协调交易双方的利益预期。对赌具体条款作为协议中的核心要素，其设计展现出显著的异质性，从业绩承诺的具体指标到补偿机制的多样化设定，各种条款在不同交易中呈现丰富的变化。尽管对赌条款的多样性显而易见，但这些差异化设计是否真正发挥了预期的作用，以及它们如何影响对赌业绩的实现，目前学术界和实务界尚未形成统一的认识。

本节计划针对这一问题开展深入探讨，旨在通过实证研究，检验对赌条款设计的异质性如何影响对赌业绩的实现。研究将分析不同条款设计对标的企业总体和各期业绩承诺达成的影响，探讨条款的具体内容、结构和条件如何影响标的企业的经营策略和业绩表现，以及这些因素如何进一步影响整个并购交易的成效。

本研究的开展具有重要的理论和实践意义。理论上，研究结果将丰富对赌协议的相关理论，为理解对赌条款设计的有效性提供新的视角和分析框架。实践上，研究成果将为并购交易双方在对赌协议的制定和谈判中提供指导，帮助他们更科学地设计条款，更有效地实现风险与收益的平衡。此外，本研究也将为监管机构提供参考，促进对赌协议监管政策的完善，提高资本市场的效率和透明度。

二、理论分析和假设提出

对赌协议的常见具体条款包括三大类别——业绩目标条款、激励条款和补偿条款。本节将基于这三大类条款展开分析。

业绩目标条款是构成对赌协议的核心要素，其核心在于明确界定业绩指标、对赌期限以及业绩目标值。本节将重点探讨对赌协议中涉及的三个关键业绩目标条款：是否采用“孰低”业绩指标、对赌期限的设定以及承诺的业绩增长率。

首先，业绩指标的选择对标的企业完成业绩目标的可能性具有直接影响。若业绩指标具有较高的可操纵性，标的企业通过盈余管理等手段达成业绩目标的机率相应增加。其次，对赌期限的设定亦会对业绩完成概率产生影响。较短的对赌期限可能使得业绩预测更为精确，同时，鉴于标的企业自身的经营状况和外部经营环境在短期内往往相对稳定，这亦增加了标的企业达成业绩目标的可能性。最后，承诺的业绩增长率越高，对标的企业未来业绩增长的要求越苛刻，相应地，实现业绩目标的难度也随之增大。基于这些分析，提出以下假设：

假设6-6：对赌协议中使用“孰低”业绩指标时，标的企业完成对赌业绩的可能性更低。

假设6-7：对赌协议约定的对赌期越长，标的企业完成对赌业绩的可能性越低。

假设6-8：对赌协议约定的业绩增长率越高，标的企业完成对赌业绩的可能性越低。

对赌协议中的激励条款主要指双向补偿条款，该条款规定了当标的企业在约定的对赌期内实现的业绩超出预定目标值时，收购方将向承诺人提供额外的奖励。此类条款在标准的对赌补偿安排基础上，对承诺人——通常为持有管理层职位的原股东——施加了额外的激励，有利于充分调动承诺人提高经营业绩的积极性。因此，提出以下假设：

假设6-9：对赌协议约定双向补偿条款时，标的企业完成对赌业绩的可能性更高。

对赌协议中的补偿条款规定，当标的企业未能实现预定业绩目标时，承诺方应如何履行其补偿责任的具体条款。这些条款通常涵盖补偿的支付方式和计算方法。

就补偿支付方式而言，相较于股权补偿，现金补偿具有更高的可执行性，原因在于现金补偿不涉及诸如股权质押等可能影响补偿执行的不确定性因素。此外，现金作为一种价值稳定的支付方式，相较于股权，其价值波动风险较低。因此，采用现金补偿方式往往对承诺方构成较大的经济压力。

在补偿计算方式上，“补对价”方法通常导致较高的补偿额，与“补差额”方法相比，当业绩未达标时，“补对价”方法使得承诺方面临更为重大的补偿责任。这种较大的补偿压力可能激励承诺方更加积极地追求业绩目标的实现，以规避潜在的重大经济损失。

承诺方面临的补偿压力与其实现业绩目标的动力成正比，即补偿压力越大，承诺方为了避免重大损失，越有可能努力达成预定的业绩目标。因此，提出以下假设：

假设 6-10：对赌协议约定现金补偿条款时，标的企业完成对赌业绩的可能性更高。

假设 6-11：对赌协议约定高代价补偿条款时，标的企业完成对赌业绩的可能性更高。

三、研究设计

（一）研究模型

为了检验假设对赌协议设计是否影响对赌业绩的实现情况，本节设计了以下 Probit 模型（6-2）：

$$Completed\ Variable = \beta_0 + \beta_1 Earnout\ Design + \beta_i Controls + \varepsilon \qquad (6-2)$$

模型的被解释变量 *Completed Variable* 为是否完成对赌业绩，包括是否完成总体业绩对赌 *Completed*、是否完成第一期业绩对赌 *Completed*1、是否完成第二期业绩对赌 *Completed*2、是否完成第三期业绩对赌 *Completed*3。

模型（6-2）中的解释变量 *Earnout Design* 为各对赌具体条款变量，包括“孰低”条款 *Lower*、双向补偿条款 *Award*、现金补偿条款 *Cashpay*、高代价条款 *Highcost*、对赌期限 *Period* 和承诺业绩增长率 *Growth*。

此外，参考已有文献（Kohers 和 Ang，2000；Datar 等，2001；Reuer 等，2004；Ragozzino 和 Reuer，2009；吕长江和韩博慧，2014），模型（6-2）均控制了收购方财务特征、股权特征、公司治理特征和交易特征。该模型还控制了收购方的行业和年度虚拟变量。控制变量的定义和计算方式详见表 6-15。

表 6-15 主要变量定义表

变量名称	变量符号	变量定义
是否完成总体业绩对赌	Completed	哑变量，如果完成总体业绩对赌目标，则取值为 1，否则为 0
是否完成第 1 期业绩	Completed1	哑变量，如果完成第 1 期业绩对赌目标，则取值为 1，否则为 0
是否完成第 2 期业绩	Completed2	哑变量，如果完成第 2 期业绩对赌目标，则取值为 1，否则为 0
是否完成第 3 期业绩	Completed3	哑变量，如果完成第 3 期业绩对赌目标，则取值为 1，否则为 0
“孰低”条款	Lower	哑变量，如果在对赌协议补偿中使用“净利润和扣除非经常性损益后的净利润孰低”指标，则取值为 1，否则为 0
双向补偿条款	Award	哑变量，如果在对赌协议中使用了双向业绩对赌，则取值为 1，否则为 0
现金支付条款	Cashpay	哑变量，如果协议约定补偿方式为现金补偿或优先现金补偿，则取值为 1，否则为 0
高代价条款	Highcost	哑变量，如果补偿金额的计算方式是补对价，则取值为 1，否则为 0
对赌期限	Period	对赌年限
承诺业绩增长率	Growth	承诺期的各期业绩增长率平均值
公司规模	Size	上市公司并购公告前一年末的总资产取对数
公司负债率	Lev	上市公司并购公告前一年末的总负债/总资产
资产收益率	ROA	上市公司并购公告前一年末的净利润/总资产
托宾 Q	TobinQ	上市公司上年末市值/上年末资产
大股东持股	FirstShare	上市公司并购公告前一年末的第一大股东持股比例
股权性质	SOE	哑变量，如果收购方是国有企业，则取值为 1，否则为 0
两权分离度	Seperation	实际控制人拥有上市公司控制权与所有权之差
两职合一	Duality	哑变量，如果上市公司董事长和总经理为同一人，则取值为 1，否则为 0
独董比例	Independent	上市公司独立董事人数/董事会总人数

续表

变量名称	变量符号	变量定义
会计师事务所	Top4	哑变量，如果上市公司上一年度年报经四大会计师事务所审计，则取值为 1，否则为 0
股份支付	StockPay	并购交易价款中股权支付的比例
相对规模	Size_rele	并购交易价款/并购公告前一年末上市公司市值

（二）样本筛选和数据来源

本节以我国 2008—2018 年 A 股上市公司宣告收购非上市公司为初选样本，执行如下筛选：

（1）并购在 2023 年 12 月 31 日前已成功完成。

（2）并购交易后收购方应至少实现对标的企业的相对控股。

（3）去掉借壳上市、资产置换事件。

（4）剔除标的企业注册地为境外的样本。

（5）剔除并购交易金额小于 100 万元的样本。

（6）剔除金融类的收购方企业。

（7）剔除相关财务数据缺失值样本。

（8）剔除未使用对赌协议的交易。

经过上述筛选程序，最终获得 2020 个对赌事件。并购事件数据来源为 Wind 数据库，并购交易的对赌数据，部分通过 Wind 对赌协议数据库获得，并通过手工查阅并购公告将数据进行修正和补充。其他上市公司财务数据、股权数据和公司治理数据等源于 CSMAR 数据库。为了避免极值的影响，对连续变量进行了上下 1%的 winsorize 缩尾处理。

四、实证结果

（一）描述性统计

表 6-16 列示了本节各变量的描述性统计数据。

表 6-16 显示，样本中 68.3%的交易完成了总体对赌业绩目标。第一期的业绩完成情况最为理想，有 79.8%的并购交易完成了第一期对赌业绩目标，

第二期、第三期的业绩完成情况则逐期恶化，第二期中完成对赌业绩的并购交易占比下降为71.8%，第三期中完成对赌业绩的并购交易占比进一步下降为59.9%。这些对赌业绩完成情况数据和上一节基本一致。

本节样本中，13.3%的对赌交易使用了“孰低”条款，45.1%的对赌交易使用现金补偿方式，76.9%的对赌交易使用了补对价的高成本补偿方式，25.9%的对赌交易使用了双向对赌条款，平均业绩增长率为29.6%，平均对赌期限为3.19年。

其他主要变量的描述性统计与其他章节数据基本一致。

表6-16 主要变量描述性统计

变量名称	N	Mean	SD	Min	Median	Max	P25	P75
Completed	1927	0.683	0.466	0.000	1.000	1.000	0.000	1.000
Completed1	2020	0.798	0.402	0.000	1.000	1.000	1.000	1.000
Completed2	1883	0.718	0.450	0.000	1.000	1.000	0.000	1.000
Completed3	1732	0.599	0.490	0.000	1.000	1.000	0.000	1.000
Lower	2020	0.133	0.340	0.000	0.000	1.000	0.000	0.000
Cashpay	2020	0.451	0.498	0.000	0.000	1.000	0.000	1.000
Highcost	2020	0.769	0.422	0.000	1.000	1.000	1.000	1.000
Award	2020	0.259	0.438	0.000	0.000	1.000	0.000	1.000
Growth	1883	0.296	0.258	-0.090	0.247	2.500	0.163	0.325
Period	2020	3.190	0.554	1.000	3.000	5.000	3.000	3.000
Size	2020	21.566	1.023	19.540	21.465	24.727	20.813	22.192
Lev	2020	0.379	0.207	0.052	0.350	0.940	0.213	0.517
ROA	2020	0.043	0.048	-0.138	0.043	0.186	0.019	0.069
SOE	2020	0.218	0.413	0.000	0.000	1.000	0.000	0.000
TobinQ	2020	3.635	2.585	0.970	2.854	13.880	1.942	4.262
Duality	2020	0.668	0.471	0.000	1.000	1.000	0.000	1.000
FirstShare	2020	0.331	0.135	0.118	0.306	0.678	0.223	0.426
TOP4	2020	0.015	0.123	0.000	0.000	1.000	0.000	0.000

续表

变量名称	N	Mean	SD	Min	Median	Max	P25	P75
Independent	2020	0. 390	0. 073	0. 273	0. 375	0. 571	0. 333	0. 429
StockPay	2020	0. 411	0. 418	0. 000	0. 400	1. 000	0. 000	0. 832
SameControl	2020	0. 127	0. 333	0. 000	0. 000	1. 000	0. 000	0. 000
Size_rele	2020	0. 628	1. 173	0. 001	0. 195	5. 490	0. 068	0. 550

（二）多元回归结果

表6-17列示了对赌协议具体条款设计对于总体对赌业绩兑现的影响结果。

表6-17列（1）是“孰低”条款对总体业绩兑现情况的回归结果，Lower的系数为0. 008，但不显著，不支持假设6-6。

表6-17列（2）是对赌期限对总体业绩兑现情况的回归结果，Period的系数为-0. 172，在1%水平上显著，支持假设6-7，即对赌协议约定的对赌期越长，标的企业完成对赌业绩的可能性越低。

表6-17列（3）是承诺业绩增长率对总体业绩兑现情况的回归结果，Growth的系数为-0. 418，在1%水平上显著，支持假设6-8，即对赌协议约定的业绩增长率越高，标的企业完成对赌业绩的可能性越低。

表6-17列（4）是双向补偿条款对总体业绩兑现情况的回归结果，Award的系数为-0. 051，但系数不显著，不支持假设6-9。

表6-17列（5）是现金补偿条款对总体业绩兑现情况的回归结果，Cashpay的系数为0. 083，但不显著，不支持假设6-10。

表6-17列（6）是高代价条款对总体业绩兑现情况的回归结果，Highcost的系数为0. 230，在1%水平上显著，支持假设6-11，即当对赌协议约定高代价补偿条款时，标的企业完成对赌业绩的可能性更高。

表 6-17 对赌协议具体条款设计和总体对赌业绩兑现

因变量：Deleted						
	(1)	(2)	(3)	(4)	(5)	(6)
Lower	0.008 (0.09)					
Period		-0.172*** (-3.34)				
Growth			-0.418*** (-3.28)			
Award				-0.051 (-0.69)		
Cashpay					0.083 (1.00)	
Highcost						0.230*** (3.04)
Size	0.004 (0.08)	0.008 (0.16)	0.005 (0.09)	0.002 (0.05)	0.005 (0.10)	0.008 (0.16)
Lev	-0.097 (-0.50)	-0.138 (-0.70)	-0.064 (-0.32)	-0.095 (-0.49)	-0.095 (-0.49)	-0.103 (-0.53)
ROA	0.025 (0.03)	-0.064 (-0.08)	0.041 (0.05)	0.000 (0.00)	0.083 (0.11)	0.012 (0.02)
TobinQ	0.026 (1.53)	0.023 (1.36)	0.017 (1.00)	0.025 (1.52)	0.025 (1.46)	0.027 (1.61)
SOE	0.218** (2.44)	0.215** (2.41)	0.149 (1.59)	0.218** (2.45)	0.220** (2.47)	0.227** (2.55)
Duality	-0.031 (-0.45)	-0.042 (-0.63)	-0.039 (-0.56)	-0.033 (-0.49)	-0.031 (-0.46)	-0.023 (-0.35)
FirstShare	0.357	0.325	0.379	0.362	0.352	0.306

续表

因变量：Deleted						
	(1)	(2)	(3)	(4)	(5)	(6)
FirstShare	(1.51)	(1.36)	(1.52)	(1.53)	(1.48)	(1.29)
TOP4	-0.161 (-0.56)	-0.192 (-0.65)	-0.183 (-0.55)	-0.162 (-0.56)	-0.160 (-0.55)	-0.125 (-0.43)
Independent	0.265 (0.62)	0.219 (0.51)	0.105 (0.24)	0.260 (0.60)	0.295 (0.68)	0.305 (0.71)
StockPay	0.454*** (5.49)	0.481*** (5.77)	0.408*** (4.73)	0.454*** (5.49)	0.515*** (4.91)	0.380*** (4.41)
SameControl	0.373*** (3.26)	0.363*** (3.18)	0.416*** (3.53)	0.362*** (3.14)	0.369*** (3.23)	0.363*** (3.18)
Size_rele	0.005 (0.16)	0.009 (0.29)	0.006 (0.18)	0.004 (0.12)	0.008 (0.26)	0.003 (0.10)
_cons	-0.215 (-0.20)	0.357 (0.32)	-0.148 (-0.13)	-0.144 (-0.13)	-0.313 (-0.29)	-0.447 (-0.41)
年度	控制	控制	控制	控制	控制	控制
行业	控制	控制	控制	控制	控制	控制
Pseudo R^2	0.053	0.057	0.056	0.053	0.053	0.056
N	1927	1927	1883	1927	1927	1927

注：括号里为 Z 统计量；*、** 和 *** 分别表示在 10%、5%和 1%水平上显著；标准误经异方差稳健调整。

表 6-18 列示了对赌协议具体条款设计对于第一期业绩兑现的影响结果。

表 6-18 列（1）是"孰低"条款对第一期业绩兑现情况的回归结果，Lower 的系数为 0.040，但不显著，不支持假设 6-6。

表 6-18 列（2）是对赌期限对第一期业绩兑现情况的回归结果，Period 的系数为-0.005，但不显著，不支持假设 6-7。

表 6-18 列（3）是承诺业绩增长率对第一期业绩兑现情况的回归结果，

Growth 的系数为-0.265，在5%水平上显著，支持假设6-8，即对赌协议约定的业绩增长率越高，标的企业完成对赌业绩的可能性越低。

表6-18列（4）是双向补偿条款对第一期业绩兑现情况的回归结果，Award 的系数为0.043，但系数不显著，不支持假设6-9。

表6-18列（5）是现金补偿条款对第一期业绩兑现情况的回归结果，Cashpay 的系数为0.186，在5%水平上显著，支持假设6-10，即当对赌协议约定现金补偿条款时，标的企业完成对赌业绩的可能性更高。

表6-18列（6）是高代价条款对第一期业绩兑现情况的回归结果，Highcost 的系数为0.160，在5%水平上显著，支持假设6-11，即当对赌协议约定高代价补偿条款时，标的企业完成对赌业绩的可能性更高。

表6-18 对赌协议具体条款设计和第一期对赌业绩兑现

因变量：Deleted1						
	(1)	(2)	(3)	(4)	(5)	(6)
Lower	0.040 (0.41)					
Period		-0.005 (-0.10)				
Growth			-0.265** (-2.11)			
Award				0.043 (0.54)		
Cashpay					0.186** (2.13)	
Highcost						0.160** (2.08)
Size	0.063 (1.21)	0.070 (1.33)	0.073 (1.31)	0.064 (1.23)	0.064 (1.24)	0.063 (1.22)
Lev	0.062	0.037	0.109	0.059	0.073	0.065

续表

因变量：Deleted1						
	(1)	(2)	(3)	(4)	(5)	(6)
Lev	(0.31)	(0.18)	(0.51)	(0.29)	(0.36)	(0.32)
ROA	0.793 (0.98)	0.764 (0.94)	0.777 (0.91)	0.808 (1.00)	0.929 (1.14)	0.816 (1.02)
TobinQ	0.036* (1.84)	0.037* (1.87)	0.026 (1.29)	0.036* (1.85)	0.034* (1.74)	0.037* (1.89)
SOE	0.112 (1.16)	0.101 (1.04)	0.018 (0.17)	0.108 (1.12)	0.114 (1.18)	0.118 (1.22)
Duality	−0.092 (−1.27)	−0.097 (−1.33)	−0.104 (−1.35)	−0.090 (−1.24)	−0.093 (−1.28)	−0.087 (−1.19)
FirstShare	0.144 (0.57)	0.153 (0.60)	0.092 (0.34)	0.141 (0.56)	0.130 (0.51)	0.110 (0.44)
TOP4	−0.307 (−1.23)	−0.311 (−1.25)	−0.139 (−0.45)	−0.307 (−1.23)	−0.317 (−1.26)	−0.282 (−1.12)
Independent	−0.528 (−1.19)	−0.534 (−1.19)	−0.702 (−1.51)	−0.526 (−1.19)	−0.474 (−1.06)	−0.513 (−1.16)
StockPay	0.728*** (8.03)	0.723*** (7.92)	0.650*** (6.85)	0.727*** (8.02)	0.865*** (7.53)	0.673*** (7.15)
SameControl	−0.018 (−0.15)	−0.027 (−0.23)	0.134 (1.07)	−0.011 (−0.09)	−0.032 (−0.27)	−0.023 (−0.20)
Size_rele	0.091** (2.27)	0.088** (2.21)	0.096** (2.26)	0.091** (2.27)	0.100** (2.47)	0.087** (2.18)
_cons	−0.467 (−0.39)	−0.625 (−0.52)	−0.541 (−0.42)	−0.508 (−0.43)	−0.673 (−0.57)	−0.569 (−0.48)
年度	控制	控制	控制	控制	控制	控制
行业	控制	控制	控制	控制	控制	控制

续表

因变量：Deleted1						
	(1)	(2)	(3)	(4)	(5)	(6)
Pseudo R^2	0.073	0.075	0.075	0.073	0.079	0.072
N	2020	2020	2020	2020	1883	2020

注：括号里为 Z 统计量；*、** 和 *** 分别表示在 10%、5%和 1%水平上显著；标准误经异方差稳健调整。

表 6-19 列示了对赌协议具体条款设计对于第二期业绩兑现的影响结果。

表 6-19 列（1）是“孰低”条款对第二期业绩兑现情况的回归结果，Lower 的系数为-0.032，但不显著，不支持假设 6-6。

表 6-19 列（2）是对赌期限对第二期业绩兑现情况的回归结果，Period 的系数为 0.089，但不显著，不支持假设 6-7。

表 6-19 列（3）是承诺业绩增长率对第二期业绩兑现情况的回归结果，Growth 的系数为-0.376，在 1%水平上显著，支持假设 6-8，即对赌协议约定的业绩增长率越高，标的企业完成对赌业绩的可能性越低。

表 6-19 列（4）是双向补偿条款对第二期业绩兑现情况的回归结果，A-ward 的系数为-0.001，但系数不显著，不支持假设 6-9。

表 6-19 列（5）是现金补偿条款对第二期业绩兑现情况的回归结果，Cashpay 的系数为 0.178，在 5%水平上显著，支持假设 6-10，即当对赌协议约定现金补偿条款时，标的企业完成对赌业绩的可能性更高。

表 6-19 列（6）是高代价条款对第二期业绩兑现情况的回归结果，High-cost 的系数为 0.133，在 10%水平上显著，支持假设 6-11，即当对赌协议约定高代价补偿条款时，标的企业完成对赌业绩的可能性更高。

表 6-19　对赌协议具体条款设计和第二期对赌业绩兑现

因变量：Deleted2						
	(1)	(2)	(3)	(4)	(5)	(6)
Lower	-0.032					

续表

因变量：Achieve2						
	(1)	(2)	(3)	(4)	(5)	(6)
Lower	(-0.34)					
Period		0.089 (1.47)				
Growth			-0.376*** (-3.10)			
Award				-0.001 (-0.02)		
Cashpay					0.178** (2.07)	
Highcost						0.133* (1.72)
Size	0.005 (0.10)	0.006 (0.12)	0.027 (0.54)	0.005 (0.11)	0.007 (0.15)	0.007 (0.14)
Lev	0.065 (0.33)	0.048 (0.24)	0.043 (0.21)	0.066 (0.33)	0.068 (0.34)	0.073 (0.37)
ROA	0.235 (0.30)	0.313 (0.40)	0.113 (0.14)	0.236 (0.30)	0.347 (0.44)	0.249 (0.32)
TobinQ	0.013 (0.73)	0.012 (0.69)	0.014 (0.82)	0.013 (0.74)	0.011 (0.64)	0.014 (0.82)
SOE	0.078 (0.83)	0.077 (0.82)	0.057 (0.59)	0.081 (0.86)	0.088 (0.93)	0.088 (0.94)
Duality	-0.081 (-1.16)	-0.080 (-1.13)	-0.091 (-1.28)	-0.082 (-1.16)	-0.085 (-1.21)	-0.078 (-1.11)
FirstShare	0.374 (1.50)	0.405 (1.62)	0.398 (1.58)	0.371 (1.49)	0.359 (1.44)	0.350 (1.41)

续表

因变量：Deleted						
	(1)	(2)	(3)	(4)	(5)	(6)
TOP4	-0.270 (-0.99)	-0.257 (-0.95)	-0.239 (-0.82)	-0.270 (-0.99)	-0.272 (-0.99)	-0.239 (-0.87)
Independent	0.203 (0.46)	0.225 (0.51)	0.065 (0.15)	0.204 (0.46)	0.254 (0.58)	0.209 (0.48)
StockPay	0.641*** (7.51)	0.624*** (7.28)	0.594*** (6.85)	0.642*** (7.53)	0.774*** (7.11)	0.598*** (6.76)
SameControl	0.089 (0.78)	0.092 (0.80)	0.116 (1.00)	0.091 (0.78)	0.083 (0.72)	0.085 (0.74)
Size_rele	-0.015 (-0.46)	-0.016 (-0.48)	-0.013 (-0.40)	-0.015 (-0.44)	-0.007 (-0.22)	-0.017 (-0.51)
_cons	-0.662 (-0.59)	-1.090 (-0.96)	-1.088 (-0.95)	-0.678 (-0.60)	-0.890 (-0.80)	-0.800 (-0.71)
年度	控制	控制	控制	控制	控制	控制
行业	控制	控制	控制	控制	控制	控制
Pseudo R^2	0.060	0.060	0.064	0.060	0.062	0.061
N	1883	1883	1883	1883	1883	1883

注：括号里为 *Z* 统计量；*、** 和 *** 分别表示在 10%、5%和 1%水平上显著；标准误经异方差稳健调整。

表 6-20 列示了对赌协议具体条款设计对于第三期业绩兑现的影响结果。

表 6-20 列（1）是“孰低”条款对第三期业绩兑现情况的回归结果，Lower 的系数为 0.003，但不显著，不支持假设 6-6。

表 6-20 列（2）是对赌期限对第三期业绩兑现情况的回归结果，Period 的系数为 0.052，但不显著，不支持假设 6-7。

表 6-20 列（3）是承诺业绩增长率对第三期业绩兑现情况的回归结果，Growth 的系数为-0.345，在 1%水平上显著，支持假设 6-8，即对赌协议约定

的业绩增长率越高，标的企业完成对赌业绩的可能性越低。

表 6-20 列（4）是双向补偿条款对第三期业绩兑现情况的回归结果，Award 的系数为-0.072，但不显著，不支持假设 6-9。

表 6-20 列（5）是现金补偿条款对第三期业绩兑现情况的回归结果，Cashpay 的系数为 0.064，但不显著，不支持假设 6-10。

表 6-20 列（6）是高代价条款对第三期业绩兑现情况的回归结果，Highcost 的系数为 0.107，但不显著，不支持假设 6-11。

表 6-20　对赌协议具体条款设计和第三期对赌业绩兑现

	因变量：Deleted3					
	(1)	(2)	(3)	(4)	(5)	(6)
Lower	0.003 (0.03)					
Period		0.052 (0.82)				
Growth			-0.345*** (-2.67)			
Award				-0.072 (-0.95)		
Cashpay					0.064 (0.75)	
Highcost						0.107 (1.32)
Size	-0.041 (-0.82)	-0.041 (-0.82)	-0.037 (-0.72)	-0.044 (-0.87)	-0.041 (-0.81)	-0.039 (-0.78)
Lev	0.073 (0.37)	0.060 (0.30)	0.085 (0.42)	0.080 (0.40)	0.075 (0.38)	0.075 (0.38)
ROA	0.572 (0.76)	0.569 (0.76)	0.497 (0.65)	0.549 (0.73)	0.607 (0.80)	0.585 (0.78)

续表

因变量：Deleted						
	(1)	(2)	(3)	(4)	(5)	(6)
TobinQ	−0.009 (−0.54)	−0.010 (−0.56)	−0.012 (−0.72)	−0.009 (−0.55)	−0.010 (−0.58)	−0.008 (−0.49)
SOE	0.236** (2.56)	0.231** (2.51)	0.185** (1.99)	0.235** (2.57)	0.238*** (2.59)	0.239*** (2.61)
Duality	−0.005 (−0.07)	0.001 (0.02)	−0.003 (−0.05)	−0.007 (−0.10)	−0.004 (−0.06)	−0.002 (−0.03)
FirstShare	0.343 (1.38)	0.341 (1.37)	0.334 (1.33)	0.349 (1.41)	0.341 (1.38)	0.326 (1.31)
TOP4	0.576* (1.96)	0.582** (1.97)	0.719** (2.14)	0.568* (1.92)	0.578* (1.96)	0.606** (2.05)
Independent	0.468 (1.07)	0.425 (0.97)	0.342 (0.77)	0.457 (1.04)	0.486 (1.11)	0.477 (1.09)
StockPay	0.253*** (3.09)	0.250*** (3.04)	0.238*** (2.84)	0.251*** (3.07)	0.300*** (2.91)	0.219** (2.56)
SameControl	0.465*** (4.10)	0.458*** (4.03)	0.473*** (4.07)	0.451*** (3.94)	0.463*** (4.08)	0.460*** (4.07)
Size_rele	−0.016 (−0.50)	−0.019 (−0.60)	−0.020 (−0.61)	−0.018 (−0.56)	−0.014 (−0.44)	−0.016 (−0.51)
_cons	0.488 (0.43)	0.448 (0.38)	0.508 (0.44)	0.593 (0.52)	0.415 (0.36)	0.380 (0.33)
年度	控制	控制	控制	控制	控制	控制
行业	控制	控制	控制	控制	控制	控制
Pseudo R^2	0.053	0.054	0.058	0.054	0.053	0.054
N	1732	1732	1732	1732	1732	1732

注：括号里为 Z 统计量；*、** 和 *** 分别表示在 10%、5%和 1%水平上显著；标准误经异方差稳健调整。

五、结论和讨论

本节系统检验了对赌条款设计是否以及如何影响对赌业绩的实现情况。表 6-21 总结汇总了检验结果。首先，“孰低”条款和双向补偿条款对业绩的总体完成情况与各期的业绩完成情况均无显著影响。其次，高代价条款和现金补偿条款对业绩完成情况有显著的正面影响。具体而言，如果并购交易设置了高代价条款或现金补偿条款，标的企业完成第一期、第二期目标业绩的可能性更高；但只有高代价条款对总体业绩完成情况有显著的正向影响。最后，对赌期限越长、承诺业绩的增长率越高则业绩完成情况越差，但对赌期限仅和总体业绩完成的可能性呈显著负相关，而承诺业绩增长率则和总体业绩情况、各期业绩完成情况均显著负相关。

表 6-21　对赌条款设计对业绩完成的影响结果汇总

动因	总体业绩	第一期业绩	第二期业绩	第三期业绩
“孰低”条款	无显著影响	无显著影响	无显著影响	无显著影响
双向补偿条款	无显著影响	无显著影响	无显著影响	无显著影响
现金补偿条款	无显著影响	显著正面	显著正面	无显著影响
高代价条款	显著正面	显著正面	显著正面	无显著影响
对赌期限	显著负面	无显著影响	无显著影响	无显著影响
承诺业绩增长率	显著负面	显著负面	显著负面	显著负面

本节的实证检验结果表明，对赌条款的具体设计对业绩的实现情况有直接影响，收购方、监管机构和投资者应重视对赌条款的设计问题。

对于收购方而言，在和对赌方进行对赌条款谈判时应充分考虑不同条款设计对未来业绩兑现情况的影响。一是应平衡业绩增长率与未来业绩兑现风险的关系。不应一味地追求高业绩增长率，而应设置合理的业绩目标，平衡高增长率带来的激励效应和过高承诺带来的风险。二是选择有效的业绩兑现激励条款，如高代价条款和现金补偿条款，因为它们已被证明对业绩有正面影响。三是避免为个别无效或低效条款付出过高溢价，本节的研究结果表明，“孰低”条款及双向补偿条款对业绩的总体完成情况和各期完成情况没有显著影响，因此在缔约谈判时，要充分考虑这些条款给收购方带来的收益和成本。

对于监管机构而言，应科学地规制和引导并购双方缔结对赌协议，避免因条款设计不当而带来的风险和纠纷。一是应鼓励并购双方设计合理的对赌条款，特别是高代价条款和现金补偿条款，因为它们对业绩的正面影响已得到验证。二是应对对赌业绩目标的设置进行监管，避免过度承诺。鉴于承诺业绩增长率与业绩完成情况显著负相关，对赌期限的延长与业绩完成情况负相关，监管机构应关注对赌双方是否基于合理的市场预期和公司实际运营情况设置业绩目标，促使标的企业更加注重长期的可持续发展。三是应提供相关的指导和培训，帮助并购双方了解如何设计有效的对赌协议，以及如何评估和监控业绩兑现的风险。

对于投资者而言，应审慎评估对赌条款，考虑不同对赌条款对企业未来业绩的影响，进行理性投资。投资者应仔细评估具体的对赌条款，一是关注业绩承诺的合理性，分析业绩承诺是否与公司的历史表现、行业趋势和市场潜力相符，警惕那些可能导致业绩难以达成的过高业绩承诺和过长的对赌期限。二是关注补偿方式和补偿成本等相关条款，判断标的企业兑现对赌业绩的动力和保障，科学地预测对赌业绩的可实现性。

第五节　本章小结

本章全面审视了中国 A 股市场 2008 年至 2018 年间采用对赌协议的并购交易的业绩兑现情况。通过对 2022 个对赌交易案例的长期追踪与业绩数据的详尽分析，力图细致勾画出 A 股市场中并购对赌交易业绩兑现的全貌。研究发现，近三成的并购交易未能实现预定业绩目标，且这些交易的业绩完成度在对赌协议后期呈现递减趋势。此外，本章还基于并购发生的年度和标的企业所在行业，对业绩完成情况进行了深入的分类分析。本章特别关注了“精准”达标现象，发现在达成业绩目标的样本中，有 38%的交易案例表现为“精准”达标，这可能意味着我国对赌交易中存在财务包装行为，尤其是在某些行业中，这种行为的嫌疑更为显著。

本章进一步系统地检验了对赌动因对业绩兑现的影响。研究发现，除满足证券监管要求外，其他对赌动因如抑制逆向选择风险、市值管理、激励目标管理层、高管说服等对业绩的总体完成情况影响不显著。然而，在个别单期业绩完成的情况上，抑制逆向选择风险和市值管理动机有显著的负面影响。对于业绩完成有突出影响的是证券监管因素，受证券监管驱动的对赌交易在总体业绩达标的可能性上更高，主要体现在标的企业完成前期业绩目标的可能性显著更高。

在对赌条款设计对业绩兑现的影响方面，本章发现特定对赌条款的存在与否对标的企业的业绩完成情况具有显著的预测作用。首先，本研究发现“孰低”条款和双向补偿条款在统计上并不影响标的企业对业绩承诺的总体完成度，以及在各个阶段的业绩完成情况。其次，研究发现高代价条款和现金补偿条款对业绩完成具有显著的正面效应。具体来说，当并购交易中包含这些条款时，标的企业在前期（第一期、第二期）实现业绩目标的概率显著提高。此外，仅高代价条款对标的企业总体业绩的完成情况产生了正向影响，这可能与高代价条款对承诺方形成较大经济压力有关。最后，本章还发现对赌期限的延长与承诺业绩增长率的提高，均与业绩完成情况呈显著负相关。特别是承诺业绩增长率，它与总体业绩完成情况及各期业绩完成情况均表现出显著的负相关性。

本章的研究可能有以下学术贡献：

首先，本章的研究展示了我国并购对赌交易的真实业绩兑现情况，提供了一个长达十年的对赌业绩数据。这些数据为后续研究提供了坚实的数据基础，有助于深入探讨并购对赌协议的真实影响。

其次，本章的研究从业绩兑现的视角出发，揭示并购对赌业绩兑现的多维决定因素。本章不仅分析了对赌动因和条款设计对业绩兑现的影响，同时还考虑了监管机构和金融中介两个重要因素的影响，这种多角度的深入分析有助于揭示实际对赌业绩的决定性因素。

最后，本章的研究拓展了有关财务协议的经济后果研究领域。并购对赌协议属于特殊的财务契约。本研究将对赌协议纳入研究范畴，增加了财务协议研究的广度。同时，本研究不仅关注对赌协议的存在与否，更深入地分析了具体条款对企业经营成果的影响，深化了对财务契约经济后果的理解。

本章的研究可能有以下实践启示：

一是，本章的研究为解决我国资本市场频发的对赌爆雷问题提供了坚实的理论支撑。通过对中国 A 股市场并购对赌协议的业绩兑现情况进行深入分析，研究揭示了对赌协议中存在的潜在风险和问题，如业绩不达标和财务包装行为。此外，对于业绩完成情况的影响因素分析不仅为监管机构提供了识别和防范业绩兑现风险的依据，也为市场参与者在评估和应对并购对赌协议中的潜在风险提供了理论指导。

二是，本章的研究为并购对赌交易中的风险管理提供了明确的指引。通过对并购对赌动因、条款设计的细致分析，揭示了影响业绩兑现的关键因素。这些发现可以帮助企业合理设计对赌条款，加强对标的企业的管控，从而提高并购交易的成功率。这些研究成果对于企业优化并购策略、提升风险管理水平具有重要的实践意义。

第七章　总结和启示

第一节　本书总结

本书首先全面回顾并分析了我国并购对赌制度的起源、发展及其在实践中的调整过程。随后总结和梳理了国内外并购相关文献和对赌相关文献，指出现有文献在研究视角和研究思路方面的局限性。在此基础上，本书搭建了一个“动因、条款和业绩”三因素互动研究框架，充分考量企业特征、并购交易特征和监管特征等重要变量的影响，对我国并购对赌契约展开深入研究。

本书结合 CSAMR、Wind 数据库的数据，手工收集我国 2008—2022 年 A 股市场并购对赌数据，基于翔实的数据描绘了我国并购对赌的使用情况、并购条款的设计情况和对赌业绩的实际完成情况。我国 A 股证券市场 2008—2022 年并购交易中使用对赌协议的交易占比平均为 22.77%，2015—2018 年超过 30%的并购交易使用了对赌协议，但从 2019 年开始，使用对赌协议的并购交易占比开始下降。在使用对赌协议的交易中，超过 70%属于交易双方自愿选择对赌协议。并购交易中使用对赌协议比例较高的是标的企业属于家庭与个人用品、媒体、软件与服务等高科技行业或轻资产新兴行业的交易。本书系统介绍和梳理了我国并购协议中的常见条款，包括双向业绩补偿条款、常用业绩指标、补偿计算方式、补偿方式、对赌期限和业绩增长率等条款。样本中约 68.1%的对赌交易完成了业绩目标，接近 1/3 的交易未完成对赌业绩。从各期业绩兑现情况来看，第一期的业绩完成情况最为理想，第二期、第三期的业绩完成情况则逐期恶化。标的企业属于房地产和能源等传统行业的并购交易业绩完成情况较好，而标的企业属于消费者服务、食品、饮料与烟草以及零售业等行业的并购交易业绩完成情况较差。

基于上述丰富的并购对赌数据，本书围绕对赌动因、对赌条款设计和对赌业绩兑现展开了实证研究。

在对赌动因研究方面，本书发现我国证券市场中使用并购对赌的动因复杂多元。国外常见的使用对赌协议抑制逆向选择和激励管理层的动因在我国资本市场上同样存在。此外，我国并购交易中还有两个特色化对赌动因，一是上市公司大股东利用并购对赌协议进行市值管理，二是上市公司高管使用并购对赌协议推动内部并购决策。解决逆向选择问题的动机在国有企业和非国有企业中均显著存在；但激励目标管理层的动机、控股股东的市值管理动机和收购方高管的说服动机主要存在于非国有企业中。此外，本书研究发现，并购交易的支付方式并不会影响抑制逆向选择动机对使用对赌协议的影响，也不会影响激励标的管理层动机对使用对赌协议的影响。然而，当并购交易采用股权支付方式时，会降低控股股东的市值管理动机和高管的内部说服动机对使用并购对赌协议的影响。

在对赌条款设计研究方面，首先，本书检验了对赌动机对对赌条款设计的影响。研究发现，以抑制逆向选择为目的的动机并未显著影响对赌条款的设计；激励动机显著降低了对赌协议中采用“孰低”业绩指标、双向补偿条款和现金支付条款的可能性；市值管理动机显著提高了对赌协议中采用现金支付条款的可能性，但同时显著缩短了对赌期限；高管说服动机显著增加了对赌协议中采用“孰低”业绩指标和高代价补偿条款的可能性，同时显著降低了承诺的业绩增长率。此外，受证券监管的对赌协议有更大的可能性使用高代价补偿条款，具有较低的承诺业绩增长率和使用现金支付条款的可能性。

其次，本书还全面检验了对赌具体条款对并购溢价的影响。研究结果表明，在并购交易中引入对赌协议，其并购溢价相较于未引入对赌协议的交易显著提高，但当并购交易属于强制对赌情形时，对赌协议对并购溢价的正面效应显著降低。在对赌交易中，若采用补对价这一高补偿代价条款，将导致并购溢价显著提升；而承诺的业绩增长率较高时，也会导致并购溢价显著上升。进一步的分析表明，当并购交易具有强制对赌或关联交易的特征时，承诺业绩增长率对并购溢价的正面影响显著减弱。

最后，本书检验了对赌具体条款对市场反应的影响。在并购交易中，采用对赌协议的交易在并购公告日附近的市场反应显著优于未采用对赌协议的交易。然而，尽管对赌协议的存在对市场反应产生了积极影响，但对赌条款的具体设计差异并未在证券市场反应上表现出显著的异质性。进一步的分析指出，当并购交易为关联并购时，对赌协议的存在在并购公告日的市场反应中表现出更为显著的正面效应，但这种效应似乎仅限于公告日附近的短期时段。此外，对于强制对赌的并购交易，对赌期限的设置对市场反应的正面影响更为显著。然而，关联并购和强制对赌这两种并购特征对对赌条款与市场反应关系的影响总体上相对有限。

在并购对赌业绩兑现研究方面，首先本书检验了对赌动因对业绩兑现的影响。研究发现，除满足证券监管要求外，其他对赌动因对业绩的总体完成情况影响不显著。然而，在个别单期业绩完成的情况上，抑制逆向选择和市值管理动机有显著的负面影响。对业绩完成有突出影响的是证券监管因素，受证券监管驱动的对赌交易在总体业绩达标的可能性上更高，主要体现在标的企业完成前期业绩目标的可能性显著更高。

其次，本书检验了对赌条款设计对业绩兑现的影响。研究发现，部分对赌条款设计对业绩完成情况具有显著影响。高代价条款和现金补偿条款对业绩完成具有显著的正面效应。而对赌期限的延长与承诺业绩增长率的提高，均与业绩完成情况呈显著负相关。“孰低”条款和双向补偿条款则在统计上并不显著影响标的企业的业绩完成情况。

第二节　研究启示

一项出于良好动机而设计的监管措施，在实际执行过程中可能会因为多种因素而出现偏差。证监会引入并购对赌的初衷是为了解决信息不对称和代理问题，通过业绩承诺来确保标的企业的真实价值。然而，并购对赌在中国的应用情况与证监会引入初衷之间存在差异。本书的研究表明，在缓解信息不对称和激励标的管理层这两个有利于企业价值最大化的目标之外，上市公司大股东和高管等内部人可能利用并购对赌来实现私利。在这些情况中，对赌协议不仅没有成为风险管理工具，反而成为代理问题的助推器。本书的研究发现还表明，监管政策执行偏差会受企业所有权性质和支付方式等因素的影响。控股股东的市值管理动机和收购方高管的说服动机主要存在于非国有企业中，采用股权支付方式会降低控股股东的市值管理动机和收购方高管的说服动机。

那么，如何确保一项优秀的监管制度能够实现其设计初衷，并取得良好的执行效果呢？

细致考虑实施过程中的具体细节以及相应的配套保障措施是基本前提。本书发现，对赌条款的具体设计对业绩完成情况具有显著影响，如高代价条款和现金补偿条款对业绩完成具有显著的正面效应，而对赌期限的延长与承诺业绩增长率的提高，均与业绩完成情况呈显著负相关。这就意味着科学严谨的具体条款设计可以为对赌契约的使用效果保驾护航。依赖单一的对赌协议，而忽视了详尽的规划和相关环节的协同，可能会导致对赌协议潜在的负面效果被放大，同时削弱其积极作用。

监管过程中监管机构不仅要注重事前审核，还要注重事后跟踪追责。尽管并购对赌的动因复杂多元，但监管机构并非无迹可循。本书发现，并购对赌的动因需要通过具体的条款设计来实现其预期效果。这意味着，事前严格审核并购对赌的具体条款设计，尤其是关注业绩设置的合理性、补偿兑现的可靠性和补偿计算的公允性，对于防止对赌协议被扭曲利用，保障对赌协议发挥应有的作用具有积极意义。此外，本书数据表明，有近 1/3 的并购对赌交易未实现承诺业绩，因此跟踪业绩兑现情况，保障业绩补偿兑现是监管机构需要履行的重要职责。本书的研究还表明，受监管密切关注的强制对赌交易有更大的可能性使用高代价补偿条款，具有较低的承诺业绩增长率，并且业绩兑现的可能性更高，说明我国的证券监管机构有能力做好并购对赌的监管工作。

值得注意的是，我国证券市场的投资者对于并购承诺这类新兴并购交易工具的认识尚处于初级阶段，因此，监管机构应加大力度提升投资者教育水平。尽管对赌条款的具体设计对并购对赌的业绩兑现有着显著的影响，但我国证券市场对并购对赌的反应往往未能体现出对赌条款设计的差异性，也与对赌交易相关的并购特征如关联并购、强制对赌等关系不大。这表明我国投资者在评估涉及对赌的并购交易时，常常为承诺的未来业绩所吸引，而忽视了不同条款背后的动机和潜在风险。这种投资行为在一定程度上助长了各交易主体对并购交易内容和交易细节的忽视，形成了一种“凡是对赌必涨”的现象，导致并购对赌被用作股价炒作的工具。因此，监管机构必须强化投资者教育，协助投资者更全面地理解并购对赌的动机、条款设计及其对业绩兑现的具体影响。这将有助于投资者更加理性地评估并购对赌交易，避免无根据地跟风投资，从而减少并购对赌交易被用作股价炒作的可能性。

因此，为了确保诸如并购对赌协议这类监管制度能够被有效执行并实现其设计初衷，需要监管机构、上市公司以及投资者三方的协同努力与共同参与。监管机构的审慎监管、上市公司的负责任行为以及投资者教育的不断深化，确保监管制度不仅在理论上具有合理性，而且在实践中也能发挥其应有的作用，为证券市场的健康发展提供有力支撑。

参考文献

中文期刊

1. 陈健、席酉民、贾隽："上市公司控制权制衡与关联并购的关系研究"，载《管理评论》2009 年第 5 期，第 3~12 页。
2. 陈仕华、卢昌崇、姜广省等："国企高管政治晋升对企业并购行为的影响——基于企业成长压力理论的实证研究"，载《管理世界》2015 年第 9 期，第 125~136 页。
3. 陈骏、徐玉德："并购重组是掏空还是支持——基于资产评估视角的经验研究"，载《财贸经济》2012 年第 9 期，第 76~84 页。
4. 陈仕华、李维安："并购溢价决策中的锚定效应研究"，载《经济研究》2016 年第 6 期，第 114~127 页。
5. 陈玉罡、刘彪："信息不对称、对赌支付与收购方收益"，载《 财贸研究》2018 年第 6 期，第 99~110 页。
6. 窦超、翟进步："业绩承诺背后的财富转移效应研究"，载《金融研究》2020 年第 12 期，第 189~206 页。
7. 窦炜、Sun Hua 、郝颖："'高溢价'还是'高质量'？——我国上市公司并购重组业绩承诺可靠性研究"，载《经济管理》2019a 年第 2 期，第 156~171 页。
8. 窦炜、Sun Hua、方俊："管理层过度自信、独立财务顾问与业绩承诺可靠性"，载《审计与经济研究》2019b 年第 6 期，第 78~88 页。
9. 邓杰、于辉："对赌协议该签吗？企业股权融资的运营分析"，载《管理科学学报》2020 年第 10 期，第 60~81 页。
10. 方重、程杨、肖媛："并购重组业绩承诺的现况与监管"，载《清华金融评论》2016 年第 10 期，第 73~79 页。
11. 傅颀、汪祥耀、路军："管理层权力、高管薪酬变动与公司并购行为分析"，载《会计研究》2014 年第 11 期，第 30~37 页，第 96 页。
12. 冯科，邢晓旭、何理："业绩对赌协议对并购溢价和市场反应的影响"，载《金融研究》2023 年第 1 期，第 188~206 页。

13. 关静怡、刘娥平:“业绩承诺增长率、并购溢价与股价崩盘风险”,载《证券市场导报》2019 年第 2 期,第 35~44 页。
14. 高闯、孙宏英、胡可果:“并购重组中大股东补偿承诺与中小股东权益保护——基于苏宁环球与世荣兆业的比较案例研究”,载《经济管理》2010 年第 11 期,第 55~63 页。
15. 黄兴李、沈维涛:“掏空或支持——来自我国上市公司关联并购的实证分析”,载《经济管理》2006 年第 12 期,第 57~64 页。
16. 韩宏稳、唐清泉:“关联并购、产权性质与公司价值”,载《会计与经济研究》2017 年第 2 期,第 78~90 页。
17. 贺剑:“对赌协议何以履行不能?——一个公司法与民法的交叉研究”,载《法学家》2021 年第 1 期,第 156~170、第 196 页。
18. 何顶、葛琰:“风险投资对赌协议对盈余管理的影响研究——基于新三板挂牌的经验证据”,载《财经研究》2023 年第 10 期,第 109~123 页
19. 蒋薇、张晓明:“终极所有权视角下的关联并购行为研究”,载《现代财经(天津财经大学学报)》2019 年第 9 期,第 69~85 页。
20. 李文贵、余明桂:“所有权性质、市场化进程与企业风险承担”,载《中国工业经济》2012 年第 12 期,第 115~127 页。
21. 李晓溪、杨国超、饶品贵:“交易所问询函有监管作用吗?——基于并购重组报告书的文本分析”,载《经济研究》2019 年第 5 期,第 181~198 页。
22. 李增泉、余谦、王晓坤:“掏空、支持与并购重组——来自我国上市公司的经验证据”,载《经济研究》2005 年第 1 期,第 95~105 页。
23. 李善民、史欣向、万自强:“关联并购是否会损害企业绩效?——基于 DEA-SFA 二次相对效益模型的研究”,载《金融经济学研究》2013 年第 3 期,第 55~67 页。
24. 吕长江、韩慧博:“业绩补偿承诺、协同效应与并购收益分配”,载《审计与经济研究》2014 年第 6 期,第 3~13 页。
25. 刘娥平、关静怡:“寅吃卯粮:标的公司盈余管理的经济后果——基于并购溢价与业绩承诺实现的视角”,载《中山大学学报(社会科学版)》2019 年第 4 期,第 197~207 页。
26. 刘忠、王会芳:“关于完善对赌协议监管措施的建议”,载《证券市场导报》2015 年第 5 期,第 68~71 页。
27. 刘燕:“对赌协议与公司法资本管制:美国实践及其启示”,载《环球法律评论》2016 年第 3 期,第 137~156 页。
28. 刘燕:“‘对赌协议’的裁判路径及政策选择——基于 PE/VC 与公司对赌场景的分析”,

载《法学研究》2020 年第 2 期，第 128~148 页。
29. 李旎、郑国坚：“市值管理动机下的控股股东股权质押融资与利益侵占”，载《会计研究》2015 年第 5 期，第 42~49 页、第 94 页。
30. 罗振吉：“深市公司重组业绩承诺履行情况及监管建议”，载《证券市场导报》2021 年第 11 期，第 68~73 页。
31. 潘爱玲、吴倩、李京伟：“高管薪酬外部公平性、机构投资者与并购溢价”，载《南开管理评论》2021 年第 1 期，第 39~49 页、第 59~60 页。
32. 潘爱玲、刘文楷、王雪：“管理者过度自信、债务容量与并购溢价”，载《南开管理评论》2018 年第 3 期，第 35~45 页。
33. 潘爱玲、邱金龙、杨洋：“业绩补偿承诺对标的企业的激励效应研究——来自中小板和创业板上市公司的实证检验”，载《会计研究》2017 年第 3 期，第 46~52 页，95 页。
34. 潘林：“‘对赌协议第一案’的法律经济学分析”，载《法制与社会发展》2014 年第 4 期，第 171~181 页。
35. 潘林：“重新认识‘合同’与‘公司’基于‘对赌协议’类案的中美比较研究”，载《中外法学》2017 年第 1 期，第 250~267 页。
36. 潘红波、夏新平、余明桂：“政府干预、政治关联与地方国有企业并购”，载《经济研究》2008 年第 4 期，第 41~52 页。
37. 潘红波、余明桂：“支持之手、掠夺之手与异地并购”，载《经济研究》2011 年第 9 期，第 8~12 页。
38. 邱国栋、汪玖明：“风投运作变异的本土分析与治理对策——基于‘对赌协议’的研究”，载《中国软科学》2020 年第 11 期，第 26~41 页。
39. 佟岩、张赟、黄静：“企业并购与创新产出——基于关联并购与横向并购的分析”，载《科学决策》2019 年第 2 期，第 1~20 页。
40. 唐英：“甘肃‘对赌协议案’判决之评析——以法律方法的运用为视角”，载《法学论坛》2015 年第 1 期，第 68~78 页。
41. 王一棣、田高良、韩洁：“关联并购的并购绩效研究——基于现金流视角”，载《经济问题》2017 年第 5 期，第 110~116 页。
42. 巫岑、唐清泉：“关联并购具有信息传递效应吗？——基于企业社会资本的视角”，载《审计与经济研究》2016 年第 2 期，第 81~90 页。
43. 吴浩强、刘树林：“并购对企业技术创新能力的影响——基于中国制造业分行业的视角”，载《财会月刊》2018 年第 1 期，第 130~134 页。
44. 王竞达、范庆泉：“上市公司并购重组中的业绩承诺及政策影响研究”，载《会计研究》2017 年第 10 期，第 71~77 页、第 97 页。

45. 王茵田、黄张凯、陈梦：“‘不平等条约？’：我国对赌协议的风险因素分析”，载《金融研究》2017 年第 8 期，第 117~128 页。

46. 魏志华、李常青、曾爱民、陈维欢：“关联交易、管理层权力与公司违规——兼论审计监督的治理作用”，载《审计研究》2017 年第 5 期，第 87~95 页。

47. 王凤荣、高飞：“政府干预、企业生命周期与并购绩效——基于我国地方国有上市公司的经验数据”，载《金融研究》2012 年第 12 期，第 137~150 页。

48. 王国俊、王跃堂：“现金股利承诺制度与资源配置”，载《经济研究》2014 年第 9 期，第 91~104 页。

49. 徐莉萍、关月琴、辛宇：“控股股东股权质押与并购业绩承诺——基于市值管理视角的经验证据”，载《中国工业经济》2021 年第 1 期，第 136~154 页。

50. 徐睿：“以目标公司作为对赌义务人的合同效力研究”，载《证券市场导报》2015 年第 5 期，第 72~78 页。

51. 谢德仁、郑登津、崔宸瑜：“控股股东股权质押是潜在的‘地雷’吗？——基于股价崩盘风险视角的研究”，载《管理世界》2016 年第 5 期，第 128~140 页，第 188 页。

52. 谢德仁、廖珂、郑登津：“控股股东股权质押与开发支出会计政策隐性选择”，载《会计研究》2017 年第 3 期，第 30~38 页、第 94 页。

53. 谢德仁、廖珂：“控股股东股权质押与上市公司真实活动盈余管理”，载《会计研究》2018 年第 8 期，第 21~27 页。

54. 杨超、谢志华、宋迪：“业绩承诺协议设置、私募股权与上市公司并购绩效”，载《南开管理评论》2018 年第 6 期，第 198~209 页。

55. 尹美群、吴博：“业绩补偿承诺对信息不对称的缓解效应——来自中小板与创业板的经验研究”，载《中央财经大学学报》2019 年第 10 期，第 53~67 页。

56. 杨志强、曹鑫雨、胡小璐：“大股东的业绩补偿承诺抑制上市公司研发创新吗？——基于重大重组并购的经验证据”，载《北京理工大学学报（社会科学版）》2019 年第 3 期，第 116~125 页。

57. 杨明宇：“私募股权投资中对赌协议性质与合法性探析——兼评海富投资案”，载《证券市场导报》2014 年第 2 期，第 61~71 页。

58. 姚铮、王笑雨、程越楷：“风险投资契约条款设置动因及其作用机理研究”，载《管理世界》2011 年第 2 期，第 127~141，188 页。

59. 于辉、邓杰：“零售商股权融资‘对赌协议’的运营模型分析”，载《中国管理科学》2020 年第 2 期，第 91~103 页。

60. 周勤业、夏立军、李莫愁："大股东侵害与上市公司资产评估偏差"，载《统计研究》2003 年第 10 期，第 39~44 页。

61. 张祥建、郭岚："资产注入、大股东寻租行为与资本配置效率"，载《金融研究》2008 年第 2 期，第 98~112 页。

62. 张海晴、文雯、宋建波："借壳上市中的业绩补偿承诺与企业真实盈余管理"，载《山西财经大学学报》2020a 年第 5 期，第 99~111 页。

63. 张海晴、文雯、宋建波："并购业绩补偿承诺与商誉减值研究"，载《证券市场导报》2020b 年第 9 期，第 44~54，77 页。

64. 张敦力、张琴："并购类型、产权性质与承诺业绩增长率"，载《财经论丛》2021 年第 1 期，第 54~63 页。

65. 赵旭东："第三种投资：对赌协议的立法回应与制度创新"，载《东方法学》2022 年第 4 期，第 90~103 页。

66. 周光权："对赌协议场景下合同诈骗罪的界限"，载《法学》2022 年第 10 期，第 45~61 页。

67. 赵立新、姚又文："对重组盈利预测补偿制度的运行分析及完善建议"，载《证券市场导报》2014 年第 4 期，第 4~8 页、第 15 页。

68. 翟进步、李嘉辉、顾桢："并购重组业绩承诺推高资产估值了吗"，载《会计研究》2019 年第 6 期，第 35~42 页。

69. 张维迎：《企业的企业家——契约理论》，上海人民出版社 2016 年版。

英文期刊：

1. Akerlof G. A., "The market for 'lemons': quality uncertainty and the market mechanism", *Quarterly Journal of Economics*, vol. 84, no. 3, 1970, pp. 488~500.

2. Aktas N., De Bodt E., Bollaert H., et al., "CEO narcissism and the takeover process: from private initiation to deal completion", *Journal of Financial and Quantitative Analysis*, vol. 51, no. 1, 2016, pp. 113~137.

3. Allee K. D., Wangerin, D. D., "Auditor monitoring and verification in financial contracts: evidence from earnouts and SFAS 141 (R)", *Review of Accounting Studies*, vol. 23, no. 4, 2018, pp. 1629~1664.

4. Amihud Y., Lev B., "Risk reduction as a managerial motive for conglomerate mergers", *The Bell Journal of Economics*, Vol. 12, no. 2, 1981, pp. 605~617.

5. Avery C., Chevalier J. A., Schaefer S., "Why do managers undertake acquisitions? An analy-

sis of internal and external rewards for acquisitiveness", *Journal of Law, Economics, and Organization*, vol. 14, no. 1, 1998, pp. 24~43.

6. Barbopoulos L. G., Adra S., "The earnout structure matters: takeover premia and acquirer gains in earnout financed M&As", *International Review of Financial Analysis*, vol. 45, 2016, pp. 283~294.
7. Barbopoulos L. G., Paudyal K., Sudarsanam S., "Earnout deals: method of initial payment and acquirers' gains", *European Financial Management*, vol. 24, no. 5, 2018, pp. 792~828.
8. Barbopoulos L., Sudarsanam S., "Determinants of earnout as acquisition payment currency and bidder's value gains", *Journal of Banking & Finance*, vol. 36, no. 3, 2012, pp. 678~694.
9. Bates T. W., Neyland J. B., Wang Y. Y., "Financing acquisitions with earnouts", *Journal of Accounting & Economics*, vol. 66, no. 2~3, 2018, pp. 374~395.
10. Bazerman M. H., Samuelson W. F., "I won the auction but don't want the prize", *Journal of Conflict Resolution*, vol. 27, no. 4, 1983, pp. 618~634.
11. Berkovitch E., Narayanan MP., "Motives for takeovers: an empirical investigation", *Journal of Financial and Quantitative Analysis*, vol. 28, no. 3, 1993, pp. 347~362.
12. Bhagwat V., Dam R., Harford J., "The real effects of uncertainty on merger activity", *Review of Financial Studies*, vol. 29, no. 11, 2016, pp. 3000~3034.
13. Bliss R. T., Rosen R. J., "CEO compensation and bank mergers", *Journal of Financial Economics*, vol. 61, no. 1, 2001, pp. 107~138.
14. Bollaert H., Petit V., "Beyond the dark side of executive psychology: current research and new directions", *European Management Journal*, vol. 28, no. 5, 2010, pp. 362~376.
15. Bonaime A., Gulen H., Ion M., "Does policy uncertainty affect mergers and acquisitions?", *Journal of Financial Economics*, vol. 129, no. 3, 2018, pp. 531~558.
16. Cadman B., Carrizosa R., Faurel L., "Economic determinants and information environment effects of earnouts: new insights from SFAS 141 (R)", *Journal of Accounting Research*, vol. 52, no. 1, 2014, pp. 37~74.
17. Cain M. D., Denis D. J., Denis D. K., "Earnouts: a study of financial contracting in acquisition agreements", *Journal of Accounting & Economics*, vol. 51, no. 1, 2011, pp. 151~170.
18. Cao C., Li X., Liu G., "Political uncertainty and cross-border acquisitions", *Review of Finance*, vol. 23, no. 2, 2019, pp. 439~470.
19. Capen E. C., Clapp R. V., Campbell W. M., "Competitive bidding in high-risk situations", *Journal of Petroleum Technology*, vol. 23, no. 6, 1971, pp. 641~653.

20. Cheung Y. , Jing L. , Lu, T. , et al. , "Tunneling and propping up: an analysis of related party transactions by chinese listed companies", *Pacific-Basin Finance Journal*, vol. 17, no. 3, 2009, pp. 372~393.

21. Cheung Y. , Rau P. R. , Stouraitis A. , "Tunneling, propping, and expropriation: evidence from connected party transactions in Hong Kong", *Journal of Financial Economics*, vol. 82, no. 2, 2006, pp. 343~386.

22. Devers C. E. , McNamara G. , Haleblian J. , et al. , "Do they walk the talk? Gauging acquiring CEO and director confidence in the value creation potential of announced acquisitions", *Academy of Management Journal*, vol. 56, no. 6, 2013, pp. 1679~1702.

23. DePamphilis M. , D. , "Managing growth through acquisition: time-tested techniques for the entrepreneur", *The International Journal of Entrepreneurship and Innovation*, vol. 2, no. 3, pp. 195~205.

24. Datar S. , Frankel R. , Wolfson M. , "Earnouts: the effects of adverse selection and agency costs on acquisition techniques", *Journal of Law, Economics, and Organization*, vol. 17, no. 1, 2001, pp. 201~238.

25. DeMarzo P. , Duffie D. , "A liquidity-based model of security design", *Econometrica*, vol. 67, no. 1, 1999, pp. 65~99.

26. Doukas J. A. , Petmezas D. , "Acquisitions, overconfident managers and self-attribution bias", *European Financial Management*, vol. 13, no. 3, 2007, pp. 531~577.

27. de Bodt E. , Cousin J. G. , Officer M. S. , et al. , "The deterrence effect of M&A regulatory enforcements", *Journal of Corporate Finance*, vol. 85, 2024, p. 102559.

28. Elnahas A. M. , Hassan M. K. , Ismail G. M. , "Religion and mergers and acquisitions contracting: the case of earnout agreements", *Journal of Corporate Finance*, vol. 42, 2017, pp. 221~246.

29. Erickson M. , Wang SW. , Zhang X. F. , "The change in information uncertainty and acquirer wealth losses", *Review of Accounting Studies*, vol. 17, 2012, pp. 913~943.

30. Ewelt-Knauer C. , Gefken J. , Knauer T. , et al. , "Acquirers' cultural background and the use of earnouts", *Journal of Accounting, Auditing & Finance*, vol. 36, no. 1, 2021, pp. 30~55.

31. Finkelstein S. , "Power in top management teams: dimensions, measurement, and validation", *Academy of Management Journal*, vol. 35, no. 3, 1992, pp. 505~538.

32. Giacinta C. , "Venture capital meets contract theory: risky claims or formal control?", *Review of Finance*, vol. 18, no. 3, 2014, pp. 1097~1137.

33. Gilson R. , "Engineering a venture capital market: lessons from the American experience", *Stanford Law Review*, vol. 55, no. 4, 2003, p. 1067.

34. Gormley, Todd A. , Matsa. D. A. , "Playing it safe? Managerial preferences, risk, and agency conflicts", *Journal of Financial Economics*, vol. 122, no. 3, 2016, pp. 431~455.

35. Haleblian J. , Devers C. E. , McNamara G. , et al. , "Taking stock of what we know about mergers and acquisitions: a review and research agenda", *Journal of Management*, vol. 35, no. 3, 2009, pp. 469~502.

36. Hall R. E. , Woodward S. E. , "The burden of the nondiversifiable risk of entrepreneurship", *American Economic Review*, vol. 100, no. 3, 2010, pp. 1163~1194.

37. Harford J. & Li K. , "Decoupling CEO wealth and firm performance: the case of acquiring CEOs", *The Journal of Finance*, vol. 62, no. 2, 2007, pp. 917~949.

38. Hayward M. L. A. , Hambrick D. C. , "Explaining the premiums paid for large acquisitions: evidence of CEO hubris", *Administrative science quarterly*, vol. 42, no. 1, 1997, pp. 103~127.

39. Higgins R. C. , Schall L. D. , "Corporate bankruptcy and conglomerate merger", *Journal of Finance*, vol. 30, no. 1, 1975, pp. 93~113.

40. Holmstrom B. , "Moral hazard and observability", *The Bell Journal of Economics*, vol. 10, no. 1, pp. 74~91.

41. Jansen M. , "Resolving information asymmetry through contractual risk sharing: the case of private firm acquisitions", *Journal of Accounting Research*, vol. 58, no. 5, 2020, pp. 1203~1248.

42. Jensen M. C. , Murphy K. J. , "Performance pay and top-management incentives", *Journal of political economy*, vol. 98, no. 2, 1990, pp. 225~264.

43. Kohers N. , Ang J. , "Earnouts in mergers: agreeing to disagree and agreeing to say", *Journal of Business*, vol. 73, no. 3, 2000, pp. 445~476.

44. Lee K. H. , "Cross-border mergers and acquisitions amid political uncertainty: a bargaining perspective", *Strategic Management Journal*, vol. 39, no. 11, 2018, pp. 2992~3005.

45. Li L. , Tong W. H. S. , "Information uncertainty and target valuation in mergers and acquisitions", *Journal of Empirical Finance*, vol. 45, 2018, pp. 84~107.

46. Lukas E. , Reuer J. J. , Welling A. , "Earnouts in mergers and acquisitions: a game-theoretic option pricing approach", *European Journal of Operational Research*, vol. 223, no. 1, 2012, pp. 256~263.

47. Lukas E. , Heimann C. , "Technological-induced information asymmetry, M&As and earnouts: stock market evidence from Germany", *Applied Financial Economics*, vol. 24, no. 7, 2014,

pp. 481~493.

48. Luypaert M. & Van Caneghem T. , “Exploring the double-sided effect of information asymmetry and uncertainty in mergers and acquisitions”, *Financial Management*, vol. 46, no. 4, 2017, pp. 873~917.

49. Malatesta P. H. , “The wealth effect of merger activity and the objective functions of merging firms”, *Journal of Financial Economics*, vol. 11, no. 1~4, 1983, pp. 155~181.

50. Malmendier U. , Tate G. “Who makes acquisitions? CEO overconfidence and the market′s reaction”, *Journal of Financial Economics*, vol. 89, no. 1, 2008, pp. 20~43.

51. Michael E. , Alexander G. , Arthur K. , “Venture capital contracts”, *Journal of Financial Economics*, vol. 143, no. 1, 2022, pp. 131~158.

52. Moskowitz T. J. , Vissing-Jørgensen A. , “The Returns to entrepreneurial investment: a private equity premium puzzle?”, *American Economic Review*, vol. 92, no. 4, 2002, pp. 745~778.

53. Mueller D. C. , “The effects of conglomerate mergers: a survey of the empirical evidence”, *Journal of Banking and Finance*, vol. 1 no. 4, 1977, pp. 315~347.

54. Nguyen H. T. , Yung K. , Sun Q. , “Motives for mergers and acquisitions: ex-post market evidence from the US”, *Journal of Business Finance & Accounting*, vol. 39, no. 9~10, 2012, pp. 1357~1375.

55. Nguyen N. H. , Phan H. V. , “Policy uncertainty and mergers and acquisitions”, *Journal of Financial and Quantitative Analysis*, vol. 52, no. 2, 2017, pp. 613~644.

56. Ragozzino R. , Reuer J. J. , “Contingent earnouts in acquisitions of privately held targets”, *Journal of Management*, vol. 35, no. 4, 2009, pp. 857~879.

57. Reuer J. J. , Shenkar O. , Ragozzino R. , “Mitigating risk in international mergers and acquisitions: the role of contingent payouts”, *Journal of International Business Studies*, vol. 35, no. 1, 2004, pp. 19~32.

58. Roll R. , “The hubris hypothesis of corporate takeovers”, *Journal of Business*, vol. 59, no. 2, 1986, pp. 197~216.

59. Seo J. , Gamache D. L. , Devers C. E. , et al. , “The role of CEO relative standing in acquisition behavior and CEO pay”, *Strategic Management Journal*, vol. 36, no. 12, 2015, pp. 1877~1894.

60. Shelton L. M. , “Merger market dynamics: insights into the behavior of target and bidder firms”, *Journal of Economic Behavior & Organization*, vol. 41, no. 4, 2000, pp. 363~383.

61. Shi W. , Zhang Y. , Hoskisson R. E. , “Ripple effects of CEO awards: investigating the acquisition activities of superstar CEOs’ competitors”, *Strategic Management Journal*, vol. 38,

no. 10, 2017, pp. 2080~2102.

62. Shleifer A., Vishny R. W., "A survey of corporate governance", *Journal of finance*, vol. 52, no. 2, 1997, pp. 737~783.

63. Shleifer A., Vishny R. W., "Value maximization and the acquisition process", *Journal of Economic Perspectives*, vol. 2, no. 1, 1988, pp. 7~20.

64. Song D., Su J., Yang C., et al., "Performance commitment in acquisitions, regulatory change and market crash risk–evidence from China", *Pacific~Basin Finance Journal*, vol. 57, no. 10, 2019, pp. 101052.

65. Song J., Price D. J., Guvenen F., et al., "Firming up inequality", *Quarterly Journal of Economics*, vol. 134, no. 1, 2019, pp. 1~50.

66. Steinbach A., Devers C. E., McNamara G., et al., "Peering into the executive mind: expanding our understanding of the motives for acquisitions", *Advances in Mergers and Acquisitions*, vol. 15, 2016, pp. 145~160.

67. Viarengo L., Gatti S., Prencipe A., "Enforcement quality and the use of earnouts in M&A transactions: international evidence", *Journal of Business Finance & Accounting*, vol. 45, no. 3~4, 2018, pp. 437~481.

68. Yuan H., Gao C., Shi H., "Failure in performance commitment and goodwill impairment: evidence from M&As", *China Journal of Accounting Studies*, vol. 8, no. 2, 2020, p. 183.

英文专著：

1. Harding D., Rovit S. "*Mastering the merger: four critical decisions that make or break the deal*", Harvard Business Press, 2004.

2. Weston J., F., Siu J. A., et al., "*Takeovers, restructuring, and corporate governance*", 3rd ed. Upper Saddle River, NJ: Prentice Hall, 2001.

附　录

附录1　上市公司重大资产重组管理办法

（证监会令〔2008〕第53号）

第一章　总　则

第一条　为了规范上市公司重大资产重组行为，保护上市公司和投资者的合法权益，促进上市公司质量不断提高，维护证券市场秩序和社会公共利益，根据《公司法》、《证券法》等法律、行政法规的规定，制定本办法。

第二条　本办法适用于上市公司及其控股或者控制的公司在日常经营活动之外购买、出售资产或者通过其他方式进行资产交易达到规定的比例，导致上市公司的主营业务、资产、收入发生重大变化的资产交易行为（以下简称重大资产重组）。

上市公司发行股份购买资产应当符合本办法的规定。

上市公司按照经中国证券监督管理委员会（以下简称中国证监会）核准的发行证券文件披露的募集资金用途，使用募集资金购买资产、对外投资的行为，不适用本办法。

第三条　任何单位和个人不得利用重大资产重组损害上市公司及其股东的合法权益。

第四条　上市公司实施重大资产重组，有关各方必须及时、公平地披露或者提供信息，保证所披露或者提供信息的真实、准确、完整，不得有虚假记载、误导性陈述或者重大遗漏。

第五条　上市公司的董事、监事和高级管理人员在重大资产重组活动中，应当诚实守信、勤勉尽责，维护公司资产的安全，保护公司和全体股东的合法权益。

第六条 为重大资产重组提供服务的证券服务机构和人员，应当遵守法律、行政法规和中国证监会的有关规定，遵循本行业公认的业务标准和道德规范，严格履行职责，不得谋取不正当利益，并应当对其所制作、出具文件的真实性、准确性和完整性承担责任。

第七条 任何单位和个人对所知悉的重大资产重组信息在依法披露前负有保密义务。

禁止任何单位和个人利用重大资产重组信息从事内幕交易、操纵证券市场等违法活动。

第八条 中国证监会依法对上市公司重大资产重组行为进行监管。

第九条 中国证监会在发行审核委员会中设立上市公司并购重组审核委员会（以下简称并购重组委），以投票方式对提交其审议的重大资产重组申请进行表决，提出审核意见。

第二章 重大资产重组的原则和标准

第十条 上市公司实施重大资产重组，应当符合下列要求：

（一）符合国家产业政策和有关环境保护、土地管理、反垄断等法律和行政法规的规定；

（二）不会导致上市公司不符合股票上市条件；

（三）重大资产重组所涉及的资产定价公允，不存在损害上市公司和股东合法权益的情形；

（四）重大资产重组所涉及的资产权属清晰，资产过户或者转移不存在法律障碍，相关债权债务处理合法；

（五）有利于上市公司增强持续经营能力，不存在可能导致上市公司重组后主要资产为现金或者无具体经营业务的情形；

（六）有利于上市公司在业务、资产、财务、人员、机构等方面与实际控制人及其关联人保持独立，符合中国证监会关于上市公司独立性的相关规定；

（七）有利于上市公司形成或者保持健全有效的法人治理结构。

第十一条 上市公司及其控股或者控制的公司购买、出售资产，达到下列标准之一的，构成重大资产重组：

（一）购买、出售的资产总额占上市公司最近一个会计年度经审计的合并财务会计报告期末资产总额的比例达到50%以上；

（二）购买、出售的资产在最近一个会计年度所产生的营业收入占上市公司同期经审计的合并财务会计报告营业收入的比例达到50%以上；

（三）购买、出售的资产净额占上市公司最近一个会计年度经审计的合并财务会计报告期末净资产额的比例达到50%以上，且超过5000万元人民币。

购买、出售资产未达到前款规定标准，但中国证监会发现存在可能损害上市公司或者投资者合法权益的重大问题的，可以根据审慎监管原则责令上市公司按照本办法的规定补充披露相关信息、暂停交易并报送申请文件。

第十二条 计算前条规定的比例时，应当遵守下列规定：

（一）购买的资产为股权的，其资产总额以被投资企业的资产总额与该项投资所占股权比例的乘积和成交金额二者中的较高者为准，营业收入以被投资企业的营业收入与该项投资所占股权比例的乘积为准，资产净额以被投资企业的净资产额与该项投资所占股权比例的乘积和成交金额二者中的较高者为准；出售的资产为股权的，其资产总额、营业收入以及资产净额分别以被投资企业的资产总额、营业收入以及净资产额与该项投资所占股权比例的乘积为准。

购买股权导致上市公司取得被投资企业控股权的，其资产总额以被投资企业的资产总额和成交金额二者中的较高者为准，营业收入以被投资企业的营业收入为准，资产净额以被投资企业的净资产额和成交金额二者中的较高者为准；出售股权导致上市公司丧失被投资企业控股权的，其资产总额、营业收入以及资产净额分别以被投资企业的资产总额、营业收入以及净资产额为准。

（二）购买的资产为非股权资产的，其资产总额以该资产的账面值和成交金额二者中的较高者为准，资产净额以相关资产与负债的账面值差额和成交金额二者中的较高者为准；出售的资产为非股权资产的，其资产总额、资产净额分别以该资产的账面值、相关资产与负债账面值的差额为准；该非股权资产不涉及负债的，不适用前条第一款第（三）项规定的资产净额标准。

（三）上市公司同时购买、出售资产的，应当分别计算购买、出售资产的相关比例，并以二者中比例较高者为准。

（四）上市公司在12个月内连续对同一或者相关资产进行购买、出售的，以其累计数分别计算相应数额，但已按照本办法的规定报经中国证监会核准的资产交易行为，无须纳入累计计算的范围。

交易标的资产属于同一交易方所有或者控制，或者属于相同或者相近的业务范围，或者中国证监会认定的其他情形下，可以认定为同一或者相关资产。

第十三条　本办法第二条所称通过其他方式进行资产交易，包括：

（一）与他人新设企业、对已设立的企业增资或者减资；

（二）受托经营、租赁其他企业资产或者将经营性资产委托他人经营、租赁；

（三）接受附义务的资产赠与或者对外捐赠资产；

（四）中国证监会根据审慎监管原则认定的其他情形。

上述资产交易实质上构成购买、出售资产，且按照本办法规定的标准计算的相关比例达到50%以上的，应当按照本办法的规定履行信息披露等相关义务并报送申请文件。

第三章　重大资产重组的程序

第十四条　上市公司与交易对方就重大资产重组事宜进行初步磋商时，应当立即采取必要且充分的保密措施，制定严格有效的保密制度，限定相关敏感信息的知悉范围。上市公司及交易对方聘请证券服务机构的，应当立即与所聘请的证券服务机构签署保密协议。

上市公司关于重大资产重组的董事会决议公告前，相关信息已在媒体上传播或者公司股票交易出现异常波动的，上市公司应当立即将有关计划、方案或者相关事项的现状以及相关进展情况和风险因素等予以公告，并按照有关信息披露规则办理其他相关事宜。

第十五条　上市公司应当聘请独立财务顾问、律师事务所以及具有相关证券业务资格的会计师事务所等证券服务机构就重大资产重组出具意见。

独立财务顾问和律师事务所应当审慎核查重大资产重组是否构成关联交易，并依据核查确认的相关事实发表明确意见。重大资产重组涉及关联交易的，独立财务顾问应当就本次重组对上市公司非关联股东的影响发表明确意见。

资产交易定价以资产评估结果为依据的，上市公司应当聘请具有相关证券业务资格的资产评估机构出具资产评估报告。

证券服务机构在其出具的意见中采用其他证券服务机构或者人员的专业意见的，仍然应当进行尽职调查，审慎核查其采用的专业意见的内容，并对利用其他证券服务机构或者人员的专业意见所形成的结论负责。

第十六条 上市公司及交易对方与证券服务机构签订聘用合同后，非因正当事由不得更换证券服务机构。确有正当事由需要更换证券服务机构的，应当在申请材料中披露更换的具体原因以及证券服务机构的陈述意见。

第十七条 上市公司购买资产的，应当提供拟购买资产的盈利预测报告。上市公司拟进行本办法第二十七条第一款第（一）、（二）项规定的重大资产重组以及发行股份购买资产的，还应当提供上市公司的盈利预测报告。盈利预测报告应当经具有相关证券业务资格的会计师事务所审核。

上市公司确有充分理由无法提供上述盈利预测报告的，应当说明原因，在上市公司重大资产重组报告书（或者发行股份购买资产报告书，下同）中作出特别风险提示，并在管理层讨论与分析部分就本次重组对上市公司持续经营能力和未来发展前景的影响进行详细分析。

第十八条 重大资产重组中相关资产以资产评估结果作为定价依据的，资产评估机构原则上应当采取两种以上评估方法进行评估。

上市公司董事会应当对评估机构的独立性、评估假设前提的合理性、评估方法与评估目的的相关性以及评估定价的公允性发表明确意见。上市公司独立董事应当对评估机构的独立性、评估假设前提的合理性和评估定价的公允性发表独立意见。

第十九条 上市公司进行重大资产重组，应当由董事会依法作出决议，并提交股东大会批准。

上市公司董事会应当就重大资产重组是否构成关联交易作出明确判断，并作为董事会决议事项予以披露。

上市公司独立董事应当在充分了解相关信息的基础上，就重大资产重组发表独立意见。重大资产重组构成关联交易的，独立董事可以另行聘请独立财务顾问就本次交易对上市公司非关联股东的影响发表意见。上市公司应当积极配合独立董事调阅相关材料，并通过安排实地调查、组织证券服务机构汇报等方式，为独立董事履行职责提供必要的支持和便利。

第二十条 上市公司应当在董事会作出重大资产重组决议后的次一工作日至少披露下列文件，同时抄报上市公司所在地的中国证监会派出机构（以下简称派出机构）：

（一）董事会决议及独立董事的意见；

（二）上市公司重大资产重组预案。

本次重组的重大资产重组报告书、独立财务顾问报告、法律意见书以及重组涉及的审计报告、资产评估报告和经审核的盈利预测报告至迟应当与召开股东大会的通知同时公告。

本条第一款第（二）项及第二款规定的信息披露文件的内容与格式另行规定。

上市公司应当在至少一种中国证监会指定的报刊公告董事会决议、独立董事的意见和重大资产重组报告书摘要，并应当在证券交易所网站全文披露重大资产重组报告书及相关证券服务机构的报告或者意见。

第二十一条 上市公司股东大会就重大资产重组作出的决议，至少应当包括下列事项：

（一）本次重大资产重组的方式、交易标的和交易对方；

（二）交易价格或者价格区间；

（三）定价方式或者定价依据；

（四）相关资产自定价基准日至交割日期间损益的归属；

（五）相关资产办理权属转移的合同义务和违约责任；

（六）决议的有效期；

（七）对董事会办理本次重大资产重组事宜的具体授权；

（八）其他需要明确的事项。

第二十二条 上市公司股东大会就重大资产重组事项作出决议，必须经出席会议的股东所持表决权的2/3以上通过。

上市公司重大资产重组事宜与本公司股东或者其关联人存在关联关系的，股东大会就重大资产重组事项进行表决时，关联股东应当回避表决。

交易对方已经与上市公司控股股东就受让上市公司股权或者向上市公司

推荐董事达成协议或者默契，可能导致上市公司的实际控制权发生变化的，上市公司控股股东及其关联人应当回避表决。

上市公司就重大资产重组事宜召开股东大会，应当以现场会议形式召开，并应当提供网络投票或者其他合法方式为股东参加股东大会提供便利。

第二十三条 上市公司应当在股东大会作出重大资产重组决议后的次一工作日公告该决议，并按照中国证监会的有关规定编制申请文件，委托独立财务顾问在 3 个工作日内向中国证监会申报，同时抄报派出机构。

第二十四条 上市公司全体董事、监事、高级管理人员应当出具承诺，保证重大资产重组申请文件不存在虚假记载、误导性陈述或者重大遗漏。

第二十五条 中国证监会依照法定条件和法定程序对重大资产重组申请作出予以核准或者不予核准的决定。

中国证监会在审核期间提出反馈意见要求上市公司作出书面解释、说明的，上市公司应当自收到反馈意见之日起 30 日内提供书面回复意见，独立财务顾问应当配合上市公司提供书面回复意见。逾期未提供的，上市公司应当在到期日的次日就本次重大资产重组的进展情况及未能及时提供回复意见的具体原因等予以公告。

第二十六条 中国证监会审核期间，上市公司拟对交易对象、交易标的、交易价格等作出变更，构成对重组方案重大调整的，应当在董事会表决通过后重新提交股东大会审议，并按照本办法的规定向中国证监会重新报送重大资产重组申请文件，同时作出公告。

在中国证监会审核期间，上市公司董事会决议终止或者撤回本次重大资产重组申请的，应当说明原因，予以公告，并按照公司章程的规定提交股东大会审议。

第二十七条 上市公司重大资产重组存在下列情形之一的，应当提交并购重组委审核：

（一）上市公司出售资产的总额和购买资产的总额占其最近一个会计年度经审计的合并财务会计报告期末资产总额的比例均达到 70%以上；

（二）上市公司出售全部经营性资产，同时购买其他资产；

（三）中国证监会在审核中认为需要提交并购重组委审核的其他情形。

重大资产重组不存在前款规定情形，但存在下列情形之一的，上市公司可以向中国证监会申请将本次重组方案提交并购重组委审核：

（一）上市公司购买的资产为符合本办法第四十八条规定的完整经营实体且业绩需要模拟计算的；

（二）上市公司对中国证监会有关职能部门提出的反馈意见表示异议的。

第二十八条 上市公司在收到中国证监会关于召开并购重组委工作会议审核其重大资产重组申请的通知后，应当立即予以公告，并申请办理并购重组委工作会议期间直至其表决结果披露前的停牌事宜。

上市公司在收到并购重组委关于其重大资产重组申请的表决结果后，应当在次一工作日公告表决结果并申请复牌。公告应当说明，公司在收到中国证监会作出的予以核准或者不予核准的决定后将再行公告。

第二十九条 上市公司收到中国证监会就其重大资产重组申请作出的予以核准或者不予核准的决定后，应当在次一工作日予以公告。

中国证监会予以核准的，上市公司应当在公告核准决定的同时，按照相关信息披露准则的规定补充披露相关文件。

第三十条 中国证监会核准上市公司重大资产重组申请的，上市公司应当及时实施重组方案，并于实施完毕之日起 3 个工作日内编制实施情况报告书，向中国证监会及其派出机构、证券交易所提交书面报告，并予以公告。

上市公司聘请的独立财务顾问和律师事务所应当对重大资产重组的实施过程、资产过户事宜和相关后续事项的合规性及风险进行核查，发表明确的结论性意见。独立财务顾问和律师事务所出具的意见应当与实施情况报告书同时报告、公告。

第三十一条 自收到中国证监会核准文件之日起 60 日内，本次重大资产重组未实施完毕的，上市公司应当于期满后次一工作日将实施进展情况报告中国证监会及其派出机构，并予以公告；此后每 30 日应当公告一次，直至实施完毕。超过 12 个月未实施完毕的，核准文件失效。

第三十二条 上市公司在实施重大资产重组的过程中，发生法律、法规要求披露的重大事项的，应当及时向中国证监会及其派出机构报告。该事项导致本次重组发生实质性变动的，须重新报经中国证监会核准。

第三十三条 根据本办法第十七条规定提供盈利预测报告的，上市公司应当在重大资产重组实施完毕后的有关年度报告中单独披露上市公司及相关资产的实际盈利数与利润预测数的差异情况，并由会计师事务所对此出具专项审核意见。

资产评估机构采取收益现值法、假设开发法等基于未来收益预期的估值方法对拟购买资产进行评估并作为定价参考依据的，上市公司应当在重大资产重组实施完毕后3年内的年度报告中单独披露相关资产的实际盈利数与评估报告中利润预测数的差异情况，并由会计师事务所对此出具专项审核意见；交易对方应当与上市公司就相关资产实际盈利数不足利润预测数的情况签订明确可行的补偿协议。

第三十四条 上市公司重大资产重组发生下列情形的，独立财务顾问应当及时出具核查意见，向中国证监会及其派出机构报告，并予以公告：

（一）中国证监会作出核准决定前，上市公司对交易对象、交易标的、交易价格等作出变更，构成对原重组方案重大调整的；

（二）中国证监会作出核准决定后，上市公司在实施重组过程中发生重大事项，导致原重组方案发生实质性变动的；

第三十五条 独立财务顾问应当按照中国证监会的相关规定，对实施重大资产重组的上市公司履行持续督导职责。持续督导的期限自中国证监会核准本次重大资产重组之日起，应当不少于一个会计年度。

第三十六条 独立财务顾问应当结合上市公司重大资产重组当年和实施完毕后的第一个会计年度的年报，自年报披露之日起15日内，对重大资产重组实施的下列事项出具持续督导意见，向派出机构报告，并予以公告：

（一）交易资产的交付或者过户情况；

（二）交易各方当事人承诺的履行情况；

（三）盈利预测的实现情况；

（四）管理层讨论与分析部分提及的各项业务的发展现状；

（五）公司治理结构与运行情况；

（六）与已公布的重组方案存在差异的其他事项。

第四章 重大资产重组的信息管理

第三十七条 上市公司筹划、实施重大资产重组，相关信息披露义务人应当公平地向所有投资者披露可能对上市公司股票交易价格产生较大影响的相关信息（以下简称股价敏感信息），不得有选择性地向特定对象提前泄露。

第三十八条　上市公司的股东、实际控制人以及参与重大资产重组筹划、论证、决策等环节的其他相关机构和人员，应当及时、准确地向上市公司通报有关信息，并配合上市公司及时、准确、完整地进行披露。上市公司获悉股价敏感信息的，应当及时向证券交易所申请停牌并披露。

第三十九条　上市公司及其董事、监事、高级管理人员，重大资产重组的交易对方及其关联方，交易对方及其关联方的董事、监事、高级管理人员或者主要负责人，交易各方聘请的证券服务机构及其从业人员，参与重大资产重组筹划、论证、决策、审批等环节的相关机构和人员，以及因直系亲属关系、提供服务和业务往来等知悉或者可能知悉股价敏感信息的其他相关机构和人员，在重大资产重组的股价敏感信息依法披露前负有保密义务，禁止利用该信息进行内幕交易。

第四十条　上市公司筹划重大资产重组事项，应当详细记载筹划过程中每一具体环节的进展情况，包括商议相关方案、形成相关意向、签署相关协议或者意向书的具体时间、地点、参与机构和人员、商议和决议内容等，制作书面的交易进程备忘录并予以妥当保存。参与每一具体环节的所有人员应当即时在备忘录上签名确认。

上市公司预计筹划中的重大资产重组事项难以保密或者已经泄露的，应当及时向证券交易所申请停牌，直至真实、准确、完整地披露相关信息。停牌期间，上市公司应当至少每周发布一次事件进展情况公告。

上市公司股票交易价格因重大资产重组的市场传闻发生异常波动时，上市公司应当及时向证券交易所申请停牌，核实有无影响上市公司股票交易价格的重组事项并予以澄清，不得以相关事项存在不确定性为由不履行信息披露义务。

第五章　发行股份购买资产的特别规定

第四十一条　上市公司发行股份购买资产，应当符合下列规定：

（一）有利于提高上市公司资产质量、改善公司财务状况和增强持续盈利能力；有利于上市公司减少关联交易和避免同业竞争，增强独立性；

（二）上市公司最近一年及一期财务会计报告被注册会计师出具无保留意

见审计报告；被出具保留意见、否定意见或者无法表示意见的审计报告的，须经注册会计师专项核查确认，该保留意见、否定意见或者无法表示意见所涉及事项的重大影响已经消除或者将通过本次交易予以消除；

（三）上市公司发行股份所购买的资产，应当为权属清晰的经营性资产，并能在约定期限内办理完毕权属转移手续；

（四）中国证监会规定的其他条件。

特定对象以现金或者资产认购上市公司非公开发行的股份后，上市公司用同一次非公开发行所募集的资金向该特定对象购买资产的，视同上市公司发行股份购买资产。

第四十二条 上市公司发行股份的价格不得低于本次发行股份购买资产的董事会决议公告日前20个交易日公司股票交易均价。

前款所称交易均价的计算公式为：董事会决议公告日前20个交易日公司股票交易均价=决议公告日前20个交易日公司股票交易总额/决议公告日前20个交易日公司股票交易总量。

第四十三条 特定对象以资产认购而取得的上市公司股份，自股份发行结束之日起12个月内不得转让；属于下列情形之一的，36个月内不得转让：

（一）特定对象为上市公司控股股东、实际控制人或者其控制的关联人；

（二）特定对象通过认购本次发行的股份取得上市公司的实际控制权；

（三）特定对象取得本次发行的股份时，对其用于认购股份的资产持续拥有权益的时间不足12个月。

第四十四条 上市公司申请发行股份购买资产，应当提交并购重组委审核。

第四十五条 上市公司发行股份购买资产导致特定对象持有或者控制的股份达到法定比例的，应当按照《上市公司收购管理办法》（证监会令第35号）的规定履行相关义务。

特定对象因认购上市公司发行股份导致其持有或者控制的股份比例超过30%或者在30%以上继续增加，且上市公司股东大会同意其免于发出要约的，可以在上市公司向中国证监会报送发行股份申请的同时，提出豁免要约义务的申请。

第四十六条 中国证监会核准上市公司发行股份购买资产的申请后，上市公司应当及时实施。向特定对象购买的相关资产过户至上市公司后，上市公司聘请的独立财务顾问和律师事务所应当对资产过户事宜和相关后续事项的合规性及风险进行核查，并发表明确意见。上市公司应当在相关资产过户完成后3个工作日内就过户情况作出公告，并向中国证监会及其派出机构提交书面报告，公告和报告中应当包括独立财务顾问和律师事务所的结论性意见。

上市公司完成前款规定的公告、报告后，可以到证券交易所、证券登记结算公司为认购股份的特定对象申请办理证券登记手续。

第六章　重大资产重组后申请发行新股或者公司债券

第四十七条　经并购重组委审核后获得核准的重大资产重组实施完毕后，上市公司申请公开发行新股或者公司债券，同时符合下列条件的，本次重大资产重组前的业绩在审核时可以模拟计算：

（一）进入上市公司的资产是完整经营实体；

（二）本次重大资产重组实施完毕后，重组方的承诺事项已经如期履行，上市公司经营稳定、运行良好；

（三）本次重大资产重组实施完毕后，上市公司和相关资产实现的利润达到盈利预测水平。

上市公司在本次重大资产重组前不符合中国证监会规定的公开发行证券条件，或者本次重组导致上市公司实际控制人发生变化的，上市公司申请公开发行新股或者公司债券，距本次重组交易完成的时间应当不少于一个完整会计年度。

第四十八条　本办法所称完整经营实体，应当符合下列条件：

（一）经营业务和经营资产独立、完整，且在最近两年未发生重大变化；

（二）在进入上市公司前已在同一实际控制人之下持续经营两年以上；

（三）在进入上市公司之前实行独立核算，或者虽未独立核算，但与其经营业务相关的收入、费用在会计核算上能够清晰划分；

（四）上市公司与该经营实体的主要高级管理人员签订聘用合同或者采取其他方式，就该经营实体在交易完成后的持续经营和管理作出恰当安排。

第七章　监督管理和法律责任

第四十九条　未经核准擅自实施重大资产重组的，责令改正，可以采取监管谈话、出具警示函等监管措施；情节严重的，处以警告、罚款，并可以对有关责任人员采取市场禁入的措施。

第五十条　上市公司或者其他信息披露义务人未按照本办法规定报送重大资产重组有关报告，或者报送的报告有虚假记载、误导性陈述或者重大遗漏的，责令改正，依照《证券法》第一百九十三条予以处罚；情节严重的，责令停止重组活动，并可以对有关责任人员采取市场禁入的措施。

第五十一条　上市公司或者其他信息披露义务人未按照规定披露重大资产重组信息，或者所披露的信息存在虚假记载、误导性陈述或者重大遗漏的，责令改正，依照《证券法》第一百九十三条规定予以处罚；情节严重的，责令停止重组活动，并可以对有关责任人员采取市场禁入的措施；涉嫌犯罪的，依法移送司法机关追究刑事责任。

第五十二条　上市公司董事、监事和高级管理人员在重大资产重组中，未履行诚实守信、勤勉尽责义务，导致重组方案损害上市公司利益的，责令改正，采取监管谈话、出具警示函等监管措施；情节严重的，处以警告、罚款，并可以采取市场禁入的措施；涉嫌犯罪的，依法移送司法机关追究刑事责任。

第五十三条　为重大资产重组出具财务顾问报告、审计报告、法律意见、资产评估报告及其他专业文件的证券服务机构及其从业人员未履行诚实守信、勤勉尽责义务，违反行业规范、业务规则，或者未依法履行报告和公告义务、持续督导义务的，责令改正，采取监管谈话、出具警示函等监管措施；情节严重的，依照《证券法》第二百二十六条予以处罚。

前款规定的证券服务机构及其从业人员所制作、出具的文件存在虚假记载、误导性陈述或者重大遗漏的，责令改正，依照《证券法》第二百二十三条予以处罚；情节严重的，可以采取市场禁入的措施；涉嫌犯罪的，依法移送司法机关追究刑事责任。

第五十四条　重大资产重组实施完毕后，凡不属于上市公司管理层事前无法获知且事后无法控制的原因，上市公司或者购买资产实现的利润未达到盈利预测报告或者资产评估报告预测金额的 80%，或者实际运营情况与重大资产重组报告书中管理层讨论与分析部分存在较大差距的，上市公司的董事长、总经理以及对此承担相应责任的会计师事务所、财务顾问、资产评估机构及其从业人员应当在上市公司披露年度报告的同时，在同一报刊上作出解释，并向投资者公开道歉；实现利润未达到预测金额 50%的，可以对上市公司、相关机构及其责任人员采取监管谈话、出具警示函、责令定期报告等监管措施。

第五十五条 任何知悉重大资产重组信息的人员在相关信息依法公开前，泄露该信息、买卖或者建议他人买卖相关上市公司证券、利用重大资产重组散布虚假信息、操纵证券市场或者进行欺诈活动的，依照《证券法》第二百零二条、第二百零三条、第二百零七条予以处罚；涉嫌犯罪的，依法移送司法机关追究刑事责任。

第八章 附 则

第五十六条 本办法自 2008 年 5 月 18 日起施行。中国证监会发布的《关于上市公司重大购买、出售、置换资产若干问题的通知》（证监公司字［2001］105 号）同时废止。

附录2 上市公司重大资产重组管理办法

（证监会令〔2014〕第109号）

第一章 总 则

第一条 为了规范上市公司重大资产重组行为，保护上市公司和投资者的合法权益，促进上市公司质量不断提高，维护证券市场秩序和社会公共利益，根据《公司法》、《证券法》等法律、行政法规的规定，制定本办法。

第二条 本办法适用于上市公司及其控股或者控制的公司在日常经营活动之外购买、出售资产或者通过其他方式进行资产交易达到规定的比例，导致上市公司的主营业务、资产、收入发生重大变化的资产交易行为（以下简称重大资产重组）。

上市公司发行股份购买资产应当符合本办法的规定。

上市公司按照经中国证券监督管理委员会（以下简称中国证监会）核准的发行证券文件披露的募集资金用途，使用募集资金购买资产、对外投资的行为，不适用本办法。

第三条 任何单位和个人不得利用重大资产重组损害上市公司及其股东的合法权益。

第四条 上市公司实施重大资产重组，有关各方必须及时、公平地披露或者提供信息，保证所披露或者提供信息的真实、准确、完整，不得有虚假记载、误导性陈述或者重大遗漏。

第五条 上市公司的董事、监事和高级管理人员在重大资产重组活动中，应当诚实守信、勤勉尽责，维护公司资产的安全，保护公司和全体股东的合法权益。

第六条 为重大资产重组提供服务的证券服务机构和人员，应当遵守法律、行政法规和中国证监会的有关规定，遵循本行业公认的业务标准和道德规范，严格履行职责，对其所制作、出具文件的真实性、准确性和完整性承担责任。

前款规定的证券服务机构和人员，不得教唆、协助或者伙同委托人编制或者披露存在虚假记载、误导性陈述或者重大遗漏的报告、公告文件，不得从事不正当竞争，不得利用上市公司重大资产重组谋取不正当利益。

第七条 任何单位和个人对所知悉的重大资产重组信息在依法披露前负有保密义务。

禁止任何单位和个人利用重大资产重组信息从事内幕交易、操纵证券市场等违法活动。

第八条 中国证监会依法对上市公司重大资产重组行为进行监督管理。

中国证监会审核上市公司重大资产重组或者发行股份购买资产的申请，可以根据上市公司的规范运作和诚信状况、财务顾问的执业能力和执业质量，结合国家产业政策和重组交易类型，作出差异化的、公开透明的监管制度安排，有条件地减少审核内容和环节。

第九条 鼓励依法设立的并购基金、股权投资基金、创业投资基金、产业投资基金等投资机构参与上市公司并购重组。

第十条 中国证监会在发行审核委员会中设立上市公司并购重组审核委员会（以下简称并购重组委），并购重组委以投票方式对提交其审议的重大资产重组或者发行股份购买资产申请进行表决，提出审核意见。

第二章　重大资产重组的原则和标准

第十一条 上市公司实施重大资产重组，应当就本次交易符合下列要求作出充分说明，并予以披露：

（一）符合国家产业政策和有关环境保护、土地管理、反垄断等法律和行政法规的规定；

（二）不会导致上市公司不符合股票上市条件；

（三）重大资产重组所涉及的资产定价公允，不存在损害上市公司和股东合法权益的情形；

（四）重大资产重组所涉及的资产权属清晰，资产过户或者转移不存在法律障碍，相关债权债务处理合法；

（五）有利于上市公司增强持续经营能力，不存在可能导致上市公司重组后主要资产为现金或者无具体经营业务的情形；

（六）有利于上市公司在业务、资产、财务、人员、机构等方面与实际控制人及其关联人保持独立，符合中国证监会关于上市公司独立性的相关规定；

（七）有利于上市公司形成或者保持健全有效的法人治理结构。

第十二条 上市公司及其控股或者控制的公司购买、出售资产，达到下列标准之一的，构成重大资产重组：

（一）购买、出售的资产总额占上市公司最近一个会计年度经审计的合并财务会计报告期末资产总额的比例达到50%以上；

（二）购买、出售的资产在最近一个会计年度所产生的营业收入占上市公司同期经审计的合并财务会计报告营业收入的比例达到50%以上；

（三）购买、出售的资产净额占上市公司最近一个会计年度经审计的合并财务会计报告期末净资产额的比例达到50%以上，且超过5000万元人民币。

购买、出售资产未达到前款规定标准，但中国证监会发现存在可能损害上市公司或者投资者合法权益的重大问题的，可以根据审慎监管原则，责令上市公司按照本办法的规定补充披露相关信息、暂停交易、聘请独立财务顾问或者其他证券服务机构补充核查并披露专业意见。

第十三条 自控制权发生变更之日起，上市公司向收购人及其关联人购买的资产总额，占上市公司控制权发生变更的前一个会计年度经审计的合并财务会计报告期末资产总额的比例达到100%以上的，除符合本办法第十一条、第四十三条规定的要求外，主板（含中小企业板）上市公司购买的资产对应的经营实体应当是股份有限公司或者有限责任公司，且符合《首次公开发行股票并上市管理办法》（证监会令第32号）规定的其他发行条件；上市公司购买的资产属于金融、创业投资等特定行业的，由中国证监会另行规定。

创业板上市公司不得实施前款规定的交易行为。

第十四条 计算本办法第十二条、第十三条规定的比例时，应当遵守下列规定：

（一）购买的资产为股权的，其资产总额以被投资企业的资产总额与该项投资所占股权比例的乘积和成交金额二者中的较高者为准，营业收入以被投资企业的营业收入与该项投资所占股权比例的乘积为准，资产净额以被投资企业的净资产额与该项投资所占股权比例的乘积和成交金额二者中的较高者为准；出售的资产为股权的，其资产总额、营业收入以及资产净额分别以被投资企业的资产总额、营业收入以及净资产额与该项投资所占股权比例的乘积为准。

购买股权导致上市公司取得被投资企业控股权的，其资产总额以被投资企业的资产总额和成交金额二者中的较高者为准，营业收入以被投资企业的营业收入为准，资产净额以被投资企业的净资产额和成交金额二者中的较高者为准；出售股权导致上市公司丧失被投资企业控股权的，其资产总额、营业收入以及资产净额分别以被投资企业的资产总额、营业收入以及净资产额为准。

（二）购买的资产为非股权资产的，其资产总额以该资产的账面值和成交金额二者中的较高者为准，资产净额以相关资产与负债的账面值差额和成交金额二者中的较高者为准；出售的资产为非股权资产的，其资产总额、资产净额分别以该资产的账面值、相关资产与负债账面值的差额为准；该非股权资产不涉及负债的，不适用第十二条第一款第（三）项规定的资产净额标准。

（三）上市公司同时购买、出售资产的，应当分别计算购买、出售资产的相关比例，并以二者中比例较高者为准。

（四）上市公司在 12 个月内连续对同一或者相关资产进行购买、出售的，以其累计数分别计算相应数额。已按照本办法的规定编制并披露重大资产重组报告书的资产交易行为，无须纳入累计计算的范围，但本办法第十三条规定情形除外。

交易标的资产属于同一交易方所有或者控制，或者属于相同或者相近的业务范围，或者中国证监会认定的其他情形下，可以认定为同一或者相关资产。

第十五条 本办法第二条所称通过其他方式进行资产交易，包括：

（一）与他人新设企业、对已设立的企业增资或者减资；

（二）受托经营、租赁其他企业资产或者将经营性资产委托他人经营、租赁；

（三）接受附义务的资产赠与或者对外捐赠资产；

（四）中国证监会根据审慎监管原则认定的其他情形。

上述资产交易实质上构成购买、出售资产，且按照本办法规定的标准计算的相关比例达到 50%以上的，应当按照本办法的规定履行相关义务和程序。

第三章　重大资产重组的程序

第十六条　上市公司与交易对方就重大资产重组事宜进行初步磋商时，应当立即采取必要且充分的保密措施，制定严格有效的保密制度，限定相关敏感信息的知悉范围。上市公司及交易对方聘请证券服务机构的，应当立即与所聘请的证券服务机构签署保密协议。

上市公司关于重大资产重组的董事会决议公告前，相关信息已在媒体上传播或者公司股票交易出现异常波动的，上市公司应当立即将有关计划、方案或者相关事项的现状以及相关进展情况和风险因素等予以公告，并按照有关信息披露规则办理其他相关事宜。

第十七条　上市公司应当聘请独立财务顾问、律师事务所以及具有相关证券业务资格的会计师事务所等证券服务机构就重大资产重组出具意见。

独立财务顾问和律师事务所应当审慎核查重大资产重组是否构成关联交易，并依据核查确认的相关事实发表明确意见。重大资产重组涉及关联交易的，独立财务顾问应当就本次重组对上市公司非关联股东的影响发表明确意见。

资产交易定价以资产评估结果为依据的，上市公司应当聘请具有相关证券业务资格的资产评估机构出具资产评估报告。

证券服务机构在其出具的意见中采用其他证券服务机构或者人员的专业意见的，仍然应当进行尽职调查，审慎核查其采用的专业意见的内容，并对利用其他证券服务机构或者人员的专业意见所形成的结论负责。

第十八条　上市公司及交易对方与证券服务机构签订聘用合同后，非因正当事由不得更换证券服务机构。确有正当事由需要更换证券服务机构的，应当披露更换的具体原因以及证券服务机构的陈述意见。

第十九条　上市公司应当在重大资产重组报告书的管理层讨论与分析部分，就本次交易对上市公司的持续经营能力、未来发展前景、当年每股收益等财务指标和非财务指标的影响进行详细分析。

第二十条　重大资产重组中相关资产以资产评估结果作为定价依据的，资产评估机构应当按照资产评估相关准则和规范开展执业活动；上市公司董事会应当对评估机构的独立性、评估假设前提的合理性、评估方法与评估目的的相关性以及评估定价的公允性发表明确意见。

相关资产不以资产评估结果作为定价依据的，上市公司应当在重大资产重组报告书中详细分析说明相关资产的估值方法、参数及其他影响估值结果的指标和因素。上市公司董事会应当对估值机构的独立性、估值假设前提的合理性、估值方法与估值目的的相关性发表明确意见，并结合相关资产的市场可比交易价格、同行业上市公司的市盈率或者市净率等通行指标，在重大资产重组报告书中详细分析本次交易定价的公允性。

前二款情形中，评估机构、估值机构原则上应当采取两种以上的方法进行评估或者估值；上市公司独立董事应当出席董事会会议，对评估机构或者估值机构的独立性、评估或者估值假设前提的合理性和交易定价的公允性发表独立意见，并单独予以披露。

第二十一条 上市公司进行重大资产重组，应当由董事会依法作出决议，并提交股东大会批准。

上市公司董事会应当就重大资产重组是否构成关联交易作出明确判断，并作为董事会决议事项予以披露。

上市公司独立董事应当在充分了解相关信息的基础上，就重大资产重组发表独立意见。重大资产重组构成关联交易的，独立董事可以另行聘请独立财务顾问就本次交易对上市公司非关联股东的影响发表意见。上市公司应当积极配合独立董事调阅相关材料，并通过安排实地调查、组织证券服务机构汇报等方式，为独立董事履行职责提供必要的支持和便利。

第二十二条 上市公司应当在董事会作出重大资产重组决议后的次一工作日至少披露下列文件：

（一）董事会决议及独立董事的意见；

（二）上市公司重大资产重组预案。

本次重组的重大资产重组报告书、独立财务顾问报告、法律意见书以及重组涉及的审计报告、资产评估报告或者估值报告至迟应当与召开股东大会的通知同时公告。上市公司自愿披露盈利预测报告的，该报告应当经具有相关证券业务资格的会计师事务所审核，与重大资产重组报告书同时公告。

本条第一款第（二）项及第二款规定的信息披露文件的内容与格式另行规定。

上市公司应当在至少一种中国证监会指定的报刊公告董事会决议、独立董事的意见，并应当在证券交易所网站全文披露重大资产重组报告书及其摘要、相关证券服务机构的报告或者意见。

第二十三条 上市公司股东大会就重大资产重组作出的决议，至少应当包括下列事项：

（一）本次重大资产重组的方式、交易标的和交易对方；

（二）交易价格或者价格区间；

（三）定价方式或者定价依据；

（四）相关资产自定价基准日至交割日期间损益的归属；

（五）相关资产办理权属转移的合同义务和违约责任；

（六）决议的有效期；

（七）对董事会办理本次重大资产重组事宜的具体授权；

（八）其他需要明确的事项。

第二十四条 上市公司股东大会就重大资产重组事项作出决议，必须经出席会议的股东所持表决权的2/3以上通过。

上市公司重大资产重组事宜与本公司股东或者其关联人存在关联关系的，股东大会就重大资产重组事项进行表决时，关联股东应当回避表决。

交易对方已经与上市公司控股股东就受让上市公司股权或者向上市公司推荐董事达成协议或者默契，可能导致上市公司的实际控制权发生变化的，上市公司控股股东及其关联人应当回避表决。

上市公司就重大资产重组事宜召开股东大会，应当以现场会议形式召开，并应当提供网络投票和其他合法方式为股东参加股东大会提供便利。除上市公司的董事、监事、高级管理人员、单独或者合计持有上市公司5%以上股份的股东以外，其他股东的投票情况应当单独统计并予以披露。

第二十五条 上市公司应当在股东大会作出重大资产重组决议后的次一工作日公告该决议，以及律师事务所对本次会议的召集程序、召集人和出席人员的资格、表决程序以及表决结果等事项出具的法律意见书。

属于本办法第十三条规定的交易情形的，上市公司还应当按照中国证监会的规定委托独立财务顾问在作出决议后3个工作日内向中国证监会提出申请。

第二十六条　上市公司全体董事、监事、高级管理人员应当公开承诺，保证重大资产重组的信息披露和申请文件不存在虚假记载、误导性陈述或者重大遗漏。

重大资产重组的交易对方应当公开承诺，将及时向上市公司提供本次重组相关信息，并保证所提供的信息真实、准确、完整，如因提供的信息存在虚假记载、误导性陈述或者重大遗漏，给上市公司或者投资者造成损失的，将依法承担赔偿责任。

前二款规定的单位和个人还应当公开承诺，如本次交易因涉嫌所提供或者披露的信息存在虚假记载、误导性陈述或者重大遗漏，被司法机关立案侦查或者被中国证监会立案调查的，在案件调查结论明确之前，将暂停转让其在该上市公司拥有权益的股份。

第二十七条　中国证监会依照法定条件和程序，对上市公司属于本办法第十三条规定情形的交易申请作出予以核准或者不予核准的决定。

中国证监会在审核期间提出反馈意见要求上市公司作出书面解释、说明的，上市公司应当自收到反馈意见之日起30日内提供书面回复意见，独立财务顾问应当配合上市公司提供书面回复意见。逾期未提供的，上市公司应当在到期日的次日就本次交易的进展情况及未能及时提供回复意见的具体原因等予以公告。

第二十八条　股东大会作出重大资产重组的决议后，上市公司拟对交易对象、交易标的、交易价格等作出变更，构成对原交易方案重大调整的，应当在董事会表决通过后重新提交股东大会审议，并及时公告相关文件。

中国证监会审核期间，上市公司按照前款规定对原交易方案作出重大调整的，还应当按照本办法的规定向中国证监会重新提出申请，同时公告相关文件。

中国证监会审核期间，上市公司董事会决议撤回申请的，应当说明原因，予以公告；上市公司董事会决议终止本次交易的，还应当按照公司章程的规定提交股东大会审议。

第二十九条　上市公司重大资产重组属于本办法第十三条规定的交易情形的，应当提交并购重组委审核。

第三十条　上市公司在收到中国证监会关于召开并购重组委工作会议审

核其申请的通知后，应当立即予以公告，并申请办理并购重组委工作会议期间直至其表决结果披露前的停牌事宜。

上市公司收到并购重组委关于其申请的表决结果的通知后，应当在次一工作日公告表决结果并申请复牌。公告应当说明，公司在收到中国证监会作出的予以核准或者不予核准的决定后将再行公告。

第三十一条 上市公司收到中国证监会就其申请作出的予以核准或者不予核准的决定后，应当在次一工作日予以公告。

中国证监会予以核准的，上市公司应当在公告核准决定的同时，按照相关信息披露准则的规定补充披露相关文件。

第三十二条 上市公司重大资产重组完成相关批准程序后，应当及时实施重组方案，并于实施完毕之日起 3 个工作日内编制实施情况报告书，向证券交易所提交书面报告，并予以公告。

上市公司聘请的独立财务顾问和律师事务所应当对重大资产重组的实施过程、资产过户事宜和相关后续事项的合规性及风险进行核查，发表明确的结论性意见。独立财务顾问和律师事务所出具的意见应当与实施情况报告书同时报告、公告。

第三十三条 自完成相关批准程序之日起 60 日内，本次重大资产重组未实施完毕的，上市公司应当于期满后次一工作日将实施进展情况报告，并予以公告；此后每 30 日应当公告一次，直至实施完毕。属于本办法第十三条、第四十四条规定的交易情形的，自收到中国证监会核准文件之日起超过 12 个月未实施完毕的，核准文件失效。

第三十四条 上市公司在实施重大资产重组的过程中，发生法律、法规要求披露的重大事项的，应当及时作出公告；该事项导致本次交易发生实质性变动的，须重新提交股东大会审议，属于本办法第十三条规定的交易情形的，还须重新报经中国证监会核准。

第三十五条 采取收益现值法、假设开发法等基于未来收益预期的方法对拟购买资产进行评估或者估值并作为定价参考依据的，上市公司应当在重大资产重组实施完毕后 3 年内的年度报告中单独披露相关资产的实际盈利数与利润预测数的差异情况，并由会计师事务所对此出具专项审核意见；交易对方应当与上市公司就相关资产实际盈利数不足利润预测数的情况签订明确可行的补偿协议。

预计本次重大资产重组将摊薄上市公司当年每股收益的，上市公司应当提出填补每股收益的具体措施，并将相关议案提交董事会和股东大会进行表决。负责落实该等具体措施的相关责任主体应当公开承诺，保证切实履行其义务和责任。

上市公司向控股股东、实际控制人或者其控制的关联人之外的特定对象购买资产且未导致控制权发生变更的，不适用本条前二款规定，上市公司与交易对方可以根据市场化原则，自主协商是否采取业绩补偿和每股收益填补措施及相关具体安排。

第三十六条　上市公司重大资产重组发生下列情形的，独立财务顾问应当及时出具核查意见，并予以公告：

（一）上市公司完成相关批准程序前，对交易对象、交易标的、交易价格等作出变更，构成对原重组方案重大调整，或者因发生重大事项导致原重组方案发生实质性变动的；

（二）上市公司完成相关批准程序后，在实施重组过程中发生重大事项，导致原重组方案发生实质性变动的。

第三十七条　独立财务顾问应当按照中国证监会的相关规定，对实施重大资产重组的上市公司履行持续督导职责。持续督导的期限自本次重大资产重组实施完毕之日起，应当不少于一个会计年度。实施本办法第十三条规定的重大资产重组，持续督导的期限自中国证监会核准本次重大资产重组之日起，应当不少于 3 个会计年度。

第三十八条　独立财务顾问应当结合上市公司重大资产重组当年和实施完毕后的第一个会计年度的年报，自年报披露之日起 15 日内，对重大资产重组实施的下列事项出具持续督导意见，并予以公告：

（一）交易资产的交付或者过户情况；

（二）交易各方当事人承诺的履行情况；

（三）已公告的盈利预测或者利润预测的实现情况；

（四）管理层讨论与分析部分提及的各项业务的发展现状；

（五）公司治理结构与运行情况；

（六）与已公布的重组方案存在差异的其他事项。

独立财务顾问还应当结合本办法第十三条规定的重大资产重组实施完毕后的第二、三个会计年度的年报，自年报披露之日起 15 日内，对前款第（二）至（六）项事项出具持续督导意见，并予以公告。

第四章　重大资产重组的信息管理

第三十九条　上市公司筹划、实施重大资产重组，相关信息披露义务人应当公平地向所有投资者披露可能对上市公司股票交易价格产生较大影响的相关信息（以下简称股价敏感信息），不得有选择性地向特定对象提前泄露。

第四十条　上市公司的股东、实际控制人以及参与重大资产重组筹划、论证、决策等环节的其他相关机构和人员，应当及时、准确地向上市公司通报有关信息，并配合上市公司及时、准确、完整地进行披露。上市公司获悉股价敏感信息的，应当及时向证券交易所申请停牌并披露。

第四十一条　上市公司及其董事、监事、高级管理人员，重大资产重组的交易对方及其关联方，交易对方及其关联方的董事、监事、高级管理人员或者主要负责人，交易各方聘请的证券服务机构及其从业人员，参与重大资产重组筹划、论证、决策、审批等环节的相关机构和人员，以及因直系亲属关系、提供服务和业务往来等知悉或者可能知悉股价敏感信息的其他相关机构和人员，在重大资产重组的股价敏感信息依法披露前负有保密义务，禁止利用该信息进行内幕交易。

第四十二条　上市公司筹划重大资产重组事项，应当详细记载筹划过程中每一具体环节的进展情况，包括商议相关方案、形成相关意向、签署相关协议或者意向书的具体时间、地点、参与机构和人员、商议和决议内容等，制作书面的交易进程备忘录并予以妥当保存。参与每一具体环节的所有人员应当即时在备忘录上签名确认。

上市公司预计筹划中的重大资产重组事项难以保密或者已经泄露的，应当及时向证券交易所申请停牌，直至真实、准确、完整地披露相关信息。停牌期间，上市公司应当至少每周发布一次事件进展情况公告。

上市公司股票交易价格因重大资产重组的市场传闻发生异常波动时，上市公司应当及时向证券交易所申请停牌，核实有无影响上市公司股票交易价格的重组事项并予以澄清，不得以相关事项存在不确定性为由不履行信息披露义务。

第五章　发行股份购买资产

第四十三条　上市公司发行股份购买资产，应当符合下列规定：

（一）充分说明并披露本次交易有利于提高上市公司资产质量、改善财务状况和增强持续盈利能力，有利于上市公司减少关联交易、避免同业竞争、增强独立性；

（二）上市公司最近一年及一期财务会计报告被注册会计师出具无保留意见审计报告；被出具保留意见、否定意见或者无法表示意见的审计报告的，须经注册会计师专项核查确认，该保留意见、否定意见或者无法表示意见所涉及事项的重大影响已经消除或者将通过本次交易予以消除；

（三）上市公司及其现任董事、高级管理人员不存在因涉嫌犯罪正被司法机关立案侦查或涉嫌违法违规正被中国证监会立案调查的情形，但是，涉嫌犯罪或违法违规的行为已经终止满 3 年，交易方案有助于消除该行为可能造成的不良后果，且不影响对相关行为人追究责任的除外；

（四）充分说明并披露上市公司发行股份所购买的资产为权属清晰的经营性资产，并能在约定期限内办理完毕权属转移手续；

（五）中国证监会规定的其他条件。

上市公司为促进行业的整合、转型升级，在其控制权不发生变更的情况下，可以向控股股东、实际控制人或者其控制的关联人之外的特定对象发行股份购买资产。所购买资产与现有主营业务没有显著协同效应的，应当充分说明并披露本次交易后的经营发展战略和业务管理模式，以及业务转型升级可能面临的风险和应对措施。

特定对象以现金或者资产认购上市公司非公开发行的股份后，上市公司用同一次非公开发行所募集的资金向该特定对象购买资产的，视同上市公司发行股份购买资产。

第四十四条　上市公司发行股份购买资产的，可以同时募集部分配套资金，其定价方式按照现行相关规定办理。

上市公司发行股份购买资产应当遵守本办法关于重大资产重组的规定，编制发行股份购买资产预案、发行股份购买资产报告书，并向中国证监会提出申请。

第四十五条 上市公司发行股份的价格不得低于市场参考价的90%。市场参考价为本次发行股份购买资产的董事会决议公告日前20个交易日、60个交易日或者120个交易日的公司股票交易均价之一。本次发行股份购买资产的董事会决议应当说明市场参考价的选择依据。

前款所称交易均价的计算公式为：董事会决议公告日前若干个交易日公司股票交易均价=决议公告日前若干个交易日公司股票交易总额/决议公告日前若干个交易日公司股票交易总量。

本次发行股份购买资产的董事会决议可以明确，在中国证监会核准前，上市公司的股票价格相比最初确定的发行价格发生重大变化的，董事会可以按照已经设定的调整方案对发行价格进行一次调整。

前款规定的发行价格调整方案应当明确、具体、可操作，详细说明是否相应调整拟购买资产的定价、发行股份数量及其理由，在首次董事会决议公告时充分披露，并按照规定提交股东大会审议。股东大会作出决议后，董事会按照已经设定的方案调整发行价格的，上市公司无需按照本办法第二十八条的规定向中国证监会重新提出申请。

第四十六条 特定对象以资产认购而取得的上市公司股份，自股份发行结束之日起12个月内不得转让；属于下列情形之一的，36个月内不得转让：

（一）特定对象为上市公司控股股东、实际控制人或者其控制的关联人；

（二）特定对象通过认购本次发行的股份取得上市公司的实际控制权；

（三）特定对象取得本次发行的股份时，对其用于认购股份的资产持续拥有权益的时间不足12个月。

第四十七条 上市公司申请发行股份购买资产，应当提交并购重组委审核。

第四十八条 上市公司发行股份购买资产导致特定对象持有或者控制的股份达到法定比例的，应当按照《上市公司收购管理办法》（证监会令第108号）的规定履行相关义务。

上市公司向控股股东、实际控制人或者其控制的关联人发行股份购买资产，或者发行股份购买资产将导致上市公司实际控制权发生变更的，认购股份的特定对象应当在发行股份购买资产报告书中公开承诺：本次交易完成后6

个月内如上市公司股票连续20个交易日的收盘价低于发行价，或者交易完成后6个月期末收盘价低于发行价的，其持有公司股票的锁定期自动延长至少6个月。

前款规定的特定对象还应当在发行股份购买资产报告书中公开承诺：如本次交易因涉嫌所提供或披露的信息存在虚假记载、误导性陈述或者重大遗漏，被司法机关立案侦查或者被中国证监会立案调查的，在案件调查结论明确以前，不转让其在该上市公司拥有权益的股份。

第四十九条 中国证监会核准上市公司发行股份购买资产的申请后，上市公司应当及时实施。向特定对象购买的相关资产过户至上市公司后，上市公司聘请的独立财务顾问和律师事务所应当对资产过户事宜和相关后续事项的合规性及风险进行核查，并发表明确意见。上市公司应当在相关资产过户完成后3个工作日内就过户情况作出公告，公告中应当包括独立财务顾问和律师事务所的结论性意见。

上市公司完成前款规定的公告、报告后，可以到证券交易所、证券登记结算公司为认购股份的特定对象申请办理证券登记手续。

第五十条 换股吸收合并涉及上市公司的，上市公司的股份定价及发行按照本章规定执行。

上市公司发行优先股用于购买资产或者与其他公司合并，中国证监会另有规定的，从其规定。

上市公司可以向特定对象发行可转换为股票的公司债券、定向权证用于购买资产或者与其他公司合并。

第六章 重大资产重组后申请发行新股或者公司债券

第五十一条 经中国证监会审核后获得核准的重大资产重组实施完毕后，上市公司申请公开发行新股或者公司债券，同时符合下列条件的，本次重大资产重组前的业绩在审核时可以模拟计算：

（一）进入上市公司的资产是完整经营实体；

（二）本次重大资产重组实施完毕后，重组方的承诺事项已经如期履行，上市公司经营稳定、运行良好；

（三）本次重大资产重组实施完毕后，上市公司和相关资产实现的利润达到盈利预测水平。

上市公司在本次重大资产重组前不符合中国证监会规定的公开发行证券条件，或者本次重组导致上市公司实际控制人发生变化的，上市公司申请公开发行新股或者公司债券，距本次重组交易完成的时间应当不少于一个完整会计年度。

第五十二条 本办法所称完整经营实体，应当符合下列条件：

（一）经营业务和经营资产独立、完整，且在最近两年未发生重大变化；

（二）在进入上市公司前已在同一实际控制人之下持续经营两年以上；

（三）在进入上市公司之前实行独立核算，或者虽未独立核算，但与其经营业务相关的收入、费用在会计核算上能够清晰划分；

（四）上市公司与该经营实体的主要高级管理人员签订聘用合同或者采取其他方式，就该经营实体在交易完成后的持续经营和管理作出恰当安排。

第七章 监督管理和法律责任

第五十三条 未依照本办法的规定履行相关义务或者程序，擅自实施重大资产重组的，由中国证监会责令改正，并可以采取监管谈话、出具警示函等监管措施；情节严重的，可以责令暂停或者终止重组活动，处以警告、罚款，并可以对有关责任人员采取市场禁入的措施。

上市公司重大资产重组因定价显失公允、不正当利益输送等问题损害上市公司、投资者合法权益的，由中国证监会责令改正，并可以采取监管谈话、出具警示函等监管措施；情节严重的，可以责令暂停或者终止重组活动，处以警告、罚款，并可以对有关责任人员采取市场禁入的措施。

第五十四条 上市公司或者其他信息披露义务人未按照本办法规定报送重大资产重组有关报告，或者报送的报告有虚假记载、误导性陈述或者重大遗漏的，由中国证监会责令改正，依照《证券法》第一百九十三条予以处罚；情节严重的，可以责令暂停或者终止重组活动，并可以对有关责任人员采取市场禁入的措施；涉嫌犯罪的，依法移送司法机关追究刑事责任。

第五十五条 上市公司或者其他信息披露义务人未按照规定披露重大资产重组信息，或者所披露的信息存在虚假记载、误导性陈述或者重大遗漏的，由中国证监会责令改正，依照《证券法》第一百九十三条规定予以处罚；情节严重的，可以责令暂停或者终止重组活动，并可以对有关责任人员采取市场禁入的措施；涉嫌犯罪的，依法移送司法机关追究刑事责任。

重大资产重组或者发行股份购买资产的交易对方未及时向上市公司或者其他信息披露义务人提供信息，或者提供的信息有虚假记载、误导性陈述或者重大遗漏的，按照前款规定执行。

第五十六条　重大资产重组涉嫌本办法第五十三条、第五十四条、第五十五条规定情形的，中国证监会可以责令上市公司作出公开说明、聘请独立财务顾问或者其他证券服务机构补充核查并披露专业意见，在公开说明、披露专业意见之前，上市公司应当暂停重组；上市公司涉嫌前述情形被司法机关立案侦查或者被中国证监会立案调查的，在案件调查结论明确之前应当暂停重组。

涉嫌本办法第五十四条、第五十五条规定情形，被司法机关立案侦查或者被中国证监会立案调查的，有关单位和个人应当严格遵守其所作的公开承诺，在案件调查结论明确之前，不得转让其在该上市公司拥有权益的股份。

第五十七条　上市公司董事、监事和高级管理人员未履行诚实守信、勤勉尽责义务，或者上市公司的股东、实际控制人及其有关负责人员未按照本办法的规定履行相关义务，导致重组方案损害上市公司利益的，由中国证监会责令改正，并可以采取监管谈话、出具警示函等监管措施；情节严重的，处以警告、罚款，并可以对有关人员采取认定为不适当人选、市场禁入的措施；涉嫌犯罪的，依法移送司法机关追究刑事责任。

第五十八条　为重大资产重组出具财务顾问报告、审计报告、法律意见、资产评估报告、估值报告及其他专业文件的证券服务机构及其从业人员未履行诚实守信、勤勉尽责义务，违反行业规范、业务规则，或者未依法履行报告和公告义务、持续督导义务的，由中国证监会责令改正，并可以采取监管谈话、出具警示函、责令公开说明、责令参加培训、责令定期报告、认定为不适当人选等监管措施；情节严重的，依照《证券法》第二百二十六条予以处罚。

前款规定的证券服务机构及其从业人员所制作、出具的文件存在虚假记载、误导性陈述或者重大遗漏的，由中国证监会责令改正，依照《证券法》第二百二十三条予以处罚；情节严重的，可以采取市场禁入的措施；涉嫌犯罪的，依法移送司法机关追究刑事责任。

存在前二款规定情形的，在按照中国证监会的要求完成整改之前，不得接受新的上市公司并购重组业务。

第五十九条 重大资产重组实施完毕后，凡因不属于上市公司管理层事前无法获知且事后无法控制的原因，上市公司所购买资产实现的利润未达到资产评估报告或者估值报告预测金额的80%，或者实际运营情况与重大资产重组报告书中管理层讨论与分析部分存在较大差距的，上市公司的董事长、总经理以及对此承担相应责任的会计师事务所、财务顾问、资产评估机构、估值机构及其从业人员应当在上市公司披露年度报告的同时，在同一报刊上作出解释，并向投资者公开道歉；实现利润未达到预测金额50%的，中国证监会可以对上市公司、相关机构及其责任人员采取监管谈话、出具警示函、责令定期报告等监管措施。

第六十条 任何知悉重大资产重组信息的人员在相关信息依法公开前，泄露该信息、买卖或者建议他人买卖相关上市公司证券、利用重大资产重组散布虚假信息、操纵证券市场或者进行欺诈活动的，中国证监会依照《证券法》第二百零二条、第二百零三条、第二百零七条予以处罚；涉嫌犯罪的，依法移送司法机关追究刑事责任。

第八章　附　则

第六十一条 本办法自2014年11月23日起施行。2008年4月16日发布并于2011年8月1日修改的《上市公司重大资产重组管理办法》（证监会令第73号）、2008年11月11日发布的《关于破产重整上市公司重大资产重组股份发行定价的补充规定》（证监会公告〔2008〕44号）同时废止。

附录3 中国证监会关于并购重组业绩补偿相关问题与解答

（2016年1月15日）

问：《上市公司重大资产重组管理办法》第三十五条规定，“采取收益现值法、假设开发法等基于未来收益预期的方法对拟购买资产进行评估或者估值并作为定价参考依据的，……交易对方应当与上市公司就相关资产实际盈利数不足利润预测数的情况签订明确可行的补偿协议”。对于交易对方为上市公司的控股股东、实际控制人或者其控制的关联人，但并不控制交易标的；或者交易定价以资产基础法估值结果作为依据的，应当如何适用？

答：

1. 无论标的资产是否为其所有或控制，也无论其参与此次交易是否基于过桥等暂时性安排，上市公司的控股股东、实际控制人或者其控制的关联人均应以其获得的股份和现金进行业绩补偿。

2. 在交易定价采用资产基础法估值结果的情况下，如果资产基础法中对于一项或几项资产采用了基于未来收益预期的方法，上市公司的控股股东、实际控制人或者其控制的关联人也应就此部分进行业绩补偿。

附录 4　中国证监会关于并购重组业绩奖励有关问题与解答

（2016 年 1 月 15 日）

问：上市公司重大资产重组方案中，基于相关资产实际盈利数超过利润预测数而设置对标的资产交易对方、管理层或核心技术人员的奖励对价、超额业绩奖励等业绩奖励安排时，有哪些注意事项？

答：

1. 上述业绩奖励安排应基于标的资产实际盈利数大于预测数的超额部分，奖励总额不应超过其超额业绩部分的 100%，且不超过其交易作价的 20%。

2. 上市公司应在重组报告书中充分披露设置业绩奖励的原因、依据及合理性，相关会计处理及对上市公司可能造成的影响。

附录5 中国证监会关于上市公司业绩补偿承诺的相关问题与解答

（2016年6月17日）

问：上市公司重大资产重组中，重组方作出的业绩补偿承诺，能否依据《上市公司监管指引第4号——上市公司实际控制人、股东、关联方、收购人以及上市公司承诺及履行》的规定进行变更？

答：上市公司重大资产重组中，重组方的业绩补偿承诺是基于其与上市公司签订的业绩补偿协议作出的，该承诺是重组方案的重要组成部分，因此，重组方应当严格按照业绩补偿协议履行承诺。重组方不得适用《上市公司监管指引第4号——上市公司实际控制人、股东、关联方、收购人以及上市公司承诺及履行》第五条的规定，变更其作出的业绩补偿承诺。

本问答发布前股东大会已经审议通过变更事项的，不适用本问答。

附录6　中国证监会关于业绩承诺方质押对价股份的相关问题与解答

（2019 年 3 月 22 日）

问：对上市公司并购重组业绩承诺方保障业绩补偿义务实现有何要求？

答：上市公司重大资产重组中，交易对方拟就业绩承诺作出股份补偿安排的，应当确保相关股份能够切实用于履行补偿义务。如业绩承诺方拟在承诺期内质押重组中获得的、约定用于承担业绩补偿义务的股份（以下简称对价股份），重组报告书（草案）应当载明业绩承诺方保障业绩补偿实现的具体安排，包括但不限于就以下事项作出承诺：

业绩承诺方保证对价股份优先用于履行业绩补偿承诺，不通过质押股份等方式逃废补偿义务；未来质押对价股份时，将书面告知质权人根据业绩补偿协议上述股份具有潜在业绩承诺补偿义务情况，并在质押协议中就相关股份用于支付业绩补偿事项等与质权人作出明确约定。

上市公司发布股份质押公告时，应当明确披露拟质押股份是否负担业绩补偿义务，质权人知悉相关股份具有潜在业绩补偿义务的情况，以及上市公司与质权人就相关股份在履行业绩补偿义务时处置方式的约定。

独立财务顾问应就前述事项开展专项核查，并在持续督导期间督促履行相关承诺和保障措施。

附录 7 监管规则适用指引——上市类第 1 号

（2020 年 7 月 31 日）

1-2 业绩补偿及奖励

现就上市公司重大资产重组中的业绩补偿及奖励相关事项明确如下：

一、业绩补偿

（一）业绩补偿范围

1. 交易对方为上市公司控股股东、实际控制人或者其控制关联人，无论标的资产是否为其所有或控制，也无论其参与此次交易是否基于过桥等暂时性安排，上市公司控股股东、实际控制人或者其控制的关联人均应以其获得的股份和现金进行业绩补偿。

2. 在交易定价采用资产基础法估值结果的情况下，如果资产基础法中对一项或几项资产采用了基于未来收益预期的方法，上市公司控股股东、实际控制人或者其控制的关联人也应就此部分进行业绩补偿。

（二）业绩补偿方式

交易对方为上市公司控股股东、实际控制人或者其控制的关联人，应当以其获得的股份和现金进行业绩补偿。构成重组上市的，应当以拟购买资产的价格进行业绩补偿计算，且股份补偿不低于本次交易发行股份数量的 90%。业绩补偿应当先以股份补偿，不足部分以现金补偿。

交易对方以股份方式进行业绩补偿时，按照下列原则确定应补偿股份的数量及期限：

1. 补偿股份数量的计算

（1）基本公式

1）以收益现值法、假设开发法等基于未来收益预期的估值方法对拟购买资产进行评估或估值的，每年补偿的股份数量为：

当期补偿金额=（截至当期期末累积承诺净利润数-截至当期期末累积实现净利润数）÷补偿期限内各年的预测净利润数总和×拟购买资产交易作价-累积已补偿金额

当期应当补偿股份数量=当期补偿金额/本次股份的发行价格

当期股份不足补偿的部分，应现金补偿。

采用现金流量法对拟购买资产进行评估或估值的，交易对方计算出现金流量对应的税后净利润数，并据此计算补偿股份数量。

此外，在补偿期限届满时，上市公司应当对拟购买资产进行减值测试，如：期末减值额/拟购买资产交易作价>补偿期限内已补偿股份总数/认购股份总数，则交易对方需另行补偿股份，补偿的股份数量为：

期末减值额/每股发行价格-补偿期限内已补偿股份总数

2）以市场法对拟购买资产进行评估或估值的，每年补偿的股份数量为：期末减值额/每股发行价格-补偿期限内已补偿股份总数

当期股份不足补偿的部分，应现金补偿。

（2）其他事项

按照前述第1）、2）项的公式计算补偿股份数量时，遵照下列原则：

前述净利润数均应当以拟购买资产扣除非经常性损益后的利润数确定。

前述减值额为拟购买资产交易作价减去期末拟购买资产的评估值并扣除补偿期限内拟购买资产股东增资、减资、接受赠与以及利润分配的影响。会计师应当对减值测试出具专项审核意见，同时说明与本次评估选取重要参数的差异及合理性，上市公司董事会、独立董事及独立财务顾问应当对此发表意见。

在逐年补偿的情况下，在各年计算的补偿股份数量小于0时，按0取值，即已经补偿的股份不冲回。

拟购买资产为非股权资产的，补偿股份数量比照前述原则处理。

拟购买资产为房地产、矿业公司或房地产、矿业类资产的，上市公司董

事会可以在补偿期限届满时，一次确定补偿股份数量，无需逐年计算。

（3）上市公司董事会及独立董事应当关注拟购买资产折现率、预测期收益分布等其他评估参数取值的合理性，防止交易对方利用降低折现率、调整预测期收益分布等方式减轻股份补偿义务，并对此发表意见。独立财务顾问应当进行核查并发表意见。

2. 业绩补偿期限

业绩补偿期限不得少于重组实施完毕后的三年。

二、业绩补偿承诺变更

上市公司重大资产重组中，重组方业绩补偿承诺是基于其与上市公司签订的业绩补偿协议作出的，该承诺是重组方案重要组成部分。因此，重组方应当严格按照业绩补偿协议履行承诺。除我会明确的情形外，重组方不得适用《上市公司监管指引第 4 号——上市公司实际控制人、股东、关联方、收购人以及上市公司承诺及履行》第五条的规定，变更其作出的业绩补偿承诺。

三、业绩补偿保障措施

上市公司重大资产重组中，交易对方拟就业绩承诺作出股份补偿安排的，应当确保相关股份能够切实用于履行补偿义务。如业绩承诺方拟在承诺期内质押重组中获得的、约定用于承担业绩补偿义务的股份（以下简称对价股份），重组报告书应当载明业绩承诺方保障业绩补偿实现的具体安排，包括但不限于就以下事项作出承诺：

业绩承诺方保证对价股份优先用于履行业绩补偿承诺，不通过质押股份等方式逃废补偿义务；未来质押对价股份时，将书面告知质权人根据业绩补偿协议上述股份具有潜在业绩承诺补偿义务情况，并在质押协议中就相关股份用于支付业绩补偿事项等与质权人作出明确约定。

上市公司发布股份质押公告时，应当明确披露拟质押股份是否负担业绩补偿义务，质权人知悉相关股份具有潜在业绩补偿义务的情况，以及上市公司与质权人就相关股份在履行业绩补偿义务时处置方式的约定。

独立财务顾问应就前述事项开展专项核查，并在持续督导期间督促履行相关承诺和保障措施。

四、业绩奖励

(一) 上市公司重大资产重组方案中，对标的资产交易对方、管理层或核心技术人员设置业绩奖励安排时，应基于标的资产实际盈利数大于预测数的超额部分，奖励总额不应超过其超额业绩部分的100%，且不超过其交易作价的20%。

(二) 上市公司应在重组报告书中充分披露设置业绩奖励的原因、依据及合理性，相关会计处理及对上市公司可能造成的影响。

(三) 上市公司应在重组报告书中明确业绩奖励对象的范围、确定方式。交易对方为上市公司控股股东、实际控制人或者其控制的关联人的，不得对上述对象做出奖励安排。

(四) 涉及国有资产的，应同时符合国有资产管理部门的规定。

五、业绩补偿、奖励相关会计政策

并购重组中交易双方有业绩承诺、业绩奖励等安排的，如标的资产业绩承诺、业绩奖励期适用的收入准则等会计准则发生变更，交易双方应当充分考虑标的资产业绩承诺、业绩奖励期适用不同会计准则的影响，就标的资产业绩承诺、业绩奖励的计算基础以及调整方式做出明确约定，并对争议解决作出明确安排。上述安排应当在重组报告书中或是以其他规定方式予以披露。

业绩承诺期内上市公司还应当在每年《收购资产业绩承诺实现情况的专项说明》中明确披露标的资产当年实现业绩计算是否受会计政策变更影响；如有，需详细说明具体影响情况。财务顾问、会计师等相关中介机构应当就业绩完成情况发表明确意见。业绩承诺未完成的，相关方应履行承诺予以补偿。